U0937871

质量管理与控制技术基础

主编　李晓男　顾海洋
主审　夏春荣

北京理工大学出版社
BEIJING INSTITUTE OF TECHNOLOGY PRESS

图书在版编目（CIP）数据

质量管理与控制技术基础/李晓男，顾海洋主编．—北京：北京理工大学出版社，2017.8
ISBN 978-7-5682-4679-8

Ⅰ．①质…　Ⅱ．①李…②顾…　Ⅲ．①质量管理②质量控制　Ⅳ．①F273.2

中国版本图书馆CIP数据核字（2017）第205515号

出版发行／北京理工大学出版社有限责任公司
社　　址／北京市海淀区中关村南大街5号
邮　　编／100081
电　　话／(010)68914775(总编室)
(010)82562903(教材售后服务热线)
(010)68948351(其他图书服务热线)
网　　址／http：//www.bitpress.com.cn
经　　销／全国各地新华书店
印　　刷／三河市天利华印刷装订有限公司
开　　本／787毫米×1092毫米　1/16
印　　张／18
字　　数／424千字
版　　次／2017年8月第1版　2017年8月第1次印刷
定　　价／69.00元

责任编辑／赵　岩
文案编辑／赵　岩
责任校对／周瑞红
责任印制／李志强

丛书编审委员会

前　言

国务院颁布的《质量振兴纲要》指出“质量发展是兴国之道、强国之策。质量反映一个国家的综合实力，是企业和产业核心竞争力的体现，也是国家文明程度的体现，既是科技创新、资源配置、劳动者素质等因素的集成，又是法治环境、文化教育、诚信建设等方面的综合反映。质量问题是经济社会发展的战略问题，关系可持续发展，关系人民群众切身利益，关系国家形象”。由此可见国家对于质量问题的关注和重视。同时国务院颁布的《质量振兴纲要》又指出“我国质量发展的基础还很薄弱，质量水平的提高仍然滞后于经济发展，片面追求发展速度和数量，忽视发展质量和效益的现象依然存在。产品、工程等质量问题造成的经济损失、环境污染和资源浪费仍然比较严重，质量安全特别是食品安全事故时有发生。一些生产经营者质量诚信缺失，肆意制售假冒伪劣产品，破坏市场秩序和社会公正，危害人民群众生命健康安全，损害国家信誉和形象”。

从高等教育学生的实际来看，开展产品质量意识教育，是十分必要的。我国是制造大国，高等教育以培养高素质、高技能劳动者为主要目标。高等教育缺乏质量素养和质量意识教育，就培养不出高素质劳动者。反之，如果这数以亿计的高素质劳动者具有较强的质量意识，则“中国制造”的产品质量必然会立于世界之首，我国将更加强盛。

本教材的编写正是上述人才培养目标和人才培养思想的一次探索性实践。本书在编写过程中，力图体现以下特色：

首先，在内容的选取上，以必需为标准。本书重在质量意识的培养，对质量管理的理论，不作全面、系统、深入的展开，对质量知识予以筛选，以质量基础知识为准绳，将相应实际应用时必需的内容编入教材，对质量管理中出现的新的理念和新的方法作适当介绍。

其次，强调实践能力的培养。高等学校的学生培养目标以高技能人才、技能价值为取向，我们在教材编写中，注重案例的分析及职业能力的培养，体现高等教育课程改革的特色。所编案例注重知识性、应用性、趣味性，使学生可以从案例中获得启发，通过探索与体验案例分析和解决实际问题，为学生后续发展及毕业后与企业接轨打好基础。

再次，编写内容与《质量控制技术人员》职业标准中所要求掌握的知识尽量统一，包括质量管理的规划和策划，质量管理体系的建立、实施和保持，质量控制，质量验证，质量改进和质量评价等，为学生以后从事质量工作奠定基础。

本书由李晓男、顾海洋主编，由夏春荣主审。编写人员有王静（第一章）；徐浩宇（第二章）；申倚供（第三章）；吴香涛（第四章）；何寿柏（第五章）；李晓男（第六章）；顾海洋（第七章）。

本书吸取和参考了许多知名专家和学者的研究成果，为方便读者寻源，将其列入参考文献。有些参考文献可能未能列出，在此谨表歉意。

因特网的快速发展，为社会的进步和发展作出了巨大贡献。那些默默无闻的人，将他们的心得公布于网，只是为了更多的人受益。本书部分章节的内容受益于此，在此向那些默默无闻的同志们致以深深的谢意。

编写一本案例式应用型质量管理与控制类教材是一个尝试，虽然编者做了积极的努力，但是疏漏甚至谬误在所难免，敬请广大读者提出宝贵意见。

编　者

目　录

第一章 质量管理基础知识

第一节 质量基本知识及质量意义

“质量”一词，对任何企业来说，都应该是一个关键词。制造业，产品质量必须合格；服务业，服务质量必须优良。各行各业，无论企业大小，质量都是管理者们所面临的一大课题。

观察一下我们身边的购物活动，越来越多的人不再盲目购买那些价格便宜、设计平庸的商品。他们在购物消费时，会特别慎重地选择制造商和经销商，往往会去光顾那些设计独特、个性化强、服务周到的商品和服务。我们常常可以听到这些话：

“哇！好漂亮啊!”

“一分钱一分货。”

“能用多长时间?”

“太大了点儿。”

“外形还不太好看。”

这样的描述充分体现了人们的消费观念已经从相信广告转变为相信实效，从讲究实体功能转变为追求体验价值，变得越来越挑剔。这种消费观称为“好吃看得见”，既要满足人们的核心需求（使用功能），又要满足人们心理方面、精神方面的需求（服务需求和体验价值）。面对现代社会中如此精明而又挑剔的消费者，企业应该尽快转变观念，认真地探求消费者的需求，并为他们提供优质的产品和服务，以满足他们实际的需求。

质量是质量管理的对象，是事物的本质特性之一。正确、全面地理解质量的概念，对开

展质量管理工作十分重要，并对企业经营决策和提高经济效益有着极其重要的意义。

一、质量的基本概念

在质量管理发展的不同历史时期，人们对质量这一概念的理解也不相同。20 世纪 60 年代，质量管理大师朱兰针对质量给出了一个基本的定义，即“质量就是适用性”。目前，朱兰的这个定义在世界上仍然被普遍接受。在国际标准 ISO 9000：2000 中对质量作了比较全面和准确的定义，即“一组固有特性满足要求的程度”。按照国家标准 GB/T 6583 中的定义，质量是“产品、过程或服务满足规定或潜在要求（或需要）特征和特性的总和”。质量在某些汉语国家和地区也被称为品质。人们对质量概念的理解和认识是随着生产力的发展、社会的进步而逐步深化的。人们一般就是在这一意义下，广泛使用“质量”一词的，还往往在质量一词的前面加上限制词，使其指向更为明确，意义表达更为具体。例如，广泛地使用“产品质量”“工程质量”“建筑质量”“教育质量”“服务质量”等，或更加具体地使用“手机质量”“电视机质量”“冰箱质量”“住宅质量”“汽车质量”“电脑质量”“饮料质量”，乃至“员工质量”“系统质量”“运行质量”“信息质量”等。

将质量的概念按实体的性质划分，可分为产品质量、服务质量、过程质量及工作质量等。

在制造业中，涉及较多的是产品质量，根据国际标准化组织制定的国际标准《质量管理和质量保证——术语》（ISO 8402—1994），产品质量是指产品“反映实体满足明确和隐含需要的能力和特性的总和”。任何产品都是为满足用户而制造的，无论是复杂的还是简单的、昂贵的还是低廉的、时尚的还是古典的产品，都应当具有用户需要的功能和特性。产品质量功能和特性所表现出来的参数和指标多种多样，产品质量可以分为满足用户的产品性能、可靠性与可维修性、安全性、适应性、经济性、寿命等。

1. 性能

性能是指产品符合标准，满足一定使用要求所具备的功能。如电冰箱必须要有满足冷冻、冷藏食品的降温性能；电视机必须要有满足收看的清晰图像和伴音；手表要有走时准确、防水、防震、防火等功能；热水瓶要有保温、防爆功能；机床要有转速、加工精度等功能。尽可能完善的多种功能是产品发展的趋势之一，例如拿电风扇来说，我们除了要求它能吹风以外，还希望它能改变风速与风向，变速和摇头装置可以克服人体直吹所引起的不适感觉。

案　例

304 不锈钢的性能特点

304 是应用最广泛的不锈钢、耐热钢。可用于食品生产设备、普通化工设备、核能等。304 不锈钢是一种通用性的不锈钢材料，防锈性能比较强，耐高温性能也比较好。304 不锈钢具有优良的不锈耐腐蚀性能和较好的抗晶间腐蚀性能。通过实验得出：在浓度≤65% 的沸腾温度以下的具有氧化性的硝酸中，304 不锈钢具有很强的抗腐蚀性。对碱溶液及大部分有

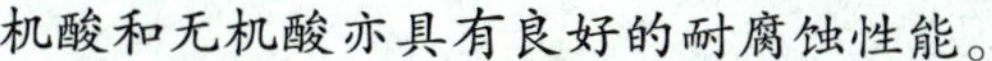

机酸和无机酸亦具有良好的耐腐蚀性能。

304 不锈钢化学牌号为 06Cr19Ni10，旧牌号为 0Cr18Ni9，其中含铬 19%，含镍 8%～10%。

材料的性能要求

由于对深冲性能有很高的要求，某客户一直在某不锈钢贸易公司采购 304 不锈钢，用来冲压槽状产品。在过去几十批次的产品使用中，304 不锈钢冲压开裂率一直很稳定。但这一批次的 304 不锈钢在使用过程中，开裂率大大高于以前。所以这位客户怀疑这批次的 304 不锈钢可能不是指定钢厂的产品。

不同钢厂在生产相同型号的不锈钢时，由于工艺的不同，其产品在性能上会有细微的差别。但这些差别，对于客户和贸易商来讲，一般是无法辨别的。而即便是同一钢厂生产的产品，由于原料、生产工艺参数的调整也可能导致性能出现差别，所以说客户的怀疑有一定的可能性。

如果遇到这种情况，寻求钢厂的帮忙是最有效的解决办法。钢厂在生产每一批次的不锈钢时，都会有详细的资料存根，通过对化学成分的详细比照，就可以确定该批不锈钢是否为该钢厂生产的产品。通过钢厂采样分析，可确定是否为假冒产品，然后根据实际结果再确定下一步的处理方案。

所采购不锈钢的钢卷号和炉批号这类信息是非常重要的。这些参数在钢卷的标签、质保书上都有标示。所以在签订采购合同时，一定要标明采购产品的这些参数，并索要产品质保书，如有可能，原标签一定要保存好。

2. 可靠性与可维修性

可靠性是指产品在规定的时间内，在规定的使用条件下完成规定功能的能力，它是从时间的角度对产品质量的衡量。可维修性是指产品出现故障时维修的便利程度。对于耐用品来说，可靠性和可维修性是非常重要的，如汽车的首次故障里程、平均故障里程间隔、车体结构是否易于维修等都是顾客十分重视的质量指标。

弹药的安全可靠性

20 世纪 60 年代侵越战争时期，美国海军的航母发生了爆炸事故。航母上装载的弹药引爆造成了大量人员伤亡和器材破坏。在 1960—1970 年的侵越战争中，共有 3 艘美国航母发生过爆炸事故，最大的一次是“福莱斯特”号航空母舰的爆炸事故，当时死亡 134 人，伤 161 人，经济损失达 7.2 亿美元。鉴于航母爆炸事故的经验教训，美国从 1984 年开始推进有关弹药的高安全化的计划；1992 年同北约（NATO）各国共同设立北约不敏感弹药信息中心（NIMIC），以交换有关高安全化的技术情报和信息。

3. 安全性

产品的安全性指产品在存放和使用过程中对使用者的财产和人身不会构成损害的特性。不管产品的使用性能如何、经济性如何，如果产品存在安全隐患，那不仅是消费者所不能接受的，而且政府有关部门也会出面干涉或处罚相关生产企业。对于家用电器、汽车、工程机械、机床设备、食品、医药等，安全性是一个特别重要的质量指标。

案　例

小缺陷酿成大事故

美国挑战者号航天飞机失事的原因是一块不起眼的塑料泡沫存在质量问题；美国太空3号快到月球却不能登上去，只好无功返回，原因只是一节30元钱的小电池坏了，导致耗资几亿元的航天计划失败；我国“飞豹”战机在试飞定型的过程中多次发生险情，主要原因不在于设计，而在于一些小的环节没有予以足够的重视。1991年7月8日，“飞豹”在一次科研试飞中出现油箱漏油，险些造成机毁人亡，事后查明是飞机一个输油软管脱开造成了漏油；1997年6月19日，“飞豹”在超音速试飞中，前座舱盖脱离机体被抛到了九霄云外，又一次险些造成机毁人亡，事后查明原因是工厂的工人在安装座舱盖时将活门螺钉装反了。

4. 适应性

适应性是指产品在不同的环境下依然保持其使用性能的能力。如一块手表能否防水、防磁等就是适应性的要求。

案　例

收割机的适应性要求

在收割机的质量评价要求中，重要的一个方面是产品适应性（见表1-1），这是因为收割机要适应不同环境的使用，比如南方与北方地区的不同、干燥与湿润环境的不同、寒冷与温暖气候的不同，对收割机适应性提出了各种要求。所以在选择和评价收割机质量时，一定要考虑该产品的适应性要求。

表1-1　收割机的质量评价要求

<table>
<tr><td rowspan="4">产品质量</td><td>产品可靠性</td></tr>
<tr><td>产品适应性</td></tr>
<tr><td>生产企业规模</td></tr>
<tr><td>品牌知名度</td></tr>
</table>

续表

价格	性能与价格比
	与参与申报的同类产品比
	随机配件价格的高低
企业供货及服务保障能力	

AK47 的适应性

在武器本身的设计上，不同的战术思想决定了不同的枪械设计思路。M16 突击步枪强调以精准的火力消灭对手，而 AK47 强调以可靠而迅猛的火力来压制和杀伤敌方。

M16 的设计思想体现了美国对步枪的一贯要求，那就是“步枪就是步枪”，一定要打得远、射得准，精度是第一位的。M16 就是围绕“打得准”这个中心来设计的，而枪械的可靠性被放到了次要地位，因为美国人认为打得不准的枪，即使可靠性再好，也只是浪费弹药而已。

AK47 的诞生使步枪进入使用中间威力枪弹的连发武器时代，步兵的单兵火力大大增强。苏军的战术思想在 AK47 步枪上得到了具体体现。苏联从战争实践中得出结论——在真正的战场上，士兵没有时间仔细瞄准，有效的火力与良好的可靠性，才是士兵们最需要的东西。因此 AK47 着重强调火力、威力和可靠性，精度被放到了次要地位，这种思路其实是典型的冲锋枪设计思想的体现和延续。

AK47 的枪机动作可靠，坚实耐用，故障率低，无论温度条件如何，射击性能都很好，尤其是在风沙泥水中使用，性能可靠，即使连射或有灰尘等异物进入枪内时，机械结构仍能保证其继续工作，勤务性好，结构简单，分解容易。

AK47 系列步枪名闻天下是在 20 世纪 60 年代的越南战争中，AK47 和其在中国的仿制品大规模地武装越南正规军和游击队。这种自动武器在丛林环境中深受士兵信赖。据说越南战争时期，许多美国士兵转而使用缴获越南士兵的 AK47 系列步枪，只因为 AK47 系列步枪拥有非常优良的可靠性及适应性，且容易控制密集的火力。

20 世纪 70 年代有这么一句话：“美国出口的是可口可乐，日本出口的是索尼电器，而苏联出口的是 AK47。”在过去，香港警察的佩枪主要用于防卫，所以只配备点 38 手枪。而飞虎队配备的是 MP5，后来叶继欢、季炳雄、张子强等悍匪不断在香港作案，并配备了火力强劲的 AK47，一度令警方束手无策。后来香港向美国进口了 10 把 M4A1 卡宾枪装备于特警飞虎队，加强火力以及加强情报等各部门的配合，才把局势扭转过来，进而把匪徒绳之以法。

5. 经济性

质量问题实际上是一个经济问题，中国古老文化在创造“质量”这一词汇时，就为我们现在说文解字提供了佐证。“质”即“質”，上半部的两个斤，意味着“斤斤计较”，下

半部的“贝”，通解为“钱”。也就是说质量对企业和顾客而言都在于“钱”，即经济性上“斤斤计较”。

（1）从利益方面考虑。对于顾客，必须考虑减少费用、改进适用性、提高满意度和忠诚度。

对于企业，必须考虑安全性、购置费、运行费、保养费、等待损失和修理费以及可能的处置费用。

（2）从成本方面考虑。对于顾客，必须考虑安全性、购置费、运行费、保养费、停机损失和修理费以及可能的处置费用。如空调器是一种需要消耗电能的产品，在达到同样的制冷效果下，能耗越低给顾客带来的节约效益就越大；又如洗衣机是一种需要大量耗水的产品，在达到同样洗净比的前提下，用水越少则其经济性越好。

对于企业，必须考虑顾客的需要和设计中的缺陷，包括不满意的产品返工、返修、更换、重新加工、生产损失、担保和现场修理等发生的费用，以及承担产品责任和索赔风险等的费用。

案　例

经济的赵州桥

有1 400年历史的赵州石拱桥，经过无数次洪水袭击与多次地震，一直屹立在河北赵县洨河上，并任由车马往来。直到20世纪末，人们在它的旁边修建了一座钢混拱桥，它才退役，作为文物被保护起来。它是全国重点保护文物，还被美国土木工程师学会立为“国际土木工程历史古迹”。面对这个奇迹，人们无不敬佩隋朝建造师李春的智慧。更多的人惊叹于它的奇巧，但却忽略了其“节约”带来的巨大效益。

假如一座普通的石拱桥的使用寿命是100年，在赵县这个地方要满足同样的交通要求，自隋朝以来需要建造14座桥，所耗资源就是这座赵州桥的14倍。

6. 寿命

寿命是指产品能够使用的期限，即产品在规定的使用条件下完成规定功能的时间总和。所有的产品都具有固有的用途及相应的特点。就像专为北部天气条件生产的移动电话，就必须考虑到设备能够经受盐分的侵蚀；房屋使用的油漆可以经受阳光、热量以及湿度的影响。在这些实例中，产品的制造商都对影响产品的各种因素进行了考量以延长产品的使用寿命。提高产品的可靠性、延长产品的寿命始终是产品制造商的追求，因此获得相应的信息，将会帮助我们生产出符合更多用户要求的产品。

案　例

电子产品使用寿命周期

一个产品的使用寿命是由其设计寿命来决定的，电器也不例外。由于各种家用电器的功

能、使用环境和使用率的不同，决定了它们的寿命各有差异。除设计和工艺因素之外，电器产品的使用寿命还要受到实际使用环境的影响。一般来说，恶劣的使用环境和不正确的操作，都会影响电器的局部或整机的使用寿命。如洗衣机、冰箱长时间受潮会发生故障，甚至提前“寿终正寝”，更加严重的是还有可能因此造成漏电，危及人身安全。如果彩电经常经受骤冷骤热的环境变化，新彩电也会引发彩管爆裂。因此质量好的家电的使用寿命也要有一定的使用环境保障。

人们在发现家电出现故障时，往往首先想到修理，很少考虑它的使用寿命是否到期限了。实际上，如果一件电器的使用寿命到期限了，即使今天的故障修好了，由于其整体的老化还会不断出现新的故障，其安全隐患也越来越多，从安全和经济的角度讲应该尽早弃旧更新。

从质量的基本概念中，可以理解到：

质量的内涵是由一组固有特性组成，并且这些固有特性是以满足顾客及其他相关方所要求的能力加以表征。质量具有经济性、广义性、时效性和相对性的特点。

（1）经济性：由于要求汇集了价值的表现，价廉物美实际上是反映人们的价值取向，物有所值，就是表明质量有经济性的表征。虽然顾客和组织关注质量的角度是不同的，但对经济性的考虑是一样的。高质量意味着最少的投入，却能获得最大效益的产品。

（2）广义性：在质量管理体系所涉及的范畴内，组织的相关方对组织的产品、过程或体系都可能提出要求。而产品、过程和体系又都具有固有特性，因此，质量不仅指产品质量，而且还指过程和体系的质量。

（3）时效性：由于组织的顾客和其他相关方对组织和产品、过程和体系的需求和期望是不断变化的，例如，以前被顾客认为质量好的产品会因为顾客要求的提高而不再受到顾客的欢迎。因此，组织应不断地调整对质量的要求。

（4）相对性：组织的顾客和其他相关方可能对同一产品的功能提出不同的需求，也可能对同一产品的同一功能提出不同的需求。需求不同，质量要求也就不同，只有满足需求的产品才会被认为是质量好的产品。

质量的优劣是满足要求程度的一种体现。它须在同一等级基础上做比较，不能与等级混淆。等级是指对功能用途相同，但质量要求不同的产品、过程或体系所做的分类或分级。

二、质量的基本术语

1. 质量

质量指一组固有特性满足要求的程度。

术语“质量”可使用形容词如“差”、“好”或“优秀”等来修饰。“固有的”（其反义是“赋予的”）就是指在某事或某物中本来就有的，尤其是那种永久的特性。

2. 要求

要求指明示的、通常隐含的或必须履行的需求或期望。

①“明示的”可以理解为规定的要求。如在文件中阐明的要求或顾客明确提出的要求。

②“通常隐含的”是指组织、顾客和其他相关方的惯例或一般做法，所考虑的需求或期

望是不言而喻的。例如：化妆品对顾客皮肤的保护性等。一般情况下，顾客或相关方的文件（如：标准）中不会对这类要求给出明确的规定，组织应根据自身产品的用途和特性进行识别，并做出规定。

③“必须履行的”是指法律法规要求的，或有强制性标准要求的。如食品卫生安全法、GB 8898“电网电源供电的家用和类似用途的电子及有关设备的安全要求”等，组织在产品的实现过程中必须执行这类标准。

要求可以由不同的相关方提出，不同的相关方对同一产品的要求可能是不相同的。例如：对于汽车来说，顾客要求美观、舒适、轻便、省油，但社会要求对环境不产生污染。组织在确定产品要求时，应兼顾顾客及相关方的要求。

要求可以是多方面的，当需要特指时，可以采用修饰词表示，如产品要求、质量管理要求、顾客要求等。

3. 特性

特性是指可区分的特征。特性可以是固有的或赋予的，也可以是定性的或定量的。

特性有很多种，如物的特性（如机械性能）、感官的特性（如气味、噪声、色彩等）、行为的特性（如礼貌）、时间的特性（如准时性、可靠性）、人体工效的特性（如生理的特性或有关人身安全的特性）和功能的特性（如飞机的最高速度）。

“固有的”特性就是指某事或某物中本来就有的，尤其是那种永久的特性。例如，螺栓的直径、机器的生产率或接通电话的时间等技术特性。

赋予特性不是固有的，不是某事物中本来就有的，而是完成产品后因不同的要求而对产品所增加的特性，如产品的价格、硬件产品的供货时间和运输要求（如运输方式）、售后服务要求（如保修时间）等特性。

产品的固有特性与赋予特性是相对的，某些产品的赋予特性可能是另一些产品的固有特性，例如：供货时间及运输方式对硬件产品而言，属于赋予特性，但对运输服务而言，就属于固有特性。

案 例

汽车发动机的特性

汽车是在负荷、车速及道路状况经常变化的情况下行驶的，作为动力源的发动机必须适应于工作环境变化而工作。发动机的工作情况（简称工况，如负荷与转速等）变化时，必然引起其性能指标的变化，发动机的主要性能指标（动力性能与经济性能等）随工况变化而变化的关系称为发动机特性。

由于发动机工况与性能指标的多样性，发动机特性也就有很多类型。其中与汽车关系密切的有速度特性、负荷特性及万有特性等。研究发动机特性的主要目的是分析发动机在不同工况下的动力性能与经济性能；分析发动机在不同工况下运行的稳定性与适应性，从而确定发动机的工作范围及适宜的工作区域。

4. 质量管理

质量管理指在质量方面指挥和控制组织的协调的活动。

在质量方面的指挥和控制活动，通常包括制定质量方针和质量目标以及质量策划、质量控制、质量保证和质量改进。

5. 质量控制

质量控制是指为达到质量要求所采取的作业技术和活动。这些“作业技术和活动”的目的在于监视过程，进行控制、诊断与调整，使过程处于受控状态。质量控制是质量管理的一部分，致力于满足质量要求。

6. 与质量相关的概念

GB/T 19000—2000 标准还对与质量相关的一些术语给出了明确的定义。

（1）组织。组织是指“职责、权限和相互关系得到安排的一组人员及设施”。例如：公司、集团、商行、社团、研究机构或上述组织的部分或组合。可以这样理解，组织是由两个或两个以上的个人，为了实现共同的目标组合而成的有机整体，安排通常是有序的。

国际标准 ISO 8402：1994 对组织的定义是“具有其自身的职能和行政管理的公司、集团公司、商行、企事业单位或社团或其一部分，无论其是股份制、公营还是私营”。本书中的“组织”的定义是适用于质量领域的，在其他范畴有不同的含义。

（2）过程。过程是指“一组将输入转化为输出的相互关联或相互作用的活动”。过程由输入、实施活动和输出三个环节组成。过程可包括产品实现过程和产品支持过程。

（3）产品。产品是指“过程的结果”。产品有四种通用的类别：服务（如商贸、运输）；软件（如计算机程序、电子字典）；硬件（如发动机机械零件、电视机）；流程性材料（如润滑油）。

许多产品由不同类别的产品构成，服务、软件、硬件或流程性材料的区分取决于其主导成分。例如“汽车”是由硬件（如汽车齿轮）、流程性材料（如燃料、冷却液、电流）、软件（如发动机控制软件、汽车说明书、驾驶员手册）和服务（如销售人员所做的操作说明）所组成。

依产品的存在形式，又可将产品分为有形产品和无形产品。服务通常是无形的，并且是在供货方和顾客接触时至少需要完成一项活动的结果。

软件由信息组成，通常是无形产品并可以方法、论文或程序的形式存在。

硬件通常是有形产品，其具有计数的特性（可以分离，可以定量计数）。

流程性材料通常是有形产品，其具有连续的特性（一般是连续生产，状态可以是液体、气体、粒子线状、块状或板状等）。

（4）顾客。顾客是指接受产品的组织或个人。例如，消费者、委托人、最终使用者、零售商、受益者和采购方。顾客可以是组织内部的，也可以是组织外部的。

（5）顾客满意。顾客对其要求已被满足的程度的感受。

（6）相关方。与组织的业绩或成就有利益关系的个人或团体。

（7）体系。体系是指相互关联或相互作用的一组要素。

（8）质量特性。质量特性是指产品、过程或体系与要求有关的固有特性。

质量概念的关键是“满足要求”，这些“要求”必须转化为有指标的特性，以此作为评

价、检验和考核的依据。由于顾客的需求是多种多样的，所以反映产品质量的特性也是多种多样的。它包括：性能、适用性、可信性（可用性、可靠性、维修性）、安全性、环境、经济性和美学性。质量特性有的是能够定量的，有的是不能够定量的，只能定性。实际工作中，在测量时，通常把不定量的特性转换成可以定量的代用质量特性。

硬件质量特性有内在特性，如结构、性能、精度、化学成分等；有外在特性，如外观、形状、色泽、气味、包装等；有经济特性，如成本、价格、使用费用、维修时间和费用等；有商业特性，如交货期、保修期等；还有其他方面的特性，如安全、环境、美观等。质量的适用性就是建立在质量特性基础之上的。

服务质量特性是服务产品所具有的内在的特性。有些服务质量特性是顾客可以直接观察或感觉到的，如服务等待时间的长短、服务设施的完好程度、火车的正误点、服务用语的文明程度、服务中噪声的大小等。还有一些反映服务业绩的特性，如酒店财务的差错率、报警器的正常工作率等。

软件质量是反映软件产品满足规定和潜在需求能力的特性的总和，描述和评价软件质量的一组属性称为软件质量特性。软件质量特性包括功能性、可靠性、易使用性、效率、可维护性和可移植性 6 个特性。软件作为有别于电气、电子元件等硬件的新元素被引用于计算机系统，按传统的观念，软件寿命是无限的，软件没有物理的磨耗或耗散，它的质量问题与硬件相比具有较特殊的属性。

流程性材料质量特性，有可定量测量的特性，如强度、速度、抗化学性等；也有定性的特性，只能通过主观性的判断来测量，如色彩、质地或气味等。

因为顾客对材料的满意程度不同，所以应对质量特性进行分类管理。常用的质量特性分类方法是将质量特性划分为关键质量特性、重要质量特性和次要质量特性三类。

关键质量特性，是指若超过规定的特性值要求，会直接影响产品安全性或产品整机功能丧失的质量特性。

重要质量特性，是指若超过规定的特性值要求，将造成产品部分功能丧失的质量特性。

次要质量特性，是指若超过规定的特性值要求，暂不影响产品功能，但可能会引起产品功能的逐渐丧失的质量特性。

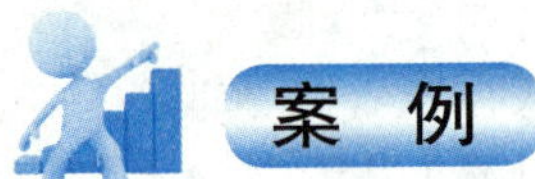

汽车的质量

汽车不同于保健品、服装等，它是一个很硬、很客观的消费品，完全是拼真本事的东西。美国是汽车王国，拥有全球最大的汽车市场，有全世界最专业和最严格的汽车消费评价体系。

《消费者报告》是美国人购物时的头号参考资料，拥有 500 多万个忠实订户，它每年发布的汽车系列调查报告都被公认为是最具有汽车购买指导价值的，因为它通过专业测评和大规模用户反馈所得到的数据库是业界最全的，再加上它是全靠消费者捐助而维持的非营利机构，没有任何广告，其公正性和权威性一直受到业界认可。

2009年《消费者报告》公布了汽车评价排名。这一汽车综合素质评价共向130万个汽车用户发放问卷，有260多辆车参加了测试，测评项目包括最严格的道路测试、耐用可靠性、安全测试等50多项内容。按照《消费者报告》汽车测试主管戴维·凯姆宾的说法，“所有进入最佳车型排行的车，都是性能、实用性、可靠性和安全性方面的佼佼者，这个榜单能为消费者购车提供绝好的参照”。

在《消费者报告》最近5年对各车种的最佳推荐车型评选中，日本车占有较大优势。而在《福布斯》公布的2009年度最强汽车制造商排行榜中，丰田、本田则夺走了冠、亚军。

三、质量的重要意义

美国著名质量管理专家朱兰有句名言：“生活处于质量堤坝后面（life behind the quality dikes）。”质量正像黄河大堤一样，可以给人们带来利益和幸福，而一旦质量的大堤出现问题，它同样也会给社会带来危害甚至灾难。所以，企业有责任把好质量关，共同维护质量大堤的安全。

1. 质量是企业的生命

物竞天择，适者生存。当今的世界，是开放的世界，发展浪潮波涛汹涌，创业意识势不可挡，一个企业要在竞争中乘风破浪，立于不败之地，靠的是什么呢？靠的是优良的产品质量。如果说水是生命之源，那么质量又何尝不是企业的生命之源呢？企业以质量谋生存。无论任何企业，若想在星罗棋布的同行中立足，若不讲求质量，注重信誉，那么后果都不堪设想。

当今市场环境的特点之一是用户对产品质量的要求越来越高。以前，价格被认为是争取更多的市场份额的关键因素，现在情况已有了很大变化，很多用户现在更看重的是产品质量，并且宁愿花更多的钱获得更好的产品质量。在今天，质量稳定的高质量产品会比质量不稳定的低质量产品拥有更多的市场份额，这个道理是显而易见的。较好的质量会给生产厂商带来较高的利润回报。高质量产品的定价可以比相对来说低质量产品的定价高一些。另外，高质量也可以降低成本，而成本降低也就意味着公司利润的增加。

质量是企业生存的奠基石，质量是企业发展的“金钥匙”，换句话说质量就是企业的生命。

海尔的发展

1985年，张瑞敏来到海尔（原青岛电冰箱总厂）工作。一天，一位朋友要买一台冰箱，结果挑了很多台都有毛病，最后勉强拉走一台。朋友走后，张瑞敏派人把库房里的400多台冰箱全部检查了一遍，发现共有76台冰箱存在各种各样的问题。张瑞敏把职工们叫到车间，问大家怎么办？多数人提出：“缺陷也不太影响使用，便宜点处理给职工算了。”当时一台冰箱的价格是800多元，相当于一个职工两年的收入。张瑞敏说：“我要是允许把这76台冰

箱卖了，就等于允许你们明天再生产760台这样的冰箱。”他宣布，这些冰箱要全部砸掉，谁生产的谁来砸，他抡起大锤亲手砸了第一锤，很多职工砸冰箱时都流下了眼泪。在接下来的一个多月里，张瑞敏发动和主持了一个又一个会议，讨论的主题非常集中：“如何从我做起，提高产品质量”，三年以后，海尔人捧回了我国冰箱行业的第一块国家质量金奖的奖牌。

从1984年到1991年，张瑞敏把这7年叫做海尔的“名牌战略阶段”。7年时间里，海尔只做了冰箱这一种产品。到1991年，海尔冰箱产量突破30万台，产值突破5个亿；在全国100多家冰箱企业中，海尔是唯一产品无积压、销售无降价、企业无三角债的单位；海尔商标是全国家电行业唯一入选“中国十大驰名商标”的家电商标。从1992年起，海尔进入了“多元化发展阶段”。如今，海尔产品有58个系列，92 000多种，既有白色家电又有黑色家电、米色家电，其中，冰箱、冷柜、洗衣机、空调器等的市场占有率在全国均名列前茅。

一位质量大师曾预言：“21世纪将是质量的世纪。质量将成为占领市场的有效武器，成为企业发展的强大动力，成为企业真正的生命力。”美国一位企业家曾说过：“倒了牌子的商品，想东山再起，如同下了台的总统期冀重返白宫一样，绝无可能。”产品质量的好坏，决定着企业的产品最终有无市场，影响着企业经济效益的高低，甚至关系到企业能否在激烈的市场竞争中生存和发展。

2. 质量是人们生活的保障

目前人们的日常安全和健康极度依赖工业产品的质量，如药品、食品、飞机、汽车、电梯、桥梁等。所以人们的生活需要质量大堤的保护，一旦质量大堤崩塌，劣质产品和服务的洪水猛兽就将危害人们的生活，危及人们的生命。典型的例子如1983年印度的博帕尔农药厂毒气泄漏案和至今仍然后患无穷的切尔诺贝利核电站泄漏案等，这些严重质量事故直接影响到整个社会，甚至危及国家的存亡。朱兰博士很早就提出“质量大堤”的概念来概括这些新的风险，他指出消费者的安全、健康，甚至日常的福利必须置于“质量大堤”之后才能有保证。只有产品的质量有了保证，人类的生命健康、生活质量才有保证。

三鹿集团奶粉事件

三鹿集团成立于1956年，经过50多年艰苦创业，截至2007年底，三鹿总资产16.19亿元，净资产12.24亿元。

2007年12月以后，三鹿集团陆续收到消费者投诉，反映部分婴儿使用其所生产的婴幼儿系列奶粉后，出现尿液中有红色沉淀物等症状。

2008年5月20日，三鹿集团成立了技术攻关小组。经过技术攻关小组的排查，确认婴幼儿系列奶粉中含有三聚氰胺。

2008年8月1日，河北省出入境检验检疫局检验技术中心出具检测报告：送检的16个

批次奶粉样品中有15个批次被检出含有三聚氰胺。

从2008年9月1日开始，就相继出现有关婴儿长期食用某同一品牌奶粉而患上同一种疾病“急性肾后性尿闭”的报道，三鹿集团没有反应。

2008年9月11日，三鹿集团对外新闻发言称，三鹿奶粉严格按照国家标准生产，产品质量合格，目前尚无证据显示这些婴儿是因为吃了三鹿奶粉而致病。三鹿集团委托甘肃权威质检部门对三鹿奶粉进行了检验，结果显示质量是合格的。

9月11日晚上，三鹿集团又对外发布产品召回声明，称经公司自检发现2008年8月6日前出厂的部分批次三鹿婴幼儿奶粉受到三聚氰胺的污染，市场上大约有700吨。为对消费者负责，三鹿集团公司决定立即对2008年8月6日以前生产的三鹿婴幼儿奶粉全部召回。

2008年9月13日，党中央、国务院对严肃处理三鹿牌婴幼儿奶粉事件做出部署，立即启动国家重大食品安全事故一级响应，并成立应急处置领导小组。

2008年12月24日，石家庄市中级人民法院对三鹿发出破产令，正式宣告石家庄三鹿股份有限公司破产，其资产清算进入法律程序。

2009年1月22日，石家庄市中级人民法院对三鹿问题奶粉系列刑事案件中的数名被告人做出一审判决，其中原三鹿集团董事长田文华犯生产、销售伪劣产品罪，被判处无期徒刑，并处罚金2 000多万元。2009年2月12日，石家庄市中级人民法院正式宣布三鹿集团破产。

三鹿集团生产不合格产品，可谓害人害己，在伤害企业本身的同时，也危害了社会。

3. 质量是国家可持续发展的关键

质量水平的高低，反映了一个国家的综合经济实力，质量问题是影响国民经济和社会发展的重要因素。为了建立世界范围的供应体系，加强对供应商和产品质量的管理，各国都在探索新的质量管理方法、程序、规则，并努力寻求国际社会的认同。将质量管理纳入标准化的轨道，以国际标准规范引导国际贸易活动中的质量管理，已得到世界各国的支持，并在全球范围内快速推进。质量管理标准化带来了良好的市场秩序和更高的贸易效率，也对提升产品质量和企业质量管理水平产生了巨大的推动作用。

案　例

德国的质量观

德国的产品质量之高素来为全世界所公认。德国有句谚语“德国纽扣的寿命比婚姻还长”。这一句简短的话，说出来的却是一个严肃的话题，因为它说的意义是：当衣服已经旧得不能再旧的时候，它的扣子依然还在。对待一个纽扣能钉得如此结实，纽扣的质量好、寿命又长，说明了德国人对于质量的追求几乎深入到了骨髓。同样，在德国自动化的流水生产线上，为了保证质量，每一道工序都有机器反复地进行质量检验，又不时有工人进行质量检验，每隔40分钟，还要从流水线上随机抽出一台来进行各项指标的严格检测。在世界十大名牌产品中，奔驰排名第三，在德国十大名牌产品中，奔驰名列第一位，奔驰甚至成为德国

货的代名词。如果你稍加留意就会发现，奔驰汽车很少做广告，对此，奔驰人的解释是“我们的质量就是最好的广告”。德国企业自从进入中国市场以来，因产品质量、性能存在严重问题或服务不到位而引发的纠纷几乎没有发生过，这也从一个侧面说明了德国企业质量管理的扎实性。

据美国《幸福》杂志报道，德国大约30%的出口商品是国际市场上没有竞争对手的独家产品，其价格由德国的出口商说了算。目前，德国在大型工业设备、精密机床和高级光学仪器等方面拥有无可争辩的优势。德国的产品质量是全世界公认的，虽然每种产品产量不一定是世界最高的，但是质量永远是世界最好的，这也是德国人引以为豪的一种荣耀：他们要做世界上最好的工业产品——他们的产品就是世界上最好的产品。

作为国家振兴和社会可持续发展的关键因素，质量的作用比任何历史时期都要重要。注重质量管理，可以促进企业资源优化和合理利用，从而实现全社会各类资源的有效配置和合理利用，提高整个社会的经济效益，增加社会财富；可以推动我国经济从数量效益型向质量效益型转变，从而从根本上改变只重数量、不重质量的局面，保证社会财富的稳定增长，促进国民经济持续、稳定、协调发展。

第二节　质量管理的基本知识

一、管理概述

管理是“指挥和控制组织的协调的活动”。管理是在一定环境和条件下通过“协调”的活动，综合利用组织资源以达到组织目标的过程，是由一系列相互关联、连续进行的活动构成的。管理过程包括计划、组织、领导和控制人员与活动。

1. 管理职能

管理的主要职能是计划、组织、领导和控制。

（1）计划确立组织目标，制定实现目标的策略。计划决定组织应该做什么，包括评估组织的资源和环境条件，建立一系列组织目标。而一旦确立了组织目标，管理者必须采取相应的战术实现这些目标，并建立监督运行结果的决策制定过程。

计划有以下三个方面的内容：

① 研究活动条件。包括内部能力研究和外部环境研究。

② 制定业务决策。是指在活动条件研究的基础上，根据这种研究所揭示的在环境变化中可能提供的机会或造成的威胁，以及组织在资源拥有和利用上的优势和劣势，确定组织在未来某个时期内的宗旨方向和目标，并据此预测环境在未来可能呈现的状态。

③ 编制行动计划。将决策目标在时间上和空间上分解到组织的各个部门和环节，对每个单位和每个成员的工作提出具体要求。

（2）组织确定组织机构，分配人力资源。组织是决策目标如何实现的一种技巧，这种决策需要建立最合适的组织结构并训练专业人员，组织通信网络。管理者必须建立起与顾客、制造商、销售人员和技术专家之间的沟通渠道。

组织要完成下述工作：

① 组织机构和结构设计；

② 人员配备，将适当的人员安置在适当的岗位上，从事适当的工作；

③ 启动并维持组织运转；

④ 监视运转。

（3）领导激励并管理员工，组建团队。领导是完成组织目标的关键，是利用组织赋予的权力和自身的能力去指挥和影响下属，是“创造一个使员工充分参与实现组织目标的内部环境”的管理过程。管理者为实现组织目标对员工进行指导和激励，制订一系列计划，采取相应的措施来组织员工努力工作，保持良好的工作热情。

（4）控制评估执行情况，控制组织的资源。控制是为了保证系统按预定要求运作而进行的一系列工作，包括根据标准及规则，检查监督各部门、各环节的工作，判断是否发生偏差和纠正偏差。控制职能在整个管理活动中起着承上启下的连接作用。

四项管理职能之间的关系从逻辑关系来看，通常是按发生先后顺序，即先计划，继而组织，然后领导，最后控制；从管理过程来看，在控制的同时，往往要编制计划，或对原计划进行修改，并开始新一轮的管理活动；从职能的作用看，计划是前提，组织是保证，领导是关键，控制是手段。四个职能之间是一个相辅相成、密切联系的一个整体，不能片面地强调某一职能，而否定其他职能作用。

2. 管理层次和技能

（1）管理幅度。管理幅度是指管理者直接领导下属的数量。有效的管理幅度的大小受到以下几方面因素的影响：

① 管理者本身的素质与被管理者的工作能力；

② 管理者工作的内容；

③ 工作环境与工作条件。

（2）管理层次。管理层次是指最高管理者到具体执行人员之间的不同管理层次。按层次划分，管理可分为高层管理、中层管理和基层（底层）管理三个层次。

① 高层管理者是组织的高级管理者，其主要作用是确立组织的宗旨和目标，规定职责和提供资源。他们主要负责与外部环境联系，如政府、学界、重要顾客或供应商、金融机构等。

② 中层管理者负责利用资源以实现高层管理者确立的目标，主要通过在其职权范围内执行计划，并监督基层管理人员来完成。

③ 基层管理者负责日常业务活动，他们通常监督指导作业人员，保证组织正常运转。

在管理幅度给定的条件下，管理层次与组织规模的大小成正比，即组织规模越大，成员人数越多，管理层次就越多；在组织规模给定的条件下，管理层次与管理幅度成反比，即管理者直接领导下属的人员越多，组织所需的层次就越少。

（3）管理层次和创新。层级结构的组织形式是20世纪规模生产的背景下，在相对稳定

的市场环境中所形成的一种效率较高的组织形式。但在目前遇到了两方面的强大挑战：一是企业组织规模越来越庞大，大批的跨国公司出现，企业管理层已经多的难以有效运作；二是外部环境快速变化。外部环境的快速变化，要求企业快速应变，具备极强的适用性。而管理层次众多的层级结构所缺少的恰恰是一种对变化的快速反应能力和适应性。在信息经济时代，为适应规模定制生产方式的需要，组织形式发生很大的变化。

① 扁平化。当企业规模扩大时，原来的有效办法是增加管理层次，而现在的有效办法是增加管理幅度。当管理层次减少而管理幅度增加时，金字塔状的组织形式就被“压缩”成扁平状的组织形式。

扁平化得以实现的原因：一是分权管理成为一种普遍趋势，金字塔状的组织结构是与集权管理体制相适应的，而在分权管理体制下，各层级之间的联系相对减少，各基层组织之间相对独立，扁平化的组织形式能够有效运作；二是企业快速适应市场变化的需要；三是现代信息技术的发展，特别是计算机管理信息系统的出现，使传统的管理幅度理论不再有效。扁平化趋势表现在渠道层级减少，渠道缩短，而渠道宽度大大增加。扁平化的销售渠道最显著的特点：一是渠道直营化；二是渠道短宽化。

案　例

扁平化管理的实施

A公司是一家年销售额在2亿元左右的生产制造企业，主要产品为包装用铁罐，产品种类繁多但技术含量不高，现有组织结构是典型的金字塔状职能结构，层次多，管理比较粗放。以制造部为例，总经理——生产副总——制造部经理——制造分部经理——车间——班组，指挥链很长。以前，由于公司有一批长期合作的固定客户，生产经营还算稳定，但随着企业内外环境的变化和竞争的加剧，现有的组织结构形式已经不能适应公司的进一步发展，公司决定通过改变原来的组织结构来提升公司的竞争力。

通过组织结构的扁平化，提高企业对市场的适应性和反应速度是国际上许多大公司普遍使用的方法，通用电气、日本丰田等公司都通过组织结构的扁平化取得了明显的业绩。然而，企业组织结构扁平化改革的成功需要具备三个条件：一是拥有科学的管理平台，企业规章制度比较健全。这种内部运作的程序化程度较高，为扩大管理幅度创造了条件。二是拥有高素质的员工，扁平化组织要求员工具有较强的参与意识、自觉性、责任心和相应的工作能力，能够自主完成任务。三是要有一批知识能力全面的优秀管理人才、职业经理队伍。管理幅度增大后，需要管理人员处理的问题更多、面临的情况更复杂，管理人员的素质能力成为扁平化能否成功的关键因素。经过认真的调查分析，A公司决定先实行“可拓展型组织结构”的变革，将原有的8个部门划分为32个部门，设置了32个部门经理，另增加6个总监分管32个部门经理，员工按照个人特长和部门需要进行了细分。

实行组织变革后，部门经理大量增加，管理费用支出也明显增多，但员工和经理都在工作中获得了培养和锻炼。由于部门细化，责任明确，公司业务额比原来增加了30%，公司利润增加了50%，企业朝着更加健康的方向发展。

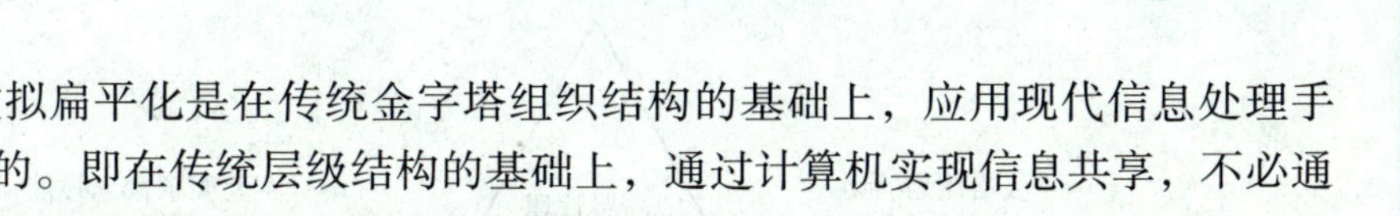

② 虚拟扁平化。虚拟扁平化是在传统金字塔组织结构的基础上，应用现代信息处理手段达到扁平化的基本目的。即在传统层级结构的基础上，通过计算机实现信息共享，不必通过管理层次逐级传递，从而增强组织对环境变化的感应能力和快速反应能力；通过计算机快速和“集群式”的方式传递指令来达到快速、准确发布指令的目的，避免失真现象。

海尔的流程网络组织结构

1999 年，海尔进行了第三次组织结构大变革：流程型网络组织结构。在开放式经济条件下，企业面临“国际市场国内化，国内竞争国际化”的局面，为了与国际接轨，1999 年海尔全面实施国际化战略，在美国建厂。为配合国际化战略的实施，采取了流程型网络组织结构。实行流程型网络组织是对组织结构进行一次较为彻底的变革，即在流程化的基础上，通过 SST（市场链）合同实现流程间的咬合。扁平化、信息化的网络结构，大大提高了市场的响应速度，降低了管理费用，克服了“大企业病”给企业带来的消极影响。

结构的创新必然带来企业系统功能的创新，海尔的实践证明，流程型网络组织结构达到了三个效果，即顾客零距离、资金零占用、质量零缺陷，使海尔的经营进入更高的层次，从而达到前所未有的好效果。

（4）组织活动。相应的，组织活动也有三种：作业活动、战术活动和战略计划活动，分别由基层、中层和高层管理者负责执行。

① 作业活动是组织内部的日常活动，包括申请与消费资源。基层管理者必须对引起资源需求与消耗的业务过程进行识别、收集、登记和分析。

② 战术活动由组织的中层管理者负责，包括监督作业活动，保证组织实现目标，节约资源，并确定如何配置企业资源以达到组织目标。

③ 战略计划活动由高层管理者执行，需要建立组织的长期目标计划，综观全局做出决策。

（5）管理技能。通常情况下，作为一名管理者应具备三种管理技能，即技术技能、人际技能和概念技能。

① 技术技能：具有某一专业领域的技术、知识和经验完成组织活动的能力。

② 人际技能：与处理人事关系有关的技能，即理解、激励他人并与他人共事的能力，主要包括领导能力、影响能力和协调能力。

③ 概念技能：综观全局，认清为什么要做某事的能力，也就是洞察企业与环境相互影响的复杂性的能力，它包括理解事物相互关联性，从而找出关键影响因素的能力，确定与协调各方面关系的能力。

高层管理者尤其需要具备较强的概念技能；中层管理者更多需要人际技能和概念技能；基层管理者主要需要技术技能和人际技能，如图 1-1 所示。

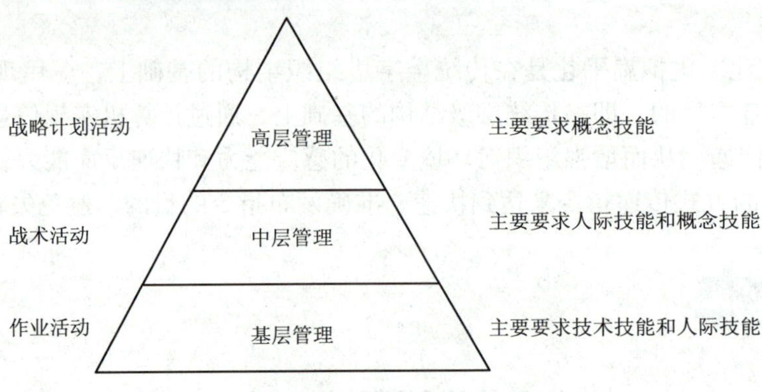

图 1-1　管理层次图

二、质量管理基本知识

质量管理是兴国之道，是治国之策。围绕质量形成全过程的所有管理活动，都可称为质量管理活动。新的历史条件和经济形势对质量管理提出了新的要求，即必须用全面质量管理的理念来开展工作。

案　例

质量管理的必要性

美国的“阿波罗”飞船上有零件 560 万个，如果零件的可靠性只有 99.9%，则飞行中就可能有 5 600 个机件要发生故障，但只要一个有故障，后果就不堪设想。为此，全套装置的可靠性要求在 99.999 9%，即在 100 万次动作中，只允许失灵一次。此外，连续安全工作时间要在 1 亿到 10 亿小时。如此要求，需要一系列严格的质量组织管理工作，要对设计、准备、制造安装和使用等环节进行科学的质量管理。

1. 质量管理的定义

质量管理指在质量方面指挥和控制组织协调的活动。国际标准化组织质量管理和质量保证技术委员会对质量管理提出的定义是：“确定质量方针、目标和职责，并在质量体系中通过诸如质量策划、质量控制、质量保证和质量改进使其实施的全部管理职能的所有活动”。

上述定义可从以下几个方面来理解：

第一，质量管理是通过建立质量方针和质量目标，并为实现规定的质量目标进行质量策划，实施质量控制和质量保证，开展质量改进等活动予以实现的。

第二，组织在整个生产和经营过程中，需要对诸如质量、计划、劳动、人事、设备、财务和环境等各个方面进行有序的管理。由于组织的基本任务是向市场提供符合顾客和其他相关方要求的产品，围绕着产品质量形成的全过程，实施质量管理是组织的各项管理的主线。

第三，质量管理涉及组织的各个方面，是否能有效地实施质量管理关系到组织的兴衰。组织的最高管理者应正式发布本组织的质量方针，在确立质量目标的基础上，按照质量管理

的基本原则，运用管理的系统方法来建立质量管理体系，为实现质量方针和质量目标配备必要的人力和物质资源，开展各项相关的质量活动，这也是各级管理者的职责。所以，组织应采取激励措施激发全体员工积极参与，充分发挥他们的才干和工作热情，造就人人争做贡献的工作环境，确保质量策划、质量控制、质量保证和质量改进活动顺利地进行。

2. 质量管理的任务

对于一个企业来说，质量管理主要体现为以下几个基本任务。

（1）制订质量方针目标及实施计划。质量管理首先要确定企业在一定时期内的质量方针与目标，并制订出贯彻方针目标的实施规划。运用方针目标和规划来指导和组织各部门和各岗位的工作，激发他们为实现预期的质量目标而不断做出努力。

质量方针是指由组织的最高管理者正式发布的该组织总的质量宗旨和质量方向。质量方针是企业经营总方针的组成部分，是企业管理者对质量的指导思想和承诺。企业最高管理者应确定质量方针并形成文件。

质量方针的基本要求应包括供方的组织目标和顾客的期望和需求，也是供方质量行为的准则。

质量目标是组织在质量方面所追求的目的，是组织质量方针的展开，也是组织质量方针的具体体现。质量目标既要先进，又要可行，以便于实施和检查。

质量策划是质量管理的一部分，致力于制订质量目标并规定必要的运行过程和相关资源以实现质量目标。质量策划的目的是保证最终的结果能满足顾客的需要。质量策划包括质量管理体系策划、产品实现策划以及过程运行的策划。质量计划通常是质量策划的结果之一。

（2）实施质量保证。质量保证是质量管理的一部分，致力于提供质量要求以得到信任。

质量保证的关键词是“信任”，对达到预期质量要求的能力提供足够的信任。这种信任是在订货前建立起来的，如果顾客对供方没有这种信任则不会与之订货。质量保证不是买到不合格产品以后保修、保换、保退，而保证质量、满足要求才是质量保证的基础和前提，建立和运行质量管理体系才是提供信任的重要手段。

质量保证是在有双方的情况下才存在的，由一方向另一方提供信任。由于双方的具体情况不同，质量保证分为内部和外部两种形式，内部质量保证是组织向自己的管理者提供信任，外部质量保证是组织向顾客或其他方提供信任。质量保证要求，即顾客对供方的质量体系要求往往需要证实，以使顾客具有足够的信任。证实的方法可包括：供方的合格声明；提供形成文件的基本证据（如质量手册、第三方的形式检验报告）；提供由其他顾客认定的证据；顾客亲自审核；由第三方进行审核；提供经国家认可的认证机构出具的认证证据（如质量体系认证证书或名录）。

（3）实施质量控制。质量控制是质量管理的一部分，致力于满足质量要求。质量控制的目的是保证质量，满足要求。

作为质量管理的一部分，质量控制不仅仅是检验，它还是一个设定标准（根据质量要求）、测量结果、判定是否达到了预期要求、对质量问题采取措施进行补救并防止再发生的过程。质量控制适用于对组织任何质量的控制，不仅仅限于生产领域，还适用于产品的设计、生产原料的采购、服务的提供、市场营销中人力资源的配置，几乎涉及组织内所有的活动。例如，为了控制采购过程的质量，采取的控制措施可以有：确定采购文件（规定采购

的产品及其质量要求），通过评定选择合格的供货单位，规定对进货质量的验证方法，做好相关质量记录的保管并定期进行业绩分析。为了选择合格的供货单位而采用的评定方法可以有：评价候选供货单位的质量管理体系、检验其产品样品、小批试用、考查其业绩等。再如，为了控制生产过程中某一工序的质量，可以通过作业指导书规定生产该工序使用的设备、加工方法、检验方法等，对特殊过程或关键工序还可以采取控制图等质量工具监控质量的波动情况。

淘宝网看质量

怎么看一个淘宝店的好坏和产品质量的高低呢？这里介绍淘宝网网上购物的几个注意事项。

第一，看商品是否加入了消保联盟。引述淘宝一段话：只要您在淘宝上购买带有标志的商品，在确认收货后即可得到一张消保卡，若确认收货后的 14 天内出现产品质量问题的，即可使用消保卡发起投诉，申请退货赔付，即使您的投诉卖家不予接受，淘宝网也会先行赔付给您，保障您的合法权益（一般加入消保的都是大店铺，价格一般也会高点）。

第二，看是否是商家认证的。淘宝网分个人认证和商家认证，商家认证是要有营业执照的，如手机是贵重物品，有商家认证的店铺通常比较可靠。

第三，看淘宝网商家的信用级别。一般来说，级别越高越好。

第四，看评价。首先看好评率，好评率也是越高越好，但这对于一些四五钻甚至更高的淘宝皇冠卖家来说，达到 99.5 %以上就可以了。其次看差评，好评是可以刷出来的，是可以造假的，所以看差评很重要。

第五，看是否有全国联保。如水货的手机等是不能保修的，一定要用旺旺问清楚是否有全国保修等内容。

（4）实施质量改进。质量改进是质量管理的一部分，致力于增强满足质量要求的能力。

作为质量管理的一部分，质量改进的目的在于增强组织满足质量要求的能力，由于要求可以是任何方面的，因此，质量改进的对象也可能会涉及组织的质量管理体系、过程和产品，可能会涉及组织的方方面面。同时，由于各方面的要求不同，为确保有效性、效率性或可追溯性，组织应注意识别需改进的项目和关键质量要求，考虑改进所需的过程，以增强组织体系或过程实现产品并使其满足要求的能力。

三、质量管理的发展历程

质量管理的产生和发展过程有着漫长的历程，人类历史上自从有了商品生产以来，就开始了以商品的成品检验为主的质量管理方法；400 多年以前，就已有了青铜制刀枪武器的质量检验制度。从一些工业比较发达的国家来看，质量管理的发展大致经历了三个阶段。

1. 产品质量检验阶段（18 世纪中期—20 世纪 30 年代）

工业化之前，生产工艺简单，一个工人或几个工人就可完成产品的生产，产品质量靠的是工人的经验和技艺。这段时期受小生产经营方式或手工业作坊式生产经营方式的影响，产品质量主要依靠工人的实际操作经验，靠手摸、眼看等感官估计和简单的度量衡器测量而定。工人既是操作者又是质量检验者和质量管理者，且经验就是“标准”，因此，有人称之为“操作者的质量管理”。我国《考工记》开头就写道“审曲面势，以饬五材，以辨民器”，对产品的类型与规格的设计、原材料、质量检查等作了规定要求。先秦时期的《礼记》中“月令”篇，有“物勒工名，以考其诚，工有不当，必行其罪，以究其情”的记载，其内容是在生产的产品上刻上工匠或工场的名字，并设置了政府中负责质量的官员职位“大工尹”，目的是为了检查质量，如质量不好就要处罚和治罪。

到 19 世纪，随着现代工厂的大量建立，出现了管理职能分工，由工长执行质量管理的职能。质量检验所使用的手段是各种各样的检测设备和仪表，它的方式是严格把关，进行百分之百的检验。1918 年前后，美国出现了以泰勒为代表的“科学管理运动”，强调工长在保证质量方面的作用，于是执行质量管理的责任就由操作者转移给工长。有人称它为“工长的质量管理”。后来，由于企业的规模逐渐扩大，这一职能又由工长转移给专职的检验人员，大多数企业都设置专职的检验部门，并直属厂长领导，负责全厂各生产单位的产品检验工作。有人称它为“检验员的质量管理”。专职检验既是从产成品中挑出废品，保证出厂产品的质量，同时又是一道重要的生产工序。通过检验，反馈质量信息，从而预防今后出现同类废品。

综观这一阶段质量管理活动，从观念上看，仅仅把质量管理理解为对产品质量的事后检验；从方法上看，是对已经生产的产品进行百分之百的全数检验，采用剔除不合格产品的方法来保证产品的质量。

这一阶段的质量管理存在两个问题是必须要解决的：一是事后检验无法在生产过程中对质量进行预防和控制，当不合格的产品大量出现时，人们无法加以制止；二是全数检验成本太高，当产品检验有破坏性时，这种检验的可行性就成问题了。于是人们思考是否可以只检验少数产品就可以达到同样的目的，这些思考为新的质量管理方法的产生作了前期准备。

2. 统计质量控制阶段（20 世纪 40 年代—50 年代）

第二次世界大战期间，军需品严重不足，在大量生产军用品的过程中，一方面，由于事先无法控制质量，导致军火生产常常延误交货期。另一方面，由于战争的需要，美国军工生产急剧发展，尽管增加了大量的检验人员，产品积压待检的情况却日趋严重，有时不得不进行无科学根据的检查。结果不仅废品损失惨重，而且在战场上经常发生武器弹药的质量事故，比如炮弹炸膛事件等，对士兵的士气产生极坏的影响。这时，由于产品零件众多，全部质量检验工作立刻显示出其弱点。此时，防患于未然的“抽样检查”产品控制的理论被人们重视起来，应用数据统计的知识去控制产品质量成为这一阶段的主要标志，要求生产人员在生产过程中规范操作，保证生产过程处于控制之中，从而达到稳定的目的就显得特别重要。

以美国休哈特、戴明为代表的质量管理专家提出抽样检验的概念，把数理统计技术应用

到质量管理领域。运用数理统计方法，能从产品的质量波动中找出规律性，采取措施消除产生波动的异常原因，使生产的各个环节控制在正常状态，从而可以更经济地生产出品质优良的产品。

在这种情况下，美国军政部门随即组织一批专家和工程技术人员，于1941—1942年先后制定并公布了《质量管理指南》《数据分析用控制图》《生产过程中质量管理控制图法》，强制生产武器弹药的厂商推行，并收到了显著效果。从此，统计质量管理的方法得到很多厂商的应用，统计质量管理的效果也得到了广泛的认可。

在统计质量管理方法的实施过程中，休哈特、道奇和罗米格功不可没。在20世纪20年代，美国贝尔电话实验室成立了两个课题的研究组，一个研究组研究过程控制，一个研究组研究抽样检验。过程控制组领导人为休哈特，抽样检验组领导人为道奇。其后，休哈特提出了过程控制理论以及控制过程的具体工具——控制图。道奇与罗米格则提出了抽样检验理论和抽样检验表。在休哈特和道奇、罗米格提出质量控制理论和质量检验理论之时，正值西方资本主义国家经济衰退时期，理论的推广和应用受到了一定的影响。直到第二次世界大战时期，美国作为同盟国的兵站总基地，需要大量生产军需品，军方为了保证军用品质量，迫切要求进行质量控制，于是休哈特的控制图和道奇、罗米格的“抽样方案”才得到广泛的应用。

3. 现代质量管理阶段（20世纪60年代—现在）

20世纪60年代，随着社会的进步和生产的发展，工业生产手段越趋现代化，工业产品更新换代日益频繁，对质量从单一的使用性能的要求产生了新的需求变化。

（1）人们对产品质量的要求更高、更多。过去，对产品的要求一般注重于产品的使用性能，现在又增加了耐用性、美观性、可靠性、安全性、经济性等要求。

（2）在生产技术和质量管理活动中广泛应用系统分析的概念。它要求用系统的观点分析研究质量问题，把质量管理看成是较大系统（例如企业管理，甚至整个社会系统）中的一个子系统。

（3）管理科学理论有了新的发展，其中突出的一点就是重视人的因素，“全员参与管理”，强调要依靠广大员工搞好质量管理。

（4）“保护消费者权益”运动的兴起。60年代初，许多国家的广大消费者为保护自己的利益，纷纷组织起来同伪劣商品的生产销售企业抗争。朱兰认为，保护消费者权益运动是质量管理学在理论和实践方面的重大发展动力。

（5）随着市场竞争，尤其是国际市场竞争的加剧，各国企业越来越重视产品责任和质量保证问题。

在这种新形势下，仅仅依赖质量检验和运用统计方法是很难保证与提高产品质量的。把质量职能完全交给专门的质量控制工程师和技术人员，显然也是不妥的。因此，许多企业开始了全面质量管理的实践，这一时期的代表是美国通用电气质量经理费根堡姆的《全面质量管理》，他强调执行质量职能是公司全体员工的责任，应使全体员工都有质量概念和承担质量责任。日本学习美国并结合其国情创造性地发展了全面质量管理，并收到了显著的效果。

通用电气的全员决策

美国通用电气公司是一家集团公司，1981 年韦尔奇接任总裁后，认为公司管理者太多，而领导太少，“工人们对自己的工作比老板清楚得多，经理们最好不要横加干涉”。为此，它实行了“全员决策”制度，使那些平时没有机会互相交流的职工、中层管理人员都能出席决策讨论会。“全员决策”的开展，打击了公司中官僚主义的弊端，减少了烦琐的程序。

实行了“全员决策”，使公司在经济不景气的情况下却取得巨大进展。他本人被誉为全美最优秀的企业家之一。

韦尔奇的“全员决策”有利于避免企业中的权力过分集中这一弊端。让每一个员工都体会到自己也是企业的主人，从而真正为企业的发展着想，这绝对是一个优秀企业家的妙招。

四、全面质量管理

1. 全面质量管理的定义

全面质量管理通常用英文缩写 TQM 来代表。其中“M”是“Management”的缩写，突出了“管理”的重要性。从一定意义上讲，它已经不再局限于质量职能领域，而演变为一套以质量为中心，综合的、全面的管理方式和管理理念。

发达国家组织运用全面质量管理，使产品和服务质量获得迅速提高，引起了世界各国的广泛关注。全面质量管理的观点逐渐在全球范围内获得广泛传播，各国都结合自己的实践进行创新发展。目前举世瞩目的 ISO 9000 族质量管理标准、美国波多里奇奖、欧洲质量奖、日本戴明奖等各种质量奖及卓越经营模式、六西格玛管理模式等，都是以全面质量管理的理论和方法为基础的。

全面质量管理这个名称，最先是 20 世纪 60 年代初由美国的著名专家费根堡姆提出，并对其下了定义：“全面质量管理是为了能够在最经济的水平上，并考虑到充分满足顾客要求的前提下进行市场研究、设计、制造和售后服务，把企业内各部门的研制质量、维持质量和提高质量的活动构成为一体的有效体系。”同时指出：它是在传统的质量管理基础上，随着科学技术的发展和经营管理上的需要发展起来的现代化质量管理，现已成为一门系统性很强的学科。随着全面质量管理在世界范围内的广泛传播、应用和发展，它的思想、原理和方法对于各国质量管理的理论研究和实际应用的指导价值已得到了充分的证实，全面质量管理是当今世界质量管理最基本、最经典的理论。

全面质量管理是企业管理现代化、科学化的一项重要内容。ISO 8402—1994（质量管理和质量保证术语）中对全面质量管理的定义是：一个组织以质量为中心，以全员参与为基础，目的在于通过让顾客满意和本组织所有成员及社会受益而达到长期成功的管理途径。

2. 全面质量管理的特点

日本著名质量管理专家石川馨博士指出：“全面质量管理是经营的一种思想革命，新的

经营哲学。”国际质量科学院院士刘源张指出：“世界上最好的东西莫过于全面质量管理了。”

全面质量管理的特点是“四全”，即：

（1）全面质量的管理。质量管理的对象不限于狭义的产品质量，而是扩大到工作质量、一切与企业息息相关的质量，即广义的质量。不仅要保证产品质量，还要保证低消耗、低成本、按期交货、服务质量等，以及对质量管理的各项工作质量实行全面的综合管理。

（2）全过程控制。质量管理的内容涉及市场调查、研究开发、设计、生产准备、采购、生产制造、包装、检验、储存、运输、销售、为用户服务等过程，对这些过程都必须进行质量管理与控制。

（3）全员性。企业全体人员包括领导人员、工程技术人员、管理人员和工人等都参加质量管理，并对产品质量各负其责。质量管理是全员的事业，与人人有关，人人都有职责，因此必须全员参与质量活动，全社会监督质量活动。只有在质量管理方面做出革命性变革，才能追求世界级产品质量。

（4）内容与方法的全面性。质量管理的内容不仅是指产品的质量，而且注重形成产品的工作质量。质量管理的方法注重采用多种方法和技术来加强质量管理，包括科学的组织管理工作、各种专业技术、数理统计方法、成本分析、售后服务等。

3. 全面质量管理的内涵

全面质量管理是一个具有丰富内涵的理论。全面质量管理强调动态质量，始终不断地寻求改进，但是它没有规范化，没有统一的标准。因此，企业实施全面质量管理能否成功，关键是要深刻领悟全面质量管理的内涵。

（1）全面质量管理是一种管理途径，不是一种狭隘的概念或简单的方法，也不是某种模式或框架。

（2）全面质量管理强调一个组织必须以质量为中心来开展活动，其他管理职能不可能取代质量管理的中心地位。

（3）全面质量管理工作必须以全员参与为基础，不仅要求组织中所有部门和人员都要认真、积极地参与到各种质量活动中，同时还要求组织的最高管理者提供强而有力的支持并积极参与。

（4）全面质量管理强调一个组织的长期成功，而不是短期的效益。这就要求组织必须具有一个长期的、全面的发展战略，在企业质量管理中不断改进，不断完善。

案 例

解读全面参与管理法

B公司董事会正在讨论是否关闭其下属的一家元器件加工厂，理由是这家工厂不能给B公司创造利润。如果这个决议执行的话，将会导致200名工人失业，这对于总人数只有700人的B公司而言，将会引起员工的恐慌，进而造成更大的损失，显然这样的局面不是管理者所希望看到的。

管理层决定让工人决定自己的命运，于是B公司管理层在元器件加工厂主持召开了一次职工大会，主要是宣读董事会的想法和倾听员工的意见。果然，关闭加工厂的提议一经宣读，会场便不再安宁，管理层希望大家踊跃提出建议，帮助加工厂降低成本，增加利润以摆脱被关闭的命运。并给大家一周时间，用书面报告反映上来，管理层再三告之，元器件加工厂的命运掌握在广大员工的手上。

一周以后，管理层收到了来自全体员工的很多份报告。管理者将自己认为比较重要的几份报告呈给了董事会。

1. 元器件厂的生产原材料采购成本过高，直接对工厂的利润造成影响；

2. 工人的素质及操作技能参差不齐，一部分操作工急需进行上岗培训，以降低元器件的报废率；

3. 验收环节形同虚设，使很多不合格产品流向市场，直接增加了产品的售后服务成本；

4. 管理人员超编，冗员现象严重，工厂管理人员最少可减去一半。

这些触目惊心的报告在董事会产生很大震动，管理者被要求在最短的时间内解决这些使元器件厂长期亏损的根本问题。管理者依据问题，健全了元器件厂的管理制度，进行了改进。而员工们也有了危机感，更多地投入到产品质量改进中。

全员参与管理给企业带来了益处，2个月后，元器件厂的产品一次检验合格率由原来的90%增加到97%，仅此一项便减少损失30余万元；清理不合格员工给工厂每月减少薪资发放达5万元；采购环节每月更是降低采购成本近10万元。5个月后，整顿后的元器件厂实现盈利。

元器件厂的起死回生，实际上得力于一个优秀的管理方法——参与管理法。这个至今流行于西方的管理方法是人本管理的最佳阐释，它全面发挥企业员工的才智，充分调动企业员工的积极性，使其参与到工厂的某些决策中，为企业和个人提供了发展空间。

第三节 产品质量形成规律及全过程管理

一、产品质量的形成规律

产品质量不是检验出来的，也不是宣传出来的。检验只是对资源浪费的容忍，宣传只是产品的包装。产品质量有个产生、形成和实现的过程，这个过程称为“螺旋形上升过程”。在这一过程中，包括一系列循序进行的工作或活动，即包含若干个环节，而环节之间又一环扣一环，互相制约，互相依存，互相促进，不断循环，周而复始，每经过一次循环，就意味着产品质量的一次提高。因此，产品质量形成的规律可用质量螺旋来描述，质量螺旋是表达质量的相互作用活动的概念模式，用以表达产品质量形成的整个过程及其规律性。过程中的各项工作或活动的总和被称为质量职能，所有这些工作或活动都是保证和提高产品质量所必不可少的，在过程中的每一个工作环节都直接或间接地影响到产品的质量。

企业的主要质量职能，一般包括市场研究、开发研究、制订工艺、采购、生产、检验、销售以及售后服务等环节，把这些环节用螺旋线表示，如图 1-2 所示。该图为美国质量管理专家朱兰所首创，故也称朱兰螺旋线。朱兰螺旋线反映了产品质量形成的客观规律，是质量管理理论的基础，对于现代质量管理的发展有重大意义。

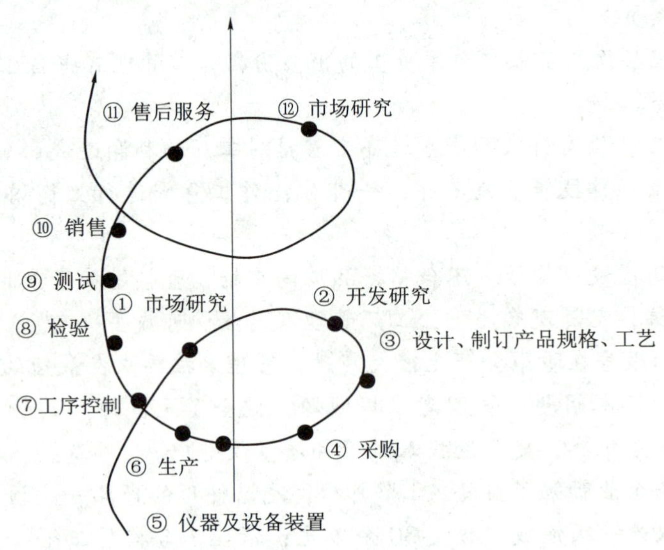

图 1-2　朱兰螺旋线

从朱兰质量螺旋可以看出：

（1）产品质量形成全过程包括 12 个环节（质量职能）：市场研究、开发研究、设计制订产品规格工艺、采购、仪器及设备配置、生产、工序控制、检验、测试、销售、售后服务、市场研究。

（2）产品质量的形成和发展是一个循序渐进的过程。12 个环节构成一轮循环，每经过一轮循环，产品质量就有所提高。产品质量的提高在一轮又一轮的循环中总是在原有的基础上有所改进、有所突破，且连绵不断、永无止境。

（3）作为一个产品质量系统，系统目标的实现取决于每个环节质量职能的落实和各个环节之间的协调。因此，必须对质量形成全过程进行计划、组织和控制。

（4）质量系统是一个开放的系统，和外部环境有着密切的联系。这种联系有直接的，也有间接的。如采购环节和物料供方有联系，销售环节和零售批发商有联系，服务和顾客有联系等。此外，市场研究环节需要研究产品市场，几乎所有环节都需要人来工作，而人力资源主要由社会来培养和提供的，所以，产品质量的形成和改进并不只是企业内部行为的结果。质量管理是一项社会系统工程，需要充分考虑外部因素的影响。

（5）产品质量形成全过程中的每一个环节均需依靠人员的参与和完成，人的质量以及对人的管理是过程质量和工作质量的基本保证。所以，人是产品质量形成全过程中最重要、最具能动性的因素。现代质量管理十分强调以人为本的管理，其理论根据即在于此。

二、朱兰三部曲

朱兰提出的“质量螺旋”有其丰富的内涵。质量管理应贯穿于设计制造、销售、服务

等环节的全过程中，也就是要实现产品的全过程管理。从产品质量形成过程来看，质量管理要贯穿于设计制造、销售、服务等环节的全过程；从管理的角度来看，要搞好质量管理，一般必须抓住以下三个主要环节，计划——控制——改进，即质量计划、质量控制和质量改进。这一管理模式是朱兰博士于 1987 年提出的，故称朱兰三步曲，每一步都要按照固定的执行程序来实现。

1. 质量计划过程

质量计划是为了建立有能力满足质量标准化的工作程序，是必不可少的质量管理过程。其主要内容有：

（1）必须从外部和内部认识顾客。

（2）确定顾客的要求。

（3）开发出能满足顾客需要的产品（包括服务）。

（4）制定能满足顾客需求的质量目标，并以最低的综合成本来实现。

（5）开发出能生产所需产品的生产程序。

（6）验证这个程序的能力，证明它在实施中能达到质量目标。

2. 质量控制过程

质量控制能采取必要的措施纠正质量问题，并提供质量存在问题作纠正的参考和依据，是“朱兰三步曲”中的重要环节。其主要内容有：

（1）选择控制对象。

（2）选择测量单位。

（3）规定测量方法。

（4）确定质量目标。

（5）测定实际质量特性。

（6）通过实践与标准的比较找出差异。

（7）根据差异采取措施。

3. 质量改进过程

质量改进有助于发现更好的管理工作方式，也是质量管理持续发展的过程。其主要内容有：

（1）证明改进的需要。

（2）确定改进的对象。

（3）实施改进，并对这些改进项目加以指导。

（4）组织诊断，寻找原因。

（5）提出改进方法。

（6）证明这些改进方法有效。

（7）提供控制手段，以保持其有效性。

三、PDCA 循环

1. PDCA 循环的定义

PDCA 循环又叫戴明环（如图 1-3、图 1-4 所示），是美国质量管理专家戴明博士首先

提出的，它是全面质量管理所应遵循的科学程序。

PDCA 是英语单词 Plan（计划）、Do（执行）、Check（检查）和 Action（处理）的第一个字母，PDCA 循环就是按照这样的顺序进行质量管理，并且循环不止地进行下去的科学程序。

全面质量管理活动的全部过程，就是质量计划的制订和组织实现的过程，这个过程就是按照 PDCA 循环，不停顿地周而复始地运转的。

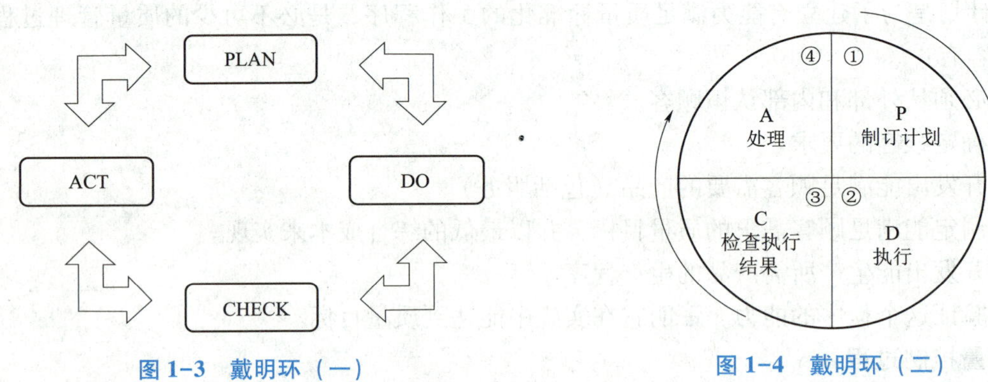

图 1-3　戴明环（一）　　图 1-4　戴明环（二）

PDCA 循环的工作方式符合事物发展的客观规律，因此被广泛应用于质量管理和其他领域。例如市场调查每完成一个由“计划——实施——检查——处理”构成的 PDCA 循环，就将信息资源反馈到有关部门，这样不断地加以改进和创新，使企业的销售服务系统对任何变化都很敏感，能迅速反应，不断推出新产品，或者减少顾客的不满意。

2. PDCA 循环的四阶段和八个步骤

戴明循环强调自主、主动管理，即立足于企业内部，详细分析本企业目前存在什么主要问题，然后改进，特点是自我超越。

PDCA 循环主要有如下四个阶段。

第一阶段是计划。它包括分析现状、分析产生问题的原因、找出其中主要原因、拟定措施计划、预计效果五个步骤。它以满足顾客的要求并取得经济效果为目标，通过调查、设计、试制，制定技术和经济指标、质量目标，以及达到这些目标的具体措施和方法。所以计划阶段就是制定质量目标、活动计划、管理项目和实施方案。

第二阶段是执行。根据预定计划和措施要求，努力贯彻和实现计划目标和任务。所以执行阶段就是要按照所制定的计划和措施去实施。

第三阶段是检查。对照执行结果和预定目标，检查计划执行情况是否达到预期的效果，哪些措施有效，哪些措施效果不好，成功的经验是什么，失败的教训又是什么，原因在哪里，所有这些问题都应在检查阶段调查清楚。所以检查阶段就是对照计划，检查计划执行的情况和效果，及时发现和总结计划实施过程中的经验和问题。

第四阶段是处理。巩固成绩，把成功的经验尽可能纳入标准，进行标准化，对遗留问题转入下一个 PDCA 循环去解决。

PDCA 循环主要有如下八个步骤（如图 1-5 所示）。

第一步：分析现状，发现问题（找问题）；

第二步：分析问题中的各种影响因素（找原因）。根据存在问题，分析产生质量问题的各种影响因素。

第三步：分析影响的主要原因（找出要因）；

第四步：针对影响质量的主要原因，采取解决的措施（订计划），制订技术、组织的措施和方案，执行计划和预计效果，计划和措施应尽量做到明确具体，并确定具体的执行者、时间进度、地点、部门和完成方法等。可用 5W1H 法来实施。

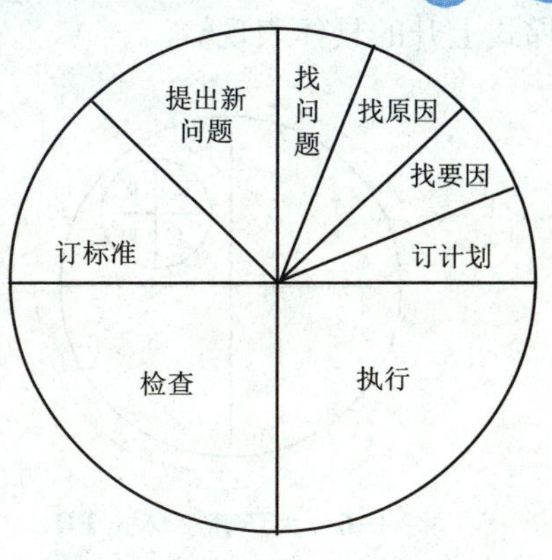

图 1-5 PDCA 循环步骤

——WHY，为什么要制订这个措施？

——WHAT，达到什么目标？

——WHERE，在何处执行？

——WHO，由谁来负责？

——WHEN，到何时完成？

——HOW，怎样执行？

第五步：执行，按照措施计划的要求去做；

第六步：检查，把执行结果与要求达到的目标进行对比；

第七步：订标准，对原有的制度、标准进行修正，把成功的经验肯定下来制定成为标准和规则，以指导实践，对失败的教训也要加以总结整理，记录在案，以供借鉴。巩固已取得的成绩，同时防止重蹈覆辙；

第八步：把还未解决或新出现的问题转入到下一个 PDCA 的循环中去解决（提出新问题）。

3. PDCA 循环的特点

（1）大环套小环，互相衔接，互相促进（如图 1-6 所示）。企业总部、车间、班组、员工都可进行 PDCA 循环，找出问题以寻求改进。如果将整个企业的工作比喻为一个大的 PDCA 循环，那么各个车间、小组或职能部门则都有各自的 PDCA 小循环。因此，管理循环的转动，不是个人的力量，而是组织的力量，是整个企业全员推动的结果。PDCA 循环不仅适用于整个企业，而且也适用于各个车间、科室和班组以及个人。根据企业总的方针目标，各级各部门都要有自己的目标和自己的 PDCA 循环。这样就形成了大环套小环，小环里边又套有更小环的情况。整个企业就是一个大 PDCA 循环，各部门又都有各自的 PDCA 循环，各自的 PDCA 循环又有更小的 PDCA 循环，具体落实到每一个人。上一级的 PDCA 循环是下一级 PDCA 循环的依据，下一级 PDCA 循环又是上一级 PDCA 循环的贯彻落实和具体化。通过循环把企业各项工作有机地联系起来，彼此协同，互相促进。

（2）螺旋式上升，如同爬楼梯（如图 1-7 所示）。第一循环结束后，则进入下一个更高级的循环；循环往复，永不停止。戴明强调连续改进质量，把产品和过程的改进看作一个永不停止、不断获得小进步的过程。PDCA 循环不是停留在一个水平上的循环，而每一次循环都会解决一批问题，取得一部分成果，因而就会前进一步，有新的内容和目标，水平就上升一个台阶，质量水平就会有新的提高。就如上楼梯一样，每经过一次循环，就登上一级新阶，这样一步一步地不断上升提高。例如，企业向省级、国家级、国际标准不断迈进，正是

阶梯式上升的具体表现。

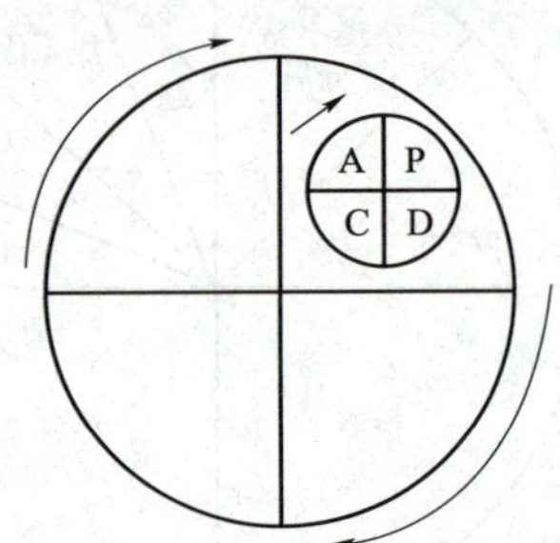

图 1-6 大环套小环式 PDCA

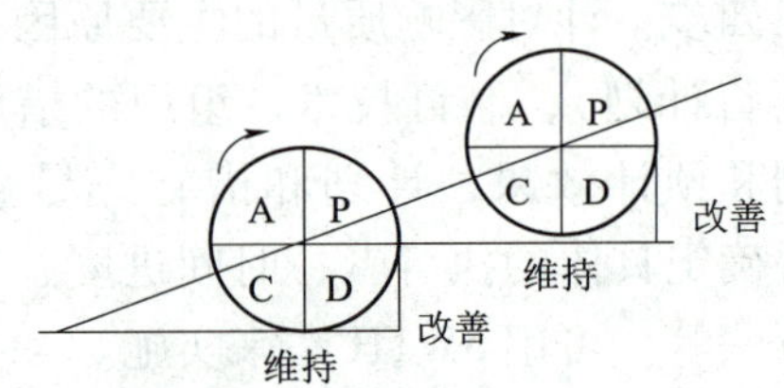

图 1-7 螺旋上升式 PDCA

(3) 推动 PDCA 循环关键在 A 阶段。所谓总结，就是总结经验，肯定成绩，纠正错误，提出新的问题以利再干。这是 PDCA 循环之所以能上升、前进的关键。如果只有前三个阶段，没有将成功经验和失败教训纳入有关标准、制度和规定中，就不能巩固成绩、吸取教训，也不能防止同类问题的再度发生。因此，推动 PDCA 循环，一定要始终抓好总结这个阶段。

案 例

PDCA 循环的实际运用

我是个男孩子，在学校，我最怕与同学交流（因为内向，还有一定自卑感）。班级搞活动时，每次只要我站上去，活动就卡壳了。上课时老师喊我答问题，我也是紧张得要命。与女生交流，一定脸红说话结结巴巴。同学们都劝说：要放开些，要对自己有信心，个别同学还认为我有心理障碍。在学习中，因为我不太善于与人交流，不会的又不敢问老师和同学，孤陋寡闻，成绩一直无法提高。这次学习了 PDCA，就用 PDCA 来改变自己。

P-策划：因为内向，不喜欢与他人交流。所以第一周选择好朋友作为谈话对象，第二周扩大到周边同学，第三个周再与老师交流，提高讲话能力后，再参加其他活动。

D-实施：先与好朋友交流，每天坚持与他谈话，这样心里有了点底气。再与周边同学交流，每天按计划谈一些趣事，渐渐地人也开朗了许多，逐渐克服了心理恐惧。最后，在课间向老师请教问题，没想到成绩也有了进步。

C-检查：基本能按周完成计划，心理上能承受交流带来的恐惧感。但实施过程中，有时感到没有谈话内容。

A-处置：对上面的计划感到可行，争取继续实施。针对有时感到没谈话内容，决定再定出计划和实施方案，再以 PDCA 循环作为改进措施。

P-策划：每天找一个同学谈一个话题，谈话前先熟悉话题相关信息资料。

D-实施：按策划方案去做。例如第一天谈学习问题，先熟悉学习方法、学习习惯、具体科目的特点等，再与一个同学交流。

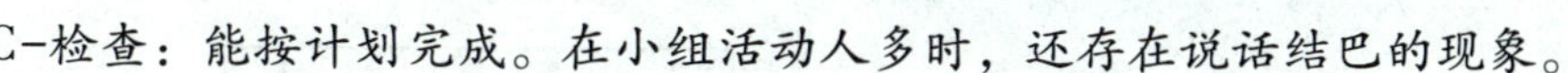

C-检查：能按计划完成。在小组活动人多时，还存在说话结巴的现象。

A-处置：针对人多时说话结巴问题，决定再定出计划和实施方案。再以 PDCA 循环作出改进。

好了，现在，我已经成为一个演讲高手了，不再是一个腼腆的男孩了，成绩也有了极大提高，祝贺我吧。

第四节 质量经济性

质量问题实际上是一个经济问题，质量经济分析和管理，是一个组织质量经营追求成功的重要环节，也是衡量一个组织质量管理有效性的重要标志。质量经济涉及利益和成本等诸因素，对组织和顾客都具有重要意义。有效实施质量经济分析和管理，将有力地推进组织提高质量和管理水平。

一、质量的经济性

质量对组织和顾客而言都有经济性的问题。如从利益方面考虑：对顾客而言，必须考虑减少费用、改进适用性；对组织而言，则需考虑提高利润和市场占有率。从成本方面考虑：对顾客而言，必须考虑安全性、购置费、运行费、保养费、停机损失和修理费以及可能的处置费用；对组织而言，必须考虑顾客的需要和设计中的缺陷，包括不满意产品的返工、返修、更换、重新加工、生产损失、担保和现场修理等发生的费用，以及承担产品责任和索赔风险等。这些都是围绕经济性的有关问题。

1. 质量与经济

质量管理是以质量为中心，努力开发和提供顾客满意的产品和服务。质量管理正在从“消除不满意”向“追求满意”方向发展。伴随着质量概念的不断演变，从符合性发展到追求顾客满意，质量经济性也显得越来越重要，逐渐成为质量管理中的一个重要课题。

2. 质量经济性管理

通过加强质量管理，可以从两个方面提高组织的经济效益：一是增加收入（销售额）、利润和市场份额；二是降低经营所需资源的成本，减少资源投入。由于销售质量低劣的产品和服务会给组织带来损失，并使其在市场竞争中处于不利地位，其他的损失可能会使市场份额减少，如组织形象和信誉不佳、顾客抱怨、责任风险等，以及人力和财务资源的浪费，减少这些损失，可以降低经营所需资源的成本。1998 年 8 月 1 日颁布的 ISO/TR 10014《质量经济性管理指南》给出了实施质量经济性管理、改进经济效益的层次结构，如图 1-8 所示。

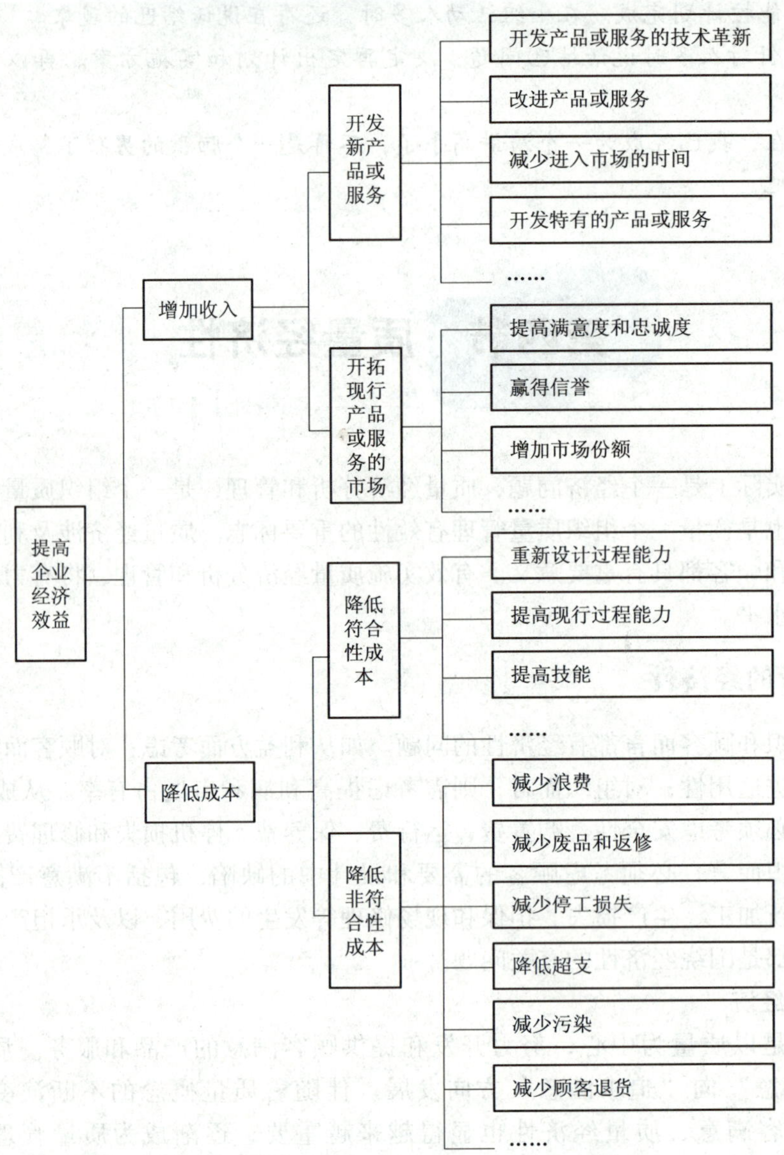

图 1-8　实施质量经济管理、改进经济效益的层次结构

案　例

国企的悲哀

内地某国有企业曾经与外商草签了一份供销合同，合同规定由外商给该企业提供价值 300 万元人民币的生产设备，以提高企业的生产能力，合同为期三年，三年后该企业将无偿拥有这些设备的所有权。合同约定，在三年合同期内，该企业按双方商定好的价格，每年为外商提供某种产品 10 000 件。合同同时约定，若第一年少交货 1 件，该企业将按每件 1 000 元交付赔偿金，第二年少交货 1 件，该企业将按每件 2 000 元交付赔偿金，第三年少交货 1

件，该企业将按每件3 000元交付赔偿金。该企业的几个主要领导商议后认为有利可图，便与外商正式签订了合同。300万元的设备到位后，该企业立即组织生产，由于生产能力不足，虽经全体职工的共同努力，第一年只生产出了8 000件产品，按合同规定，被罚金额2 000件×1 000元=2 000 000元。第二年该企业调整好生产组织方式，准备大干一年，挽回经济损失，但第二年只能生产8 500件，结果被罚金额1 500件×2 000元=3 000 000元。第三年只交货7 000件，被罚金额3 000件×3 000元=9 000 000元。辛苦三年，损失竟然达到了14 000 000元以上。

二、质量成本管理

在市场经济条件下，市场竞争已把质量置于企业发展的战略地位，企业必须以质量求发展，通过提供高质量的产品和服务，来增加企业的经济效益，获得长期的竞争优势。质量成本分析从保证产品质量支出的有关费用和未达到既定质量标准付出的代价入手，探求以最少的质量资本投入来取得最大的经济效益，这已成为企业质量管理部门的一项重要职能，也是质量管理必不可少的重要工具。

1. 质量成本的概念

质量成本（Cost of quality）是人们在企业质量管理的实践中逐步形成和发展起来的。20世纪50年代朱兰提出了“矿中黄金”的概念，认为废品损失就像亟待开采的“金矿”，只要管理得当，降低废品费用就如同从金矿中开采出黄金，指出了质量成本分析的重要性。今天，人们已经明白，良好的产品质量和服务质量与低成本并不是相互矛盾的。

世界上最早运用质量成本分析的企业是美国的通用电气公司，负责设计该公司质量成本体系的就是著名质量管理专家费根堡姆。20世纪50年代初期，他为通用电气公司设计了一套质量成本报告体系，即以美元为计量单位，把因质量预防和鉴定活动所发生的费用与产品质量不符合要求所引起的损失放在一起考虑，向公司管理当局提供有关质量问题影响企业经济效益的资料，并有针对性地提出质量改进建议、质量改进方案以及这些建议、方案的经济重要性，以引起管理当局对质量工作的重视，便于管理者正确进行质量决策。

质量成本是将产品质量保持在规定的质量水平上所需的费用。质量成本是企业生产总成本的一部分，它包括确保满意质量所发生的费用，以及未达到满意质量时所遭受的有形的和无形的损失。

质量成本是管理的经济表现，是衡量质量体系有效性的一个重要因素。对质量成本进行统计、核算、分析、报告和控制，不但可以找到降低生产成本的途径，从而促进经济效益的提高，而且还可以监督和指导质量管理活动的正常进行。因此，质量成本是质量管理深入发展和财务成本管理必须研究的问题。

开展质量成本管理对改进产品质量、降低成本、提高企业素质也具有重要的现实意义。我国一些企业在推行全面质量管理活动中，开展质量成本管理，对促进质量管理工作的深入开展、提高产品质量、降低产品成本起到了很大的作用。

开展质量成本管理的意义

某公司是一家中美合资企业，从1990年成立以来，以差异化为经营战略，取得了较好的业绩，迅速成为行业的领先者。然而，在行业进入成熟期后，企业的增长势头受到了抑制。2000年，为进一步提高企业的管理水平，开始引进日本丰田的精益生产方式，特别是对现场中的库存、制造、等待、搬运、加工、营销等多种浪费的存在有了比较清楚的认识，并且努力在实际工作中加以改善。但是随着活动的进一步深入，管理人员发现，企业的日常管理中存在着许多无效的管理，它们按照通常的管理方法，所造成的损失是难以测量的，因此常常作为正常的管理成本而不被发现，使企业的经营管理难以得到持续的改进。为此，需要一种新的工具来发现这些质量成本和浪费，在经过反复比较后，该公司最终选择了质量成本法来解决这一问题。

2. 质量成本的构成

（1）质量成本的构成。质量成本可以分为控制成本与损失成本（或故障成本）。我们可以将第一次就把事情做对的成本作为控制成本，将做错事的成本作为损失成本。

控制成本与从生产过程中消除缺陷的活动有关。消除缺陷可以通过预防和鉴定两种方式来实现。预防成本包括诸如质量计划、新产品的评审、人员的培训和工程分析等活动的成本。这些活动发生在产品投入生产之前，其目的是防缺陷于未然。控制成本的另一类型是鉴定或检验成本，鉴定或检验的目的是在缺陷出现之后，但产品还未交付用户使用之前消除缺陷。

损失成本，又称故障成本，可以是生产过程中产生的（内部损失成本或内部故障成本），也可以是在产品发运后产生的（外部损失成本或外部故障成本）。内部损失成本包括不合格产品损失费、返修费，质量降级费，机器设备停工损失费。外部损失成本包括理赔费、退货损失费、折价损失费等。

由此可知，质量成本又可以分为预防成本、鉴定成本、内部损失成本和外部损失成本四类。

① 预防成本。预防成本是为了保证产品质量的稳定和提高，控制工序质量，减少损失而采取的措施所发生的各项费用。当产品质量或服务质量及其可靠性提高时，预防成本通常是增加的。因为提高产品或服务质量通常需要更多的时间、努力和资金等的投入。预防性支出项目包括新产品评估审核费、工序研究费、质量设备费、教育与培训费、质量情报费、持续的质量改善工作费等。

产品设计时的成本考虑

产品设计在开发之前进行详细的市场调查时，必须考虑以下内容：

a. 该产品的市场供求信息。

b. 国内外该类产品水平及发展趋势。

c. 市场对产品的品种、规格、性能、质量、价格等的要求。

d. 市场对产品寿命的预期。

e. 国家政策对该产品的控制。

设计过程应注意的成本问题：

a. 原材料的采用应在能够实现设计目标的前提下，尽量采用较低成本的材料。

b. 产品设计应充分考虑生产的效率。

c. 高新技术的使用应充分考虑企业的生产现状和市场的认知、接受程度。

d. 确定合适的材料定额，提高材料的利用率。

② 鉴定成本。鉴定成本是用于试验和检验，以评定产品是否符合所规定的质量水平所支付的费用。质量鉴定可以帮助管理人员发现产品质量问题的所在，从而可以立即采取措施解决存在的问题，保证产品质量能够持续得到改善，从而减少质量问题带来的成本。当产品或服务的质量及其可靠性提高时，鉴定成本通常会降低。例如在日本企业中，每名员工都不放过任何一个已发现的质量问题，绝对不让有质量问题的加工零件进入生产线的下一道工位。这种做法不仅有利于企业迅速发现质量问题，而且还能找到引起质量问题的根源所在，这是一种降低质量管理中鉴定成本的有效方法。鉴定成本支出项目包括进货检验费、工序检验费、成品检验费、试验设备维修费等。

③ 内部损失成本。内部损失成本是交货前因产品不能满足质量要求所造成的损失成本，当产品或服务的质量及其可靠性提高时，内部损失成本会降低。内部损失成本支出项目包括废品损失、返工损失、复检费、质量故障处理费等。

④ 外部损失成本。外部损失成本是交货后因产品不能满足质量要求所造成的损失，它同内部损失成本的区别在于产品质量问题是发生在发货之后。同内部损失成本一样，当产品或服务的质量及其可靠性提高时，外部损失成本会降低。质量及可靠性的提高，不仅会减少售后保修费用，保持市场份额，而且还会避免由于产品或服务质量低劣而导致的人身损害以及环境污染等重大事故的发生。外部损失成本支出项目包括保修、保换、保退、撤销合同及有关质量的赔偿、诉讼费用等。

为了明确经济责任，考核各单位、各部门质量成本的支出情况，还要按质量成本具体发生的地点进行分类，以便考核其质量成本指标的完成情况。根据这个标准，可将质量成本分为生产部门、销售部门、检验部门、全面质量管理部门等部门的质量成本。对于发生的质量成本按上述责任单位进行归集，责任明确，费用归集方便，能更好地贯彻经济责任制的要求。一般情况下，预防成本可由全面质量管理部门、检验部门和供应部门负责；鉴定成本可由检验部门负责；内部损失成本可由生产车间负责；外部损失成本可由销售部门和生产部门负责。

一汽公司成本浪费的项目

一汽公司对企业中质量缺乏而造成的成本浪费项目进行了归类。主要有以下几个方面：

① 设备、物流、外协件、规划等的停台；
② 安装或焊接、外协加工中产生的废品；
③ 用户的抱怨所浪费的人力、财力及索赔工作；
④ 返修时的损失；
⑤ 各种无效的会议和工作。

（2）总质量成本的形成。总质量成本可以表达为下面各成本的总和（见表 1-2）。

总质量成本 = 控制成本 + 损失成本

=（预防成本 + 鉴定成本）+（内部损失成本 + 外部损失成本）

表 1-2 总质量成本的形成

<table>
<tr><td>预防成本</td><td rowspan="2">控制成本</td><td rowspan="4">总质量成本</td></tr>
<tr><td>鉴定成本</td></tr>
<tr><td>内部损失成本</td><td rowspan="2">损失成本</td></tr>
<tr><td>外部损失成本</td></tr>
</table>

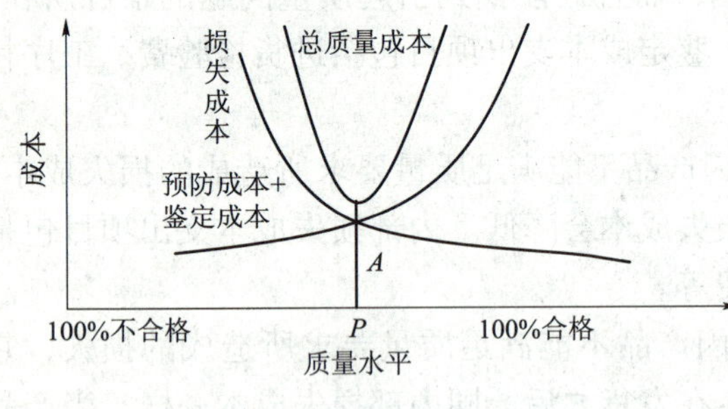

图 1-9 质量成本特性曲线

质量成本的四项费用的大小与产品质量的合格率之间有内在的联系。反映这种关系的曲线称为质量成本特性曲线（如图 1-9 所示）。在 100% 不合格的质量极端差的情况下，预防成本和鉴定成本几乎为零，说明企业完全放弃了对质量的控制，而导致极大的损失成本。随着企业对质量管理的投入，在逐步增加预防成本与鉴定成本的同时，产品合格率上升，损失成本明显下降。当产品合格率达到一定水平以后，如要进一步提高合格率，则预防成本和鉴定成本将急剧增大，而损失成本降低率很小。如何合理地选择质量水平，从曲线中可以看出质量成本的极小值点 A，A 点对应着产品质量水平点 P，企业如果把质量水平维持在 P 点，则有最小质量成本。

根据长期大量的调查分析，质量成本的构成见表 1-3。预防成本占质量成本总额的百分比为 1%～5%，鉴定成本占 10%～15%，内部损失成本占 25%～40%，外部损失成本占 25%～40%。其中，预防成本控制在约 10%，损失成本控制在约 50% 是较为合理的。

表 1-3 朱兰博士的质量成本比例

质量费用	占质量总成本的比例/%
内部损失成本	25～40
外部损失成本	25～40
鉴定成本	10～15
预防成本	1～5

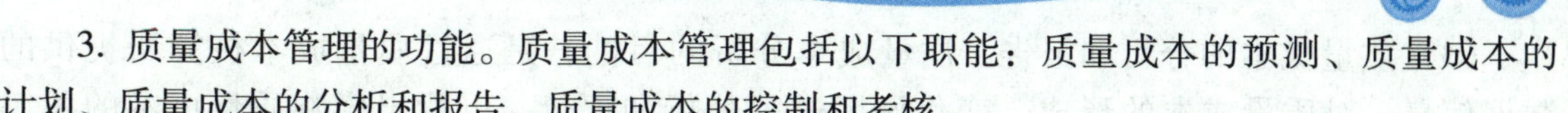

3. 质量成本管理的功能。质量成本管理包括以下职能：质量成本的预测、质量成本的计划、质量成本的分析和报告、质量成本的控制和考核。

（1）质量成本的预测。为了编制质量成本计划，对质量成本进行科学合理的控制，首先需要对质量成本进行预测。预测时，根据企业的实际状况、质量方针目标、质量成本水平、顾客需求等，通过分析各种要素与质量成本的变化关系，对成本计划中的质量成本做出估算。预测的质量成本数据可作为编制质量成本计划的依据，也可作为质量改进计划的制订依据。

邯郸钢铁的成本预测

邯郸钢铁集团的成本管理模式的突出特点是企业内部实行“模拟市场，成本否决”。具体做法是：以市场价格为主要参照系，核定出内部核算价格，并从这个价格开始，一个工序一个工序地剖析其潜在效益，从后向前核定目标成本，直至原材料采购。然后将总目标成本分解至企业内部的产品设计、经营管理的各部门，以及分厂、车间、班组等生产经营的各个环节，直到每个人层层签订承包协议，并与奖惩挂钩，实行成本管理责任制。如果经营环境变化，目标成本与实际成本之间可能会有一定的差异，公司将认真分析这种差异，以采取有效措施，使得目标成本控制更加科学化。

（2）质量成本的计划。质量成本的计划是指达到适宜的质量成本而筹划的各种措施，每个推行质量成本管理的部门必须编制质量成本计划并付诸实施，并逐渐使质量成本进入受控状态。质量成本的计划应规定质量成本目标。采取的具体措施，要求目标定量（可测量），措施可操作，一般质量成本计划每年编制一次，下一年的计划应充分考虑过去一年的计划实施结果。

产品改进与成本控制

本田汽车公司在设计新款轿车“思域”时，力图在降低成本的同时提高顾客满意程度。改进的地方有：将仪表盘的时钟刻在收音机显示器上，简化车身铰链，重新设计保险杆、挡泥板和其他部件，以减少组件，降低生产成本。福特汽车公司的新产品设计项目“福特产品研发系统”可以加快新车研发、改善设计质量并节约设计成本。该系统以网络为基础，集中全球范围内福特工程师的研发能力，使之竭诚合作。最近，在美国、英国和德国的4 500 名工程师使用了该网络工具。福特还使用结构动态研究公司的计算机辅助设计软件来加快设计进度，降低设计成本并减少汽车样品的生产成本。

(3) 质量成本的分析和报告。质量成本分析的目的，是通过质量成本核算所提供的数据信息，对质量成本的形成、变化原因进行分析和评价，以找出影响质量成本的关键因素和管理上的薄弱环节。质量成本分析的主要方面有质量成本的总额分析、质量成本的构成比例分析以及质量成本与比较基数（如销售收入、产品总成本、总利润等）的比较分析。

规定质量成本核算期后（一般每月核算一次），核算部门就收集各部门有关质量成本的数据和记录，进行统计、计算并汇总。根据质量成本汇总表，企业责任部门（财务部或品质部或其他指定部门）应进行质量成本的趋势分析，并编写质量成本报告。

案 例

质量成本数据的收集

表 1-4 是某公司三年度的质量成本数据收集汇总表。

表 1-4　质量成本数据收集汇总表

单位：元

项目＼年度	2005	2006	2007
检测设备折旧	22 000	34 000	30 000
废品处置	54 000	76 000	60 000
检测	76 000	120 000	132 000
废料成本	86 000	124 000	100 000
产品退回	340 000	82 000	40 000
产品检验	98 000	160 000	170 000
质量工艺	56 000	80 000	84 000
返工成本	140 000	200 000	180 000
统计过程控制	—	74 000	78 000
测试物料	4 000	6 000	7 000
系统开发	64 000	106 000	117 000
质保维护	420 000	140 000	70 000
质量退换	60 000	18 000	5 000
合　计	1 420 000	1 220 000	1 073 000

质量成本的报告分析

根据表 1-5 所列的数据，进行统计分析，得到报告信息（如图 1-10 所示）。

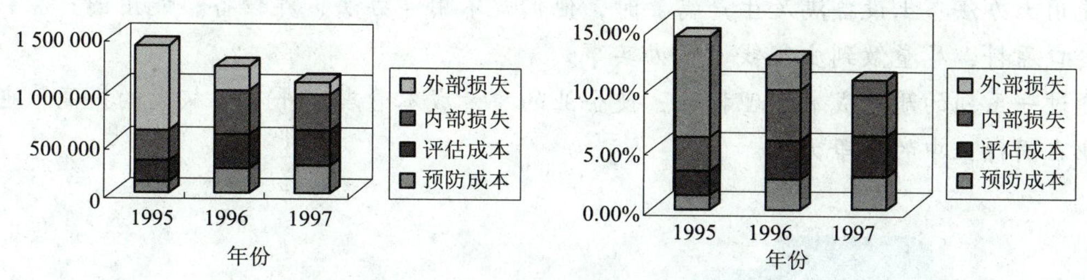

图 1-10　质量成本的数据统计

成本报告显示 1995 年全年质量成本达到年度销售额的 14.2%，因为产品的质量问题给公司造成的损失，通过实施质量成本管理系统，到 1997 年已经下降到 10.73%，在假设销售额不变的情况下，公司盈利能力得到显著提高。

通过产品质量成本报告我们可以看出，随着公司预防成本、鉴定成本的增加，公司的内、外部损失都在减少，公司全部质量成本从绝对值和比重方面都得到了显著降低。

（4）质量成本的控制和考核。质量成本的控制是以质量成本计划所制订的目标要求为依据，采取措施把影响质量总成本的各个成本项目控制在计划范围内的一种管理活动。

质量成本考核就是对质量成本责任单位和个人的质量成本指标的完成情况进行考查和评价，以达到不断提高质量成本管理绩效的目的。质量成本的考核应与绩效挂钩，并定期考核，以充分发挥质量成本管理的作用。

质量成本的控制

某乡镇企业的产品一直被评为全省最优，连续几年保持同档次产品生产成本在同行业为最低的记录。该企业通过以下措施创造出了最低的生产成本。

定编减员，压缩经费开支。前几年，该企业为提高社会效益，广招农村闲散劳动力进厂，结果造成了企业人员过剩，科室人浮于事，勤杂人员多，工资开支过大。厂领导为降低成本，在全厂范围内定编定岗，压缩机构，裁减过剩人员，1 200 多人的企业，只留下 50 名干部（包括各种专业技术干部），并且干部大多身兼数职。

严格定额管理，降低消耗。厂领导认为只有严格执行各种定额标准，降低消耗，才能提高经济效益。由此，企业对各生产班组、设备实行严格的定额管理，限额发料，节约提成奖

励。通过定产量、定消耗、定工时，并每年确定各单位的原材料消耗降低率、能源动力降低率指标，使消耗水平一降再降。

提高产品质量档次，减少废品损失。由于外贸部门对出口产品实行优质优价，质量档次越高，产品的附加价值就越大，单位产品的成本相对就越低。为了减少废品损失，企业对职工生产的废次品实行折扣赔偿制度，这样就使生产操作者的责任心大大增强。

开展价值工程活动，综合利用各种资源，在保证产品质量的前提下采取各种措施降低成本。能用土办法、土设备满足生产需要时，他们就不用洋办法、洋设备；能用国产原料，就不用进口原料，尽量做到少花钱、多办实事。

通过一系列的质量成本管理措施，使企业的质量成本管理水平有了极大的提高，也提高了企业在同行业中的竞争力。

第五节 质量管理的基础工作

质量管理的基础工作是组织质量管理体系有效运行的基本保证，通常包括质量教育培训、标准化工作、计量管理工作和质量信息管理工作。

一、质量教育培训工作

质量教育培训内容包括如下三个方面：

1. 质量意识教育

增强质量意识是质量管理的前提，而领导的质量意识更是直接关系到企业质量管理的成败。因此，质量意识教育被视为质量培训的首要内容。

质量意识教育的重点是要求各级员工理解本岗位工作在质量管理体系中的作用和意义，理解其工作结果对过程、产品甚至信誉的影响，知道采用何种方法才能为实现与本岗位直接相关的质量目标做出贡献。

质量意识教育的内容可包括质量的概念，质量法律、法规，质量对组织、员工和社会的意义和作用，质量责任等。

案 例

优良产品为什么会变成垃圾？

某天，某企业的一位副总突然发现垃圾桶里有本公司生产的优良产品，他怀疑有人故意搞破坏，于是就展开层层调查，结果大大出乎他的意料。本来优良产品和不良产品是用不同颜色的篮子盛装的，不良品用红色篮子装，优良品用蓝色篮子装。但是，这一天，一位负责包装产品的员工不小心用红色的篮子装了优良产品，接下来第二个人随手把一张报纸丢在红

色篮子上面，第三个人把垃圾倒在里面，最后，来打扫卫生的第四个人一看是垃圾，就把它倒在垃圾桶里。

质量意识应时刻存在于工作中、生产中，当时刻关注质量时，就会养成良好的质量意识习惯。否则，就有可能出现不该出现的错误。

2. 质量知识培训

质量知识培训是质量管理培训内容的主体，组织应对所有从事质量工作的员工进行不同层次的培训。在识别培训需要的基础上，应对不同层次的对象提出不同的要求，规定不同的内容，编写不同的教材，切忌“一刀切”。领导培训内容应以质量法律法规、经营理念、决策方法等为主，管理人员和技术人员培训内容应注重质量管理理论和方法，而一线员工培训内容则以本岗位质量控制和质量保证所需的知识为主。

3. 技能培训

技能是指为保证和提高产品质量所需的专业技术和操作技能。技能培训是质量管理培训中不可缺少的重要组成部分。由于行业和岗位不同，员工所需的技能也不同，但是，对各层次人员的培训要求却大致相同。

对于技术人员，主要应进行专业技术的更新和补充，学习新方法，掌握新技术；对于一线工人，应加强基础技术训练，熟悉产品特性和工艺，不断提高操作水平；对于领导人员，除应熟悉专业技术外，还应掌握管理技能。

二、标准化管理

质量管理与标准化虽然是两个不同的学科，但两者有着非常密切的关系。标准化是进行质量管理的依据和基础，标准化的活动贯穿于质量管理的始终，标准与质量在循环过程中互相推动，共同提高。标准化与质量管理都是现代科学技术与现代科学管理相结合的综合性学科，它们的学科基础以及与社会学、经济学、环境学等的交汇都有许多相同之处。因此，学习质量管理应掌握必要的标准化知识。

1. 标准与标准化

我国国家标准 GB 3935. 1—1996《标准和有关领域的通用术语第二部分：基本术语》对标准和标准化有明确的定义：

标准为在一定的范围内获得最佳秩序，对活动或其结果规定共同的和重复使用的规则、导则或特性文件。该文件经协商一致制定，并经一个公认机构批准。

注：标准应以科学、技术和经验的综合成果为基础，以促进最佳社会效益为目的。

标准化为在一定的范围内获得最佳秩序，对实际的或潜在的问题制定共同和重复使用的规则的活动。

注：① 上述活动主要是包括制定、发布及实施标准的过程。

② 标准化的重要意义是改进产品、过程和服务的适用性，减少和消除贸易技术壁垒，并促进技术合作。

由上述定义可知，标准是一种特殊文件，是现代化平常技术成果和生产实践经验相结合的产物，它来自生产实践反过来又为发展生产服务，标准随着科学技术和生产的发展不断完

善和提高。而标准化是一种活动，主要是指制定标准、宣传贯彻标准、对标准的实施进行监督管理、根据标准实施情况修订标准的过程。这个过程不是一次性的，而是一个不断循环、不断提高、不断发展的运动过程。每一个循环完成后，标准化的水平和效益就提高一步。

标准是标准化活动的产物。标准化的目的和作用，都是通过制定和贯彻具体的标准来体现的。所以标准化活动不能脱离制定、修订和贯彻标准，这是标准化最主要的内容。

案 例

惠特尼的互换性

18世纪末，美国刚成立不久，政府急需大量军火，便与惠特尼签订了一项两年之内生产一万支来复枪的合同。开始，惠特尼的工厂用手工方法难以完成。后来，他运用互换性的原理，选择一支标准枪为基准模型，分零件仿造，按专业化组织生产，这些零件在每支枪上都可以使用并可互换，提高了生产效率和质量，履行了合同。由于在批量生产中采用了可以互换零部件的方法，开创了标准化基础上的成批生产方式，引起了企业生产组织形式的革命，并为现代化大批量流水生产奠定了基础。因此，惠特尼被誉为“美国标准化之父”。

案 例

不拉马的士兵

一位年轻有为的炮兵军官上任伊始，到下属部队视察操练情况。他在几个部队发现了相同的情况：在每一次操练中，总有一名士兵自始至终站在大炮的炮管下面纹丝不动。军官不解，询问原因，得到的答案是：操练条例就是这样要求的。军官回去后反复查阅了军事文献，终于发现，早期时代的大炮是由马车运载到前线的，站在炮管下的士兵的任务是负责拉住马的缰绳，以便及时调整大炮发射后由于后坐力产生的距离偏差，减少再次瞄准所需的时间。现在大炮的自动化和机械化程度很高，已经不再需要这样一个角色了，但操练条例没有及时调整，因此才出现了“不拉马的士兵”，军官的这一发现使他获得了国防部的嘉奖。

2. 标准分级

所谓标准分级就是根据标准适用范围的不同，将其划分为若干个不同的层次。对标准进行分级可以使标准更好地贯彻实施，也有利于加强对标准的管理和维护。由于世界各国的具体情况不同，有着不同的标准分级方法。按《中华人民共和国标准化法》规定，我国标准分为四级，即国家标准、行业标准、地方标准和企业标准。另外，为了适应高新技术标准化发展快和变化快等特点，国家标准化行政主管部门于1998年通过《国家标准化指导性技术文件管理规定》，出台了标准化体制改革的一项新举措，即在四级标准之外，又增设了一种“国家标准化指导性技术文件”，作为对四级标准的补充。

国家标准是指由国家的官方标准化机构或国家政府授权的有关机构批准和发布，在全国范围内统一适用的标准。中华人民共和国国家标准是指对全国经济技术发展有重大意义，必须在全国范围内统一的标准。对需要在全国范围内统一的技术要求，应当制定相应的国家标准。我国国家标准由国务院标准化行政主管部门编制计划和组织草拟，并统一审批、编号和发布。

中华人民共和国行业标准是指中国全国性的各行业范围内统一的标准。《中华人民共和国标准化法》规定："对没有国家标准而又需要在全国某个行业范围内统一的技术要求，可以制定有关行业标准。"行业标准由国务院有关行政主管部门编制计划，组织草拟，统一审批、编号、发布，并报国务院标准化行政主管部门备案。行业标准是对国家标准的补充，行业标准在相应国家标准实施后，自行废止。

中华人民共和国地方标准是指在某个省、自治区、直辖市范围内需要统一的标准。对没有国家标准和行业标准而又需要在省、自治区、直辖市范围内统一的工业产品的技术要求，可以制定地方标准。制定地方标准的项目，由省、自治区、直辖市人民政府标准化行政主管部门确定。地方标准由省、自治区、直辖市人民政府标准化行政主管部门编制计划，组织草拟，统一审批、编号、发布，并报国务院标准化行政主管部门和国务院有关行政主管部门备案。地方标准不得与国家标准、行业标准相抵触，在相应的国家标准或行业标准实施后，地方标准自行废止。

企业标准是指企业所制定的产品标准和在企业内需要协调、统一的技术要求和管理、工作要求所制定的标准。企业生产在没有相应的国家标准、行业标准和地方标准时，应当制定企业标准，作为组织生产的依据。在有相应的国家标准、行业标准和地方标准时，国家鼓励企业在不违反相应强制性标准的前提下，制定充分反映市场、顾客和消费者要求的，严于国家标准、行业标准和地方标准的企业标准，在企业内部适用。

《中华人民共和国标准化法》规定，国家标准、行业标准分为强制性标准和推荐性标准。保障人体健康，人身、财产安全的标准和法律、行政法规规定强制执行的标准是强制性标准，其他标准是推荐性标准。《中华人民共和国标准化法》同时还规定，省、自治区、直辖市标准化行政主管部门制定的工业产品的安全、卫生要求的地方标准，在本行政区域内是强制性标准。

三、质量信息管理工作

信息是指"有意义的数据"。该定义中数据是一个广义的概念，指有意义、有价值的资讯。信息是通过形象符号、语言文字、指令代码、数据资料等不同形式和不同媒体对客观事物所作的描述和反映。原始数据和信息之间的关系，类似于原材料和成品之间的关系。通过对数据的整理分析或计算机的信息处理系统，将不可利用或难以应用的原始数据加工成可利用的有效信息。一般情况下，信息本身可能就是一种已经被加工成为特定形式的数据，在质量管理活动中经常要记录或接触大量的数据（记录、客观证据等）。这些质量信息不但可以帮助人们发现问题，寻找解决问题途径，而且还是质量管理中决策和采取行动的依据。质量信息管理是企业质量保证体系的重要组成部分，质量信息可分为产品质量信息和工作质量信息两个方面。

质量信息是有关质量方面的有意义的数据。产品的形成中存在着两种运动过程：物流和信息流。物流是由原材料等资源的输入转化成产品输出而进行形态和性质变化的过程。而信息流则是伴随着物流而产生。它反映了物流状态，并通过它来控制、调节和改进物流。一个组织的质量管理，从某种意义上说，就是要管好这两个方面的过程。如图 1-11 所示是信息流示意图。

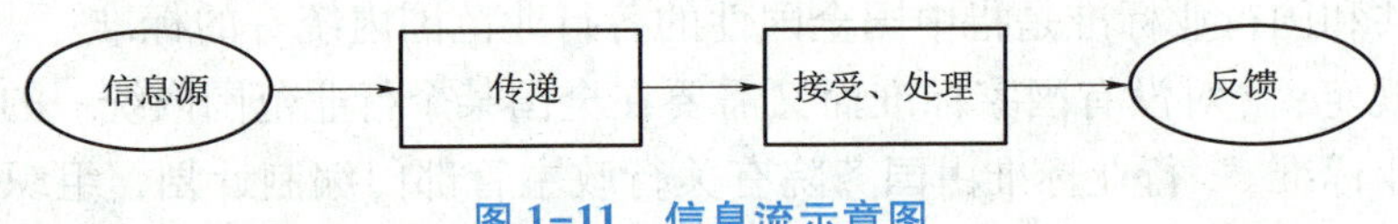

图 1-11　信息流示意图

1. 信息源

信息源指信号或消息序列的产生者。在质量管理信息中，指数据或信息的发出者。信息源可分为内部信息源和外部信息源。内部信息源产生于组织内部产品实现过程和体系运行过程中。外部信息源产生于组织外部，包括相关方的、社会的和外部环境等方面的信息。组织应通过需求分析，收集对过程控制和体系有效运行起作用的数据，至少应能提供以下方面的信息：

(1) 顾客满意度的评价；

(2) 产品的符合性；

(3) 过程能力和产品质量现状及其发展趋势；

(4) 纠正、预防措施和持续改进。

2. 信息传递

信息传递是指在信息系统中将信息按照规定的方式和途径，经过一定的载体从一处传到另一处的过程。信息传递大体由三部分组成：信源——信道——信宿。信道是传递的通道；信宿是传递的终点，一般指接受信息和处理信息的部门。传递要求完整（数据完整并可追溯）、准确、及时。从质量管理角度来看，“记录”（阐明所取得的结果或提供完成活动证据的文件）这个特殊文件是最重要的信息载体。

3. 信息处理

信息处理是指将原始数据（信息）通过一定的手段和方法，“加工”成有意义的信息的过程。这里的原始数据是信息处理过程的输入，通过整理、分析、计算、建模等一系列操作活动，从而产生可用于控制、改进和决策的有用信息（信息处理过程的输出）。

4. 信息反馈

信息反馈是双向的，即将处理后的信息作为二次信息源，反馈给需要信息的人们和部门。

二次信息源的质量直接影响到新的一次信息的质量及传递。质量信息不仅需要及时传递，而且要做到及时反馈，这样才能使信息被利用和共享成为可能。

产品质量信息反馈是指在生产的全过程中发现的存在各种质量不良因素，以及用户反映的各种质量问题时，进行的质量信息的收集、分析、分类、传递和处理。工作质量信息反馈是指企业的任何部门，任何个人，对其他部门和其他人员的活动对产品质量的保证程度达不到要求时，而进行的信息反馈和处理。

为了确保质量管理的有效运行，进行质量信息转换是十分必要的，应将质量信息（数

据）作为一种基础资源，这对于以事实为依据做出决策的质量管理工作是必不可少的。为了对质量信息进行管理，质量信息管理工作应当做到：

（1）识别信息需求；

（2）识别并获得内部和外部的信息来源；

（3）将信息转换为对组织有用的知识；

（4）利用数据、信息和知识来确定并实现组织的战略和目标；

（5）确保适宜的安全性和保密性；

（6）评估因使用信息所获得的收益，以便对信息和知识的管理进行改进。

案　例

日升电子公司的质量信息管理

日升电子公司管理层认识到，由于公司多年来的运作，中、高层管理人员的稳定对保持公司的政策一致性起主要的作用，但管理人员会存在质量改进惰性。为此，公司管理层在2001年底开始全面实施数据化、信息化管理，各个生产车间、楼层都和中央数据中心联网，并且各生产单位按小时输入数据，使数据、信息及时输入，让管理层利用数据信息及时做出相应对策，保证信息的时效性。挑选一位品质副经理专职负责质量改善小组，直接向品质总监报告制造中的问题每周召集各部门检讨上周出现的品质问题以及亟待改善品质的地方。而生产单位每个小时都可以根据数据进行分析，以此掌握各生产线的实际品质状况。每日自行开会检讨，重点检查质量未达到公司目标的产品和不合格率居于前三名的MODEL。通过各种品质分析手法，寻找改善的措施。由于所有生产、检查数据全部输入电脑，可利用CRYSTAL REPORT进行分析，这使得管理层能够充分、及时地将这些数据转化成有用信息，总结经验，然后实施标准化，最后推广应用。如公司现在推行的“百点法”“吸塑双机平行法”“防尘简易柜”等方法和方案，以及日升各种操作和工艺的基本要求，都是全体日升人员共同智慧的结晶，这不仅提高了产品品质，而且也大大降低了质量成本。

思考题与习题

1. 什么是质量？产品质量功能有哪些？简述质量对人类生活的影响。
2. 什么是管理？管理有哪几个层次？
3. 什么是质量管理？质量管理能实现哪些任务？
4. 质量管理经历了哪几个阶段？
5. 产品质量是如何形成的？什么是朱兰质量三步曲？
6. 什么是PDCA循环？PDCA循环分为哪几个步骤？它有什么特点？

7. 产品质量是如何形成的？什么是朱兰质量三步曲？
8. 什么是质量成本？质量成本由几部分构成？质量管理有哪些功能？
9. 质量管理的基础工作有哪些？
10. 我国标准分为哪四级？

第二章 ISO 9000 族标准与质量管理体系

第一节 ISO 9000 族标准

随着贸易的国际化，标准也日趋国际化。国际标准化，是指在国际范围内由众多国家、团体共同参与开展的标准化活动。目前，世界上大约有近 300 个国际和区域性组织，制定了标准或技术规则。其中最大的是国际标准化组织（ISO）、国际电工委员会（IEC）、国际电信联盟（ITU）。ISO、IEC、ITU 标准都是国际标准。此外，被 ISO 认可并收入的其他 25 个国际组织制定的标准，也被视为国际标准。以国际标准为基础制定本国标准，已成为 WTO 对各成员国的要求。

许多企业在实施国际标准时，直接将标准的质量体系要求转化为本企业的质量管理的要求，因此按标准要求所形成的文件也就是质量体系文件。质量体系的文件化方法和思路，只要覆盖所选标准要求，又结合企业实际，运行起来有效，就是一个成功的文件化体系。一个成功的质量体系，既可以作为提高产品质量的保障和依据，又可以作为企业质量审核的依据，还可以作为企业质量培训的依据。

一、ISO 9000 族标准的发展

1. ISO 标准的产生

标准是复杂的，但它却是重要的。早在古文明时代，标准就得到了广泛应用。人们可以从古建筑、古陶瓷和古币中轻而易举地证实这一点。随着质量管理的理论与实践的发展，许多国家和企业为了保证产品质量，纷纷制定国家或公司标准，针对公司内部和供应商的质量

活动制定质量体系要求，从而产生了质量保证标准。第二次世界大战期间，军事工业得到了迅猛的发展，各国政府在采购军用品时，不但提出产品特性要求，还对供应厂商提出了质量保证的要求。20 世纪 50 年代末，美国发布了 MIL-Q-9858A《质量大纲要求》，这成为世界上最早的有关质量保证方面的标准。

美国军品生产方面的质保活动的成功经验，在世界范围内产生了很大的影响，使得一些工业发达国家纷纷参照，在 20 世纪 70 年代末先后制定和发布了用于民品生产的质量管理和质量保证标准。随着各国经济的相互合作和交流，对供方质量体系审核已逐渐成为国际贸易和国际合作的前提，世界各国先后发布了许多关于质量体系及审核的标准。由于各国标准的不一致，给国际贸易带来了障碍，使质量管理和质量保证的国际化成为世界各国的迫切需要，ISO 标准由此产生了。

ISO 是国际标准化组织（International Organization for Standardization）的英文缩写，于 1946 年成立，主要任务是制定国际标准，协调世界范围内的各项标准工作，在世界范围内促进标准化工作的发展，以利于国际贸易和技术协作，并推动科学技术和经济等方面的国际合作。

2. ISO 9000 族的发展

1979 年国际标准化组织成立了第 176 技术委员会（TC176）负责制定和建立质量管理和质量保证标准。其目标为："要让全世界都接受和使用 ISO 9000 族标准，为提高组织的运作能力提供有效的方法，增进国际贸易，促进全球的繁荣和发展，使任何机构和个人可以有信心从世界各地获得任何期望的产品，以及将自己的产品顺利地销到世界各地。"

1980 年 TC 176 成立质量管理和质量保证技术委员会，历时五年，吸取了英国国家标准 BS 5750T、美国军标 ANSL/ASCIL15 和加拿大国家标准 OASZ299 及其他国家标准的精华，于 1986 年发布了 ISO 8402：1986 标准，随后于 1987 年颁布了 ISO 9001：1987 标准等 5 项国际标准，这六项国际标准统称为 ISO 9000 系列国际标准，也由此标志着 ISO 9000 族标准的产生。"ISO 9000" 不是指一个标准，而是一族标准的统称，按照 ISO 9000-1：1994 的定义："ISO 9000 族是由 ISO/TC176 制定的所有国际标准"。

ISO 9000 族标准是国际标准化组织颁布的关于质量管理方面的世界性标准，这一国际标准发源于欧洲经济共同体，但很快就波及美国、日本及世界各国。到目前为止，已经有 70 多个国家在它们的企业中采用和实施这一系列标准。一套国际标准在如此短的时间内被这么多国家采用，实属罕见。中国对此也十分重视，采取了积极态度，一方面确定对其等同采用，发布了与其相应的质量管理国家标准系列 GB/T 19000，同时积极组织开展和实施 ISO 质量认证工作。

按照 ISO 9000 族标准实施质量管理，通过 ISO 9000 质量管理体系认证后的单位，可以理直气壮地对顾客发出这样的承诺："我们的管理体系是国际上一致认可的，我们的产品和服务质量是一流的！" ISO 9000 族标准的作用有多大，由此可知！

ISO 9000 管理的作用

某工人在操作一台机床时受到伤害，按"严格责任"法，法院不仅要看该机床机件故

障之类的品质问题，而且还要看其有没有安全装置，有没有向操作者发出警告的装置等。法院可以根据上述任何一个问题判定该机床存在缺陷，厂方便要对其后果负责赔偿。但是，按照各国产品责任法，如果厂方能够提供 ISO 9000 质量体系认证证书，便可免赔。因为有 ISO 90000 质量认证证书，说明企业是按照安全程序办事的，不应当承担安全上的主要责任。否则，企业不但要败诉而且还可能受到重罚。

ISO 在实际中的应用

在模具库审核员检查了模具出入库台账，上面有领出和返还的日期及检查合格的记录。

审核员问："你们是怎样确认模具完好的?"

模具管理员说："模具入库时我们一般仅对外观检查一下，没有明显的缺陷就可以入库。"

审核员问："这样能保证模具符合要求吗?"

模具管理员答："工人使用时，都要先试模的，冲压出的前几个产品合格，就说明模具合格了。"

审核员又问："对于模具有没有定期检查的制度?"

模具管理员答："没有。"

本案例中，对于模具的检查应该建立制度，规定入库时应由管理员按照模具用纸对于模具尺寸和外观进行检验。如果仅靠试模检查模具，势必造成不必要的浪费。本例违反了标准"6.3 基础设施"规定的"组织应确定、提供并维护为达到产品符合要求所需的基础设施。"

二、ISO 9000 族标准的基本思想

ISO 9000 主要是建立质量体系的文件要求，它全面规范，对于质量管理十分有效。ISO 9000 国际标准的基本思想可以用五句简单的话来表达：把你做事情的方式说出来；按照你所说的去做事情；记录你所做的；证明你做事情的结果；更改你所做的。

"把你做事情的方式说出来"，就是要用文件的方式，把你做事情的方式或者方法即生产合格产品的过程规定下来，事实上也就是对企业生产过程的标准化。

"按照你所说的去做事情"就是要求你必须踏踏实实地按照规定的方法去做。

"记录你所做的"就是要有质量记录，要保留质量记录与档案（证据）。

"证明你做事情的结果"就是说，你做了，必须有证据让人相信，必须要检查核实，同时找出不符合的地方（问题）。

"更改你所做的"就是强调持续改进。

以上五句话结合起来，实际上就是对 ISO 9000 的作用机制的简单描述。ISO 9000 核心思想是制定企业质量管理程序，即按程序办事。制定程序就是要按照 ISO 9000 标准要求制定质量管理体系，并持之以恒地严格执行。

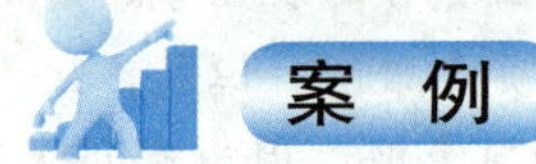

ISO 9001（4.2.4 记录控制）选读

应建立并保持记录，以提供符合要求和质量管理体系有效运行的证据。记录应保持清晰、易于识别和检索。应编制形成文件的程序，以规定记录的标识、储存、保护、检索、保存期限和处置所需的控制。

ISO 9000 族标准主要是一些规定性的文字，这段内容提出应制定有关质量记录及质量文件的管理方案，强调应按规定查阅检索、更改和修订的书面程序，对于质量记录提出了要建立、要保持、要清晰、要易于检索等管理要求。而质量记录和质量文件应能妥善储存，防止损坏和丢失。

企业使用 ISO 质量过程控制解析实例

过程控制主要指对生产过程的控制。ISO 9000 标准要求为：企业应科学地策划生产的过程，对每个程序采取有效的措施进行控制，包括控制该工序的“人”（操作者）、“机”（机器设备）、“料”（物料）、“法”（作业指导书）、“环”（生产环境）、“测”（品质检验）六大因素。审核员通过现场诊断，对比 ISO 9000，发现某企业主要存在如下问题：1. 没有一个明确的生产控制程序；2. 人员培训方面不系统，如员工的岗位操作培训、特殊岗位的培训、一些人员技术方面的培训等；3. 机器设备的日常保养及预防保养做得不够且不系统；4. 产品的标识不够；5. 机器无操作指示及岗位无作业指导书；6. 5S 没能正确理解并做好，环境比较脏乱；7. 培训方面力度不够，员工对产品不熟悉，没有做自检工作也不能做自检工作；8. 无工模验收程序；9. 无工模保养维修程序；10. 无设备清单；11. 无设备预防保养计划；12. 无成型工艺表；13. 对配色无规范管理，无作业标准书；14. 对成型工艺调整无程序规范。

三、ISO 9000 族标准的构成

为了满足广大标准使用者的需要，ISO 9000 族文件在其结构上已产生重大调整。标准的数量在合并、调整的基础上已大幅度减少。标准的要求/指南或指导性文件更通用，使用更方便、灵活，适用面更宽。2000 版 ISO 9000 族标准由以下标准和支持性文件组成：

第一部分　核心标准

ISO 9000：2000《质量管理体系——基础和术语》

ISO 9001：2000《质量管理体系——要求》

ISO 9004：2000《质量管理体系——业绩改进指南》

ISO 19011：2000《质量和环境审核指南》

上述四项标准构成了一组密切相关的质量管理体系标准，亦称ISO 9000族核心标准。

第二部分 其他标准 ISO 10012《测量控制系统》

ISO 10012 测量管理体系

ISO 10019 质量管理体系咨询师选择和使用指南

第三部分 技术报告若干份

ISO/TR 10005《质量计划编制指南》

ISO/TR 10006《项目管理指南》

ISO/TR 10007《技术状态管理指南》

ISO/TR 10013《质量管理体系文件指南》

ISO/TR 10014《质量经济性管理指南》

ISO/TR 10015《教育和培训指南》

ISO/TR 10017《统计技术在ISO 9001中的应用指南》

编号中的“TR”，表示该文件是技术报告。

第四部分 小册子

ISO/TC176根据实施ISO 9000族标准的实际需要，将陆续编写一些宣传小册子形式的出版物作为指导性文件，包括《质量管理原则》《选择和使用指南》《小型组织实施指南》等。《小型组织实施指南》已于2002年正式发布。

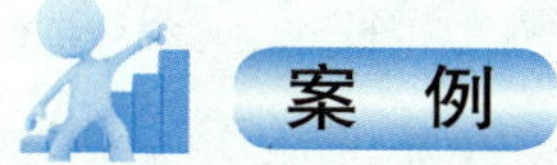

ISO内容选读

总则

ISO 9000族下述标准可帮助各种类型和规模的组织实施并运行有效的质量管理体系。这些标准包括：

——ISO 9000表述质量管理体系基础知识并规定质量管理体系术语。

——ISO 9001规定质量管理体系要求，用于组织证实其具有提供满足顾客要求和适用的法规要求的产品的能力，目的在于增进顾客满意度。

——ISO 9004提供考虑质量管理体系的有效性和效率两方面的指南。该标准的目的是组织业绩改进和顾客及其他相关方的满意度。

——ISO 9011提供审核质量和环境管理体系指南。

上述标准共同构成了一组密切相关的质量管理体系标准，在国内和国际贸易中促进相互理解。

四、实施ISO 9000的作用

(1) ISO 9000为企业提供了一种具有科学性的质量管理和质量保证方法和手段，可用于提高内部管理水平。

(2) 使企业内部各类人员的职责明确，避免推诿扯皮，减少领导的麻烦。

（3）文件化的管理体系使全部质量工作有可知性、可见性和可查性，通过培训使员工更加理解质量的重要性及对其工作的要求。

（4）可以使产品质量得到根本的保证。

（5）可以降低企业的各种管理成本和损失成本，提高效益。

（6）增强客户和潜在客户的信心。

（7）提高企业的形象，增加了竞争的实力。

（8）满足市场准入的要求。

五、企业推行 ISO 9000 的一般步骤

对于一个刚刚接触 ISO 9000：2000 版的企业来讲，推行该标准的过程如下：

分级培训—文件制定—全员参与—贯彻标准—内部评价—外部审核—监督改进。

详细推行可采用如下步骤：

（1）识别、诊断企业原有的质量管理体系；

（2）任命管理者代表、组建 ISO 9000 推行组织；

（3）制订质量方针和目标；

（4）各级人员接受 ISO 9001 标准知识培训；

（5）质量体系文件编写；

（6）质量体系文件发布、试运行；

（7）内部质量体系审核；

（8）在内审基础上进行的管理评审；

（9）质量管理体系的完善和改进；

（10）向认证机构提出认证申请。

案　例

ISO 标准的执行

在机加工车间，审核组看到机床旁边有一张首检记录，分别设有操作者、工长和检验员的签字栏。记录表明加工轮径尺寸为 0.05～50，检验结果为合格，操作工人和检验员都已签名，但是工长栏没有签名。

工人说："工长工作很忙，一般都不检查，也不签字，只要是检验员同意就可以了。"审核组看到工具箱内有一个自制的专用量轴长的样板，但样板没有标识。工人说："这个轴台阶很多，用卡尺一段段量，既费时，又不准确，用样板量又快又好，这是我们的革新成果，还受到了车间主任的表扬呢。"

案例分析："记录是一种特殊类型的文件"，既然根据需要设计了相应的栏目，就应该填写相关的内容。工长不签名，属于填写记录的有章不循，违反了标准"8.2.4 产品的监视和出量"的"记录应指明有权放行产品的人员"。自制的样板，也属于计量器具，应该定期核准，并有表明其检验状态的标识。这是违反了标准"7.6 监视和测量装置的控制"的规定。

第二节 质量管理八大原则

一、质量管理八大原则的内容

一个组织的管理者，若要成功地领导和运作其组织，需要采用一种系统的、透明的方式，针对顾客和所有相关方的需求，建立、实施并保持持续改进组织业绩的管理体系，对其组织进行管理，从而使组织获得成功。一个组织的管理活动涉及多个方面，如质量管理、营销管理、人力资源管理、财务管理、环境管理、职业健康安全管理等。质量管理是组织各项管理的内容之一，也是组织管理活动的中心内容。

在 1994 版的 ISO 9000 族标准业已形成的质量管理八大原则的思想的基础上，2000 版 ISO 9000 族标准正式提出了质量管理八大原则，即以顾客为关注焦点、领导作用、全员参与、过程方法、系统管理、持续改进、以事实为决策依据及与互利的供方关系。这八大质量管理原则是在总结世界各国质量管理理论和实践经验的基础上，用高度概括的语言来表述 ISO 9000 族标准最基本的管理思想的。组织的最高管理者可以运用这八大原则作为发挥其领导作用的基础，指导组织通过关注顾客及其他相关方的需求和期望而达到改进其总体业绩的目的，还可以运用八大原则作为组织制定其质量方针的基础，使之成为组织文化的一个重要组成部分。

二、八大质量管理原则的理解

1. 以顾客为关注焦点

（1）顾客的概念。如何理解“顾客”这一术语，英语 customer 可以翻译为顾客，也可以翻译成客户、用户、买主等。顾客是“接收产品的组织或个人”。例如：消费者、委托人、最终使用者、零售商、受益者和采购方都是顾客。顾客不仅存在于组织外部，也存在于组织内部。对顾客的理解应是广义的，不能仅仅理解为产品的“买主”。例如按全面质量管理的观点，“下一道工序”就是“上一道工序”的顾客。企业依存于他们的顾客，因此企业必须理解顾客当前和未来的需求，满足顾客需求并争取超过顾客的期望。不管做什么事情，顾客的需求始终是企业行为的出发点，企业如果无法满足顾客的需求，那么质量管理工作就毫无意义。

（2）顾客的需求。“以顾客为中心”，本质是以顾客的需求为关注焦点。人的需求包括多种层次、多个方面，丰富多彩，难以罗列。正因为如此，产品才如此丰富，品种也才如此繁多。不同的组织对顾客需求的满足是不同的，某一个组织往往只能满足顾客某一层次、某一方面的需求。组织要明白自己的产品针对的是顾客的哪一层次、哪一方面的需求，是当前的需求还是将来的需求。理解顾客当前的需求，是为了当前直接满足这种需求。理解顾客将来的需求，一是为了激发这种潜在的需求，使其变为未来现实的需求；二是为了进行技术储

备、产品开发，以便在将来满足这种需求。

随着社会的发展和科技的进步，顾客对产品的需求已呈现五大趋势：

① 从数量型需求向质量型需求转变；

② 从低层次需求向高层次需求转变；

③ 从满足物质需求向满足精神需求转变；

④ 从统一化需求向个性化需求转变；

⑤ 从只考虑满足自身需求向既考虑满足自身又考虑满足社会和子孙后代需求转变。

（3）以顾客为中心的内涵。“以顾客为中心”，不仅要通过自己的产品去满足顾客的要求，而且还要努力超越顾客的期望。顾客的要求是顾客需求的反映，包括：明示的（明确表达的）、隐含的（虽然没有提出，但可以理解为双方有默契的）和应履行的（例如法律、法规规定的）。顾客的期望在很大程度上是隐含的，但这与“通常隐含的”要求不同。“通常隐含的”要求往往是不言而喻的。例如：顾客购买化妆品，绝不会希望化妆品存在有损害身体健康的“性能”。这一点，顾客虽然没有提出，没有明示，却是组织和顾客都能理解的。“顾客的期望”往往高于顾客的要求。达到“顾客的要求”，顾客可能就认可了，如果满足了“顾客的期望”，顾客可能就大大提高了满意程度，如果超越了“顾客的期望”，顾客可能会“喜出望外”。“以顾客为中心”最鲜明的表现，就是努力超越顾客的期望。

美国家庭仓库公司的顾客之道

美国家庭仓库公司是一家以提供自己动手改善家居为特色的连锁店，其销售产品种类有35 000多种，与家居改善有关的产品应有尽有，价格却比当地五金店便宜20%～30%。公司的主要目标是与顾客建立起持久的关系，因为一位满意的顾客按“顾客购物生命价值”来算，可值25 000多美元（38美元/每次×30次/每年×22年）。

家庭仓库公司认为关怀顾客始于关怀员工。为员工提供高薪、全面培训，把员工当作合伙人来对待，所有专职职员至少有7%的年度薪金以公司股票的形式发放，从而使家庭仓库公司职员在顾客服务业务中具有主人翁的感觉。每一位职员都带着一条鲜艳的橘黄色围裙，上面写着：您好，我是×××，家庭仓库公司的股东，让我来帮您吧！

家庭仓库公司对员工从不采用高压销售。公司支付职员可靠的薪水，使他们能够在顾客身上花费必要的时间，而不必担心销售的事情。公司鼓励销售人员与顾客建立长期的关系，即不管花多少时间都要一次又一次地耐心解释，直到解决顾客的问题为止。帮助顾客少花钱，而不是怂恿顾客多花钱。

关怀顾客使家庭仓库成为当今最成功的零售商之一，过去十年里销售额以平均每年40%的速率增加，但同时也存在许多问题：通道阻塞、库存不足、销售人员太少、结账要排队等。尽管许多零售商很欢迎这类问题，但是家庭仓库公司却为此感到极度不安，因此他们迅速采取了补救行动。因为他们知道：持续的成功取决于对顾客满意的不懈追求。对待每一位顾客都应该像对待自己的父母、兄弟和姐妹一样。而你当然不愿意让你的母亲排队等候。

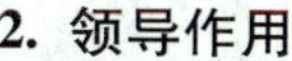

2. 领导作用

（1）领导的概念。在汉语中，领导有两个含义：一是动词，指领导的行为；二是名词，指担任领导的人，领导是指具有一定权力、负责指挥和控制组织或下属的一个人或一组人。

（2）领导的作用和地位。在质量管理体系中，领导人员具有最重要的地位。

① 领导是质量方针的制定者；

② 领导是质量职能活动和质量任务的分配者；

③ 领导是资源的分配者；

④ 领导起带头作用；

⑤ 领导在关键时候的决策；

⑥ 领导承担着对质量管理体系进行持续改进的责任。

领导是一个企业良好运行的前提条件。领导者具有决策的关键作用，领导重视程度与否，将直接影响活动的质量。企业领导必须创造和保持实现目标的内部环境，建立组织相互统一的宗旨和方向。所创造的环境能使员工充分参与到实现企业目标的活动当中。在质量管理中，领导肩负着从制定方针、建立体系、运行保持、持续改进以及协调部门关系、带领员工努力实现企业目标等责任。企业的最高领导应身体力行、率先垂范，带领员工认真学习和掌握相关的体系文件，熟悉本部门、本岗位的业务知识，扎扎实实做好各项工作，严格履行文件程序和操作规程，全力贯彻、持之以恒，真正体现 ISO 9000 标准的核心——“该说的一定要说到，说到的一定要做到”。

领导的影响力

美国管理专家麦考梅克在其《经营诀窍》中讲了这样一个故事：他的一位朋友狄罗伦在担任通用汽车雪佛莱车工厂的总经理后不久，有一次去达拉斯出席一项业务会议，当他抵达旅馆之后，发现公司的人已经送来一大篮水果到他的房间。他看后幽默地说：“咦，怎么没有香蕉呢?”从此以后，整个通用汽车公司都流传着“狄罗伦喜欢香蕉”的说法，尽管他向别人解释那只不过是随便说的，但在他的汽车里、包机中、旅馆里，甚至会议桌上，总是摆着香蕉。可见，企业领导的一个行为会产生多么大的作用。

（3）对领导的要求。作为领导，特别是组织的高层领导，多懂一些质量和质量管理知识及质量的法律法规是很重要的，例如《产品质量法》《消费者权益保护法》等。同时，领导还需要掌握质量成本的基本知识、质量管理的基本原则、质量管理体系及其审核知识。领导的最主要职责是制定质量方针，确定质量目标，推动质量管理体系的建立和运行。此外，领导还承担着对质量管理体系审核和管理评审的任务，因此，就还需要较为详细地了解质量审核和管理评审方面的知识。如果对质量管理体系的知识不清楚，就难以承担自己的职责。

三只鹦鹉

一个人去买鹦鹉，看到一只鹦鹉前标道：此鹦鹉会两门语言，售价二百元。另一只鹦鹉前则标道：此鹦鹉会四门语言，售价四百元。该买哪只呢？两只鹦鹉都毛色光鲜，灵活可爱。这人转啊转，拿不定主意。他突然发现一只老掉了牙的鹦鹉，毛色暗淡散乱，标价八百元。这人赶紧将老板叫来问："这只鹦鹉是不是会说八门语言？"店主说："不。"这人奇怪了："那为什么它又老又丑，又没有能力，却会值这么多钱呢？"店主回答说："因为另外两只鹦鹉叫这只鹦鹉老板。"

真正的领导人，不一定自己能力有多强，只要懂信任、懂放权、懂珍惜、懂选择，管理并团结自己的下级，就能更好地利用在某些方面比自己强的人，从而自身的价值也通过他们得到了提升。

3. 全员参与

（1）全员参与的概念。"各级人员都是企业的根本，只有他们的充分参与才能使他们的才干为企业带来效益"。员工是每个企业的动力源泉，是生产力中最活跃的因素。企业的成功不仅取决于正确的领导，而且还有赖于全体员工的积极参与。企业应赋予各部门、各岗位人员应有的职责和权限，为员工制造一个良好的工作环境，开展形式多样的质量管理活动。例如：质量自检、互检活动，QC 小组活动等，激励他们的创造性和积极性，从而为企业带来最大的收益。

（2）全员参与的实施。产品质量是组织各个环节、各个部门全部工作的综合反映。任何一个环节、任何一个员工的工作质量都会不同程度地、直接或间接地影响产品的质量。因此，应把所有人员的积极性和创造性都充分地调动起来，不断提高员工的素质，使人人关心产品质量，人人做好本职工作。

员工对组织的典型期望是职业的稳定和工作的满意。GB/T 19005— 2000 中 5.2.2 条规定："组织应当识别其人员在得到承认、工作满意和个人发展等方面的需求和期望。对他们的这种关心有助于确保最大限度地调动其人员的参与意识和能动性。"也就是说，组织越是关注员工，员工就越能积极参与，也就越具有满足感。

全员参与并不是让员工不分主次、不讲程序地参与组织的所有活动。首先，承担不同职责的员工参与的活动是有所不同的；其次，参与的方式也应有所不同。例如：对组织制定政策方针，员工可以通过规定的渠道反映自己的意见。

一日厂长

韩国精密机械株式会社实行了这一独特的管理制度，即让职工轮流当厂长管理厂务。

一日厂长和真正的厂长一样，拥有处理公务的权力。当一日厂长对工人有批评意见时，要详细记录在工作日记上，并让各部门的员工受阅。各部门、各车间的主管，得依据批评意见随时核正自己的工作。这个工厂实行“一日厂长制”后，大部分职工做过“厂长”的工作，工厂向心力增强，工厂管理成效显著，开展的第一年就节约生产成本 300 多万美元。

让企业的每一个员工都深刻地体会到自己也是企业中的一员，并身体力行地做一回管理者，不仅可以充分调动他们的积极性，而且能从多方面看到企业管理上的不足，对企业改进管理有着积极的作用。

4. 过程方法

（1）过程的概念。过程是“一组将输入转化为输出的相互关联或相互作用的活动”。任何将接收的输入转化为输出的活动都可视为过程。例如，产品是“过程的结果”，程序是“为进行某项活动或构成所规定的途径”。

（2）过程实施方法。

① 识别过程。例如：流水线上的作业过程，可以分解到每个员工所做的工作为止。对现有的过程的定义和分辨也是这样。

② 强调主要过程。例如：对检验过程就应加强，对关键过程就应奖励质量管理等。

③ 简化过程。所谓简化，一是将过于复杂的过程分解为较为简单的子过程；二是将不必要的过程取消或合并。

④ 按优先次序排列过程。由于过程的重要程度不同，管理中应按其重要程度进行排列，将资源尽量用于重要过程。

⑤ 制定并执行过程的程序。没有程序，过程就会混乱，不是使过程未能完成（例如漏装），就是使过程输出出现问题（例如错装）。

⑥ 严格职责。任何过程都需要人员去控制才能完成。因此，应有严格的职责，确保人力资源的投入。

⑦ 关注接口。过程和过程之间的接口是最重要的。如果上一个过程的输出和下一个过程的输入在接口处不相容或不协调，就会出现问题。

⑧ 进程控制。过程一旦正常运转，就应对进程进行控制，防止其出现异常。控制时要注意过程的信息，当信息反映有异常倾向时应立即采取措施，使其恢复正常。

⑨ 改进过程。通过对过程的测量和分析，发现过程存在的不足或缺陷以及可以改进的机会，应对过程进行改进，以提高其效益或效率。

⑩ 领导要不断改进工作的过程。

事物是在不断发展变化的，都会经历一个由不完善到完善直至更新的过程，顾客的要求也在不断的变化，为了适宜变化的环境，企业需要进行一种持续的改进活动，以增强满足要求的能力，其目的在于增强顾客和其他相关方满意的机会，实现企业所设定的质量方针和质量目标。

案 例

过程的重要性

陈先生与黄女士是管理顾问，从日本回国后，应邀到某公司为其员工进行培训。陈先生抽着烟想：这种培训进行了 1 000 多次，应该不成问题。三天后，陈先生来到了该公司，找到主管培训人，开始对员工进行培训。他取出 U 盘，但计算机却读出乱码。原来，陈先生在日本用的计算机系统与国内不一样，陈先生的培训也就不了了之。而黄女士早在三天前与公司主管培训的人员联系好了培训地点、人员安排和培训时间等，预先调试了幻灯机，且针对培训中可能遇到的问题作了应急准备。黄女士由于对供方到顾客，即输入到输出过程进行了详细的质量检查，使三天后的培训计划得以顺利完成。

任何一个过程都可能存在缺陷，对过程不予以重视，必将会伴随有新问题的出现。

5. 系统管理

针对制定的目标，识别、理解并管理一个由相互联系的过程所组成的体系，有助于提高企业的有效性和效率。着眼于整个系统总目标的实现，相互协调兼容，就要求必须采用系统战略。系统战略是一个复杂的系统工程，主要是通过系统战略思维方法来推进战略信息系统和战略运作系统，从而赢得企业持久的竞争优势。企业如何建立系统战略仅仅是系统管理的第一步，而如何执行系统战略则是最关键、最艰巨的一步。曾有位学者提到：成功的企业，20% 靠战略，60% 靠企业各级管理者的执行力，其余看运气因素。中国企业纷纷认识到执行力的重要性，有很多企业把执行力作为评价质量的一个指标。

在企业执行系统战略时，应考虑到系统战略执行中的若干细节。包括：制定企业战略，建立与战略相适应的组织支持系统，配置战略性人力与信息资源，实施绩效控制。只有处理好以上细节，才能保障企业战略目标的实现，使企业成为行业的领先者。

案 例

海尔的发展战略

战略是企业赖以生存与发展的重要条件，海尔的发展战略经历了名牌发展、多元化发展、国际化发展三种战略。

在 2002 年 7 月举行的一次互动培训课程中，面对 70 多位中高层经理，张瑞敏提出互动培训的主题是“推进流程再造”，并首先出了一个很像“脑筋急转弯”的问题：“你们说，如何让石头在水上飘起来？”

“把石头掏空！”有人喊，张瑞敏摇头。

有人说：“把石头放在木板上！”

张瑞敏说：“没有木板！”

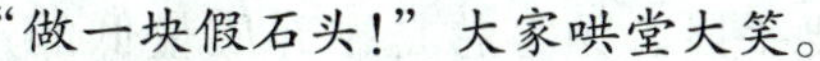

“做一块假石头！”大家哄堂大笑。

张瑞敏说：“石头是真的。”

此时，海尔集团副总裁喻子达顿悟：“是速度！”

张瑞敏斩钉截铁地说：“正确！”他接着说：“《孙子兵法》上有这样一句话：‘激水之疾，至于漂石者，势也’。速度能使沉甸甸的石头飘起来。同样，在信息化时代，速度决定着企业的成败。海尔流程再造就要以更快的响应市场速度来满足全球用户的需求。”这也就是海尔第三战略的形成。

如果企业的经营者不重视战略的研究与分析，企业的生产经营活动就无法适应环境的变化，进而遭受致命的威胁，当然也就抓不住难得的大好机会。

6. 持续改进

（1）持续改进的内涵。持续改进是一个企业永恒的目标，只有不断改进，企业才能充满生机，否则企业就有可能在激烈的市场竞争中逐渐被淘汰。日本正是通过质量小组活动，不断进行质量改进，才使其跻身于世界经济强国之列。美国经济强劲，也是在技术上、管理上的不断创新的结果。如果不能不断有效地改进自己的工作，再有实力的企业都将像“龟兔赛跑”中那只高傲自负、不思进取的兔子一样，被远不如自己的对手赶上甚至超越。步步高的“我们一直在努力”，海尔电器的“没有最好，只有更好”都充分说明，无论我们做什么，都要不断更新，不断创新，追求完美。

诺基亚手机的开发

诺基亚一贯认为，要在高科技领域、在激烈的市场竞争中生存下去，唯一的途径就是永远走在别人前面。为此，诺基亚致力于创新，它第一个打破了每两年发布一个新产品的业界规律，而代之以平均一个多月就有一个新品种问世。如诺基亚 5110，一进入中国市场就深受年轻人的喜爱。年轻人注重实用和品质，追求时尚与个性，但他们口袋里的钱不算太多，因而也不要求更多的商务功能。针对这一消费群体，诺基亚推出了创新的“随心换”彩壳，并制定了相应的低价位策略。借此，诺基亚在市场中占尽先机，并掀起一轮手机销售的热潮。

为了确保技术上的领先与创新，诺基亚公司十分重视技术开发的投入，不惜花费巨额经费研制、开发新产品。在诺基亚全球 55 000 名雇员中，从事技术研发的人员超过 17 000 名，达到总雇员的 31%，1999 年公司用于研发新产品的经费达 17. 55 亿欧元，占总营业额的 9%，约占芬兰全国工业产品研制总费用的四分之一。它在全球 12 个国家建立了 44 个研发中心，其中在美国集中建立了 6 个研究发展中心。

诺基亚能从一个不出名的小公司发展到今天的跨国电信集团公司，成功的秘诀之一就是能不断适应市场的变化，不失时机地调整长远的发展战略，对产品不断更新改进。可以说诺基亚的历史就是一个不断抓住机遇、不断创新的历史。

(2) 持续改进的意义。产品的质量是竞争的重要手段。顾客总是抛弃质量低的产品，而去追求高质量的产品。质量改进正是使质量低的产品变成质量高的产品的过程，因而是增强组织竞争力的必经之路。任何一个组织在运行过程中都会产生各种各样的问题，这些问题若得不到及时解决，就会使该组织日趋混乱，最终导致衰亡。为了避免逐渐增多的问题造成的混乱，使组织永远充满生机和活力，就必须进行持续改进。

此外，持续改进可减少资源浪费和消耗，降低生产及管理成本，保证组织更好地运行，从而提高组织的利润和效益。

案　例

英特尔公司的持续改进

1968 年，英特尔公司开始创业，在 20 世纪 70 年代末，英特尔公司的先导技术不可逆转地引发了电子计算机和通讯产业的革命。1985 年，英特尔宣布开始供应新的 32 位 80386，386 对已有软件的强大促进作用使其成为英特尔历史上产量最大的微处理器。

英特尔在 20 世纪 80 年代早期已经促进生产线稳定性提高，使产品整体质量上升。但作为 386 的唯一货源，英特尔努力满足市场对 386 的新需求。英特尔开始开发 1 微米的 386，尝试将原来的 1.5 微米芯片大大缩小。更高的芯片功能与集成度，使缩小了的微处理器有更多空间去包含新的特性。缩小尺寸不仅提高了芯片性能，而且大大增加了芯片的产量。同时，英特尔公司与福特公司紧密合作，力求降低 8061 的生产成本。

1989 年 4 月，80486 诞生。486 微处理器有 100 多万个晶体管，包含的电路元件是 386 的 4 倍。486 开发的总投资在 2 亿美元以上。为了保证其兼容策略，英特尔设计了新的技术以运行旧版本软件。

1997 年，英特尔宣布推出 P6 系列的微处理器芯片。

英特尔公司能发展成为跨国的知名公司，成功的秘诀之一就是能不断适应市场的变化，对产品不断更新改进。可以说英特尔发展的历史就是一个抓住机遇、不断创新的历史。

7. 以事实为决策依据

有效的决策是建立在对数据和信息进行合乎逻辑和直观的分析基础之上的。要想用事实和数据说话，在管理中就应当做好以下几个方面。

(1) 加强信息管理。组织要对信息进行有效的管理，首先要识别对信息的需求，其次要确定信息（包括内部的和外部的）的来源，然后获得足够的信息，并充分利用，以满足组织管理和决策的需要。

(2) 灵活运用统计技术。统计技术可以帮助测量、表述、分析和说明组织管理的业绩和产品质量发生的偏差，能够使我们更好地理解偏差的性质、程度和产生的原因，从而有助于解决，甚至防止由偏差引起的问题，并促进持续改进。

(3) 加强质量记录的管理。质量记录，不仅仅是为了提供证据，其实，质量记录最主要的作用是为了给领导决策提供信息和数据。加强质量记录的管理，既包含设立质量记录、

准确及时记录等要求，又包含充分利用质量记录的要求。

（4）加强计量工作。对产品进行测量，离不开测量器具及计量规定。如果计量工作跟不上，计量单位和量值不统一，就会发生混乱，数据也就不真实了。

作为策划者的领导，在选择方案时，不要执着地相信自己的感受、经验和能力，要根据信息和数据的来源，持正确的态度，对收集的数据和信息多运用数理统计方法进行分析，适时地对决策进行评价并进行必要的修正。

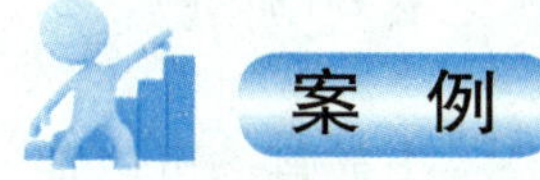

事实说明一切

一位中国的留学生在美国某大学攻读博士学位。他打电话从来不交钱，他的宿舍有一个投币电话，硬币往里一投，拿起电话就可以打通。他非常“聪明”，在硬币上钻了一个眼，绑上一根绳，投进去就可以打电话，通话到快没钱时，把硬币拿出来再往里投，这样又可以继续通话了。他给这枚硬币起名叫“万世硬币”。

他在美国租了一间房子，一年下来也没有交水费。为什么呢？他把水龙头拧开一点点，让它往下滴水，弄了几个水缸接水吃。由于水的流量小，冲不动水表，结果用了两年水，水表竟然没动。

这位同学博士毕业后在美国找工作，却处处碰壁，没有企业愿意接受他。有一次他接到某企业没被录用的通知后，疑惑不解地问对方：“死，你们也要让我死个明白吧！你们到底为什么不聘用我？”结果对方回答说：“对不起，我们国家有信用制度。”

美国有三证：信用证、驾驶证、身份证。他的信用证显示出他有多次打电话不交钱的记录，有长期用水没交水费的记录。以事实作为决策依据，谁还敢用这种小偷似的人物呢？

8. 互利的供方关系

企业和供方之间保持互利关系，互利关系可增强双方创造价值的能力。一种高质量的产品，除了自己的努力之外，很大程度上还依赖于它的原料供应商，如果企业的原料质量得不到保证，企业再努力也是无济于事的。另外，企业的产品质量还依赖于顾客，只有充分了解顾客的需求，才能形成高质量的产品。所以，企业的质量管理应建立在一种互利的原则基础之上。

组织与供方建立互利关系，有下列八项基本要求。

（1）选择数量合适的供方。实际情况是，同一种“采购产品”的供方，至少应有两个。有两个供方参与竞争，才会使合作也成为供方的愿望。但不要太多，同一种“采购产品”的供方过多，将给组织增加管理难度和管理成本。

（2）进行双向沟通。组织和供方之间要建立适当的沟通渠道，及时沟通，从而促进问题的迅速解决，避免因延误或争议造成费用的损失。

（3）与供方合作，确认其过程能力。组织可以通过第三方审核的方式，对供方的质量体系进行考察和确认。

(4) 对供方提供的产品进行监视。监视的方式有多种，例如，驻厂检验、进货检验等。

(5) 鼓励供方实施持续的质量改进并参与联合改进。持续的质量改进可以提高供方的业绩，使供方获益，从而也使组织获益。

(6) 邀请供方参与组织的设计和开发活动。邀请供方参与这一活动，对供方来说是获得了继续经营的机会，并能共享组织的知识；对组织来说，可以降低设计和开发的风险和费用，从而获得更好的“采购产品”的设计。

(7) 共同确定发展战略。与供方合作，共同确定发展战略，可以减少双方的风险，获得更大的发展机会。

(8) 对供方获得的成果进行评价和奖励。这种承认和奖励对供方是一个鼓舞，可以促使他们更加努力。而供方努力的结果，组织可以充分地享受到。

案 例

不诚实的业务员

甲企业委托乙企业加工一批零部件。甲企业的业务员是一个新手，为了让乙企业及时交货，他将要求交货的时间大大地提前了。乙企业发现不管怎样加班加点，还是无法在要求的时间内完成订单数量，就问该业务员，甲企业一天需要使用多少个零部件，看能不能分批交货。业务员不知道真实的使用量，就随口说了一个比实际需要量多十倍的数量。乙企业无奈，只能安排工人彻夜加班将货赶了出来。可是由于工人连续加班后疲劳和赶时间等原因，严重影响了产品的质量，结果甲厂验收抽检不合格，判定全部退货。乙厂说，为了不影响甲厂的生产，乙厂已经做了最大的努力，能否对这批产品进行挑选使用。甲厂说，这批货一个星期之后才使用，你们还是退回去自己选吧。乙厂听到这个消息后又了解到了甲厂真实的需要量，觉得被甲厂耍了，愤怒地取消了这份合同。

结果甲厂由于无法在短期内找到替换乙厂的供应商，无法得到零部件，使得甲厂的整个产品流水线停产，造成了重大的经济损失。

如果甲厂的业务员没有向乙厂提出言过其实的要求，那么这个损失原本是完全可以避免的。由此可见，企业与供方间的关系是多么重要。

第三节 质量管理体系的建立与完善

质量管理专家克劳士比极富艺术性地提出：质量是芭蕾舞，而不是曲棍球。曲棍球是一种体育运动项目，曲棍球比赛时，球员必须根据球场上瞬息万变的情况，判断如何进攻和防守，人们欣赏的是球员的激情“表演”，是一种力量与速度的展示。在曲棍球比赛中，如果球员因失误让对方进一个球，他可以努力多进对方几个球，最终也许还会获胜。而芭蕾舞在演出前都经过设计、讨论、规划、检查以及仔细安排节目。每一个布景道具的放置、每一段乐章的时间、每一段剧情的展开及每一个音乐的节拍，都需要经过周密的考虑和精心的策划。芭蕾舞演员追求的是一种完美的境界，因为任何一个细小环节的疏忽，都会影响最终的演出质量和观众（顾客）的美感。

审视我们的日常管理工作，我们的领导可能更像曲棍球型，他们到处不停地巡视、查找、解决问题，争论、罚款、加班以及在现场马不停蹄地跑来跑去，似乎都习以为常。而找出和解决的问题的多少，似乎已成为其成就的标志。如果我们仔细统计分析，将会发现其中大部分问题是惊人的相似，却日复一日地重复发生着。而芭蕾舞型的管理人员则比较专注地向着既定的目标迈进，很少受到外界的干扰。解决问题常常斩草除根，不留后患。

采用人盯人的现场管理办法，在当今快节奏的生产环境中，是不可能保证不存在问题的。只有建立一套行之有效的质量管理体系规范，不断改进质量管理技术，在内部形成一个质量持续改进的良性循环，才能实现产品高质量的目标。

一、质量体系的概念

1. 质量体系的概念

一般地，“体系”是指由若干有关事物或某些意识互相联系而构成的一个整体。在 2000 年版的 ISO 9000 系列标准中，“体系”被定义为“相互关联或相互作用的一组要素”（ISO 9000：2000-2.2.1）。

质量体系是指“为了实施质量管理的组织机构、职责、程序、过程和资源”（引自 ISO 8402— 94）。一个组织的质量体系主要是为满足该组织内部管理需要而设计的，所以质量体系所包含的内容仅需满足实现质量目标的要求。

质量体系是深入细致的质量文件的基础，它代表了现代企业如何真正发挥质量的作用和如何最优地做出质量决策的一种观点，它是使公司内的质量活动得以切实管理的基础，是把公司质量活动按重要性顺序进行改善的基础，也是履行合同、贯彻法规和进行评价时的参考依据。所以建立并完善质量体系，保持其有效运行，是一个组织质量管理的核心。

西昌卫星发射中心的质量体系控制

西昌卫星发射中心将发射各项工作纳入质量管理体系的控制范围，明确每个具体工作环节的责任主体，对每项工作“做什么”“谁来做”“做到什么程度”“谁来检查”都作了详细的规定，从而使每一项工作都有体系文件为依据，用制度保证全过程的质量受控，避免了人为因素的影响。真正地将以往经验的、零散的、约定俗成的做法形成文件，使质量管理要求贯彻到试验任务的方方面面，将质量管理责任细化到每个部位、每个环节、每个人员。

如今，走进中心的每一台设备、火箭测试的每一个工作间，都可以看到一张醒目的责任牌，上面清楚地写着设备名称、责任人以及填写时间，处处体现了质量体系的贯彻执行。

2. 质量体系的内容

质量体系主要包含组织结构、程序、过程、资源等内容。

（1）组织结构。国际标准 ISO 8402:1994 对组织的定义是“具有其自身的职能和行政管理的公司、集团公司、商行、企事业单位、社团或其一部分，无论其是股份制、公营还是私营”。所谓组织结构是关于组织在运行中涉及的目标、任务、权力、操作以及相互关系的系统，ISO 9000 族标准将组织结构定义为人员的职责、权限和相互关系的安排。在质量体系中，应明确各机构的目标、任务、职责和他们的相互关系，并规划、协调各部门间的质量活动。

案 例

海尔的组织结构

在 1996 年以前，海尔和大多数企业一样，实行的是垂直的、行政性色彩浓厚的“金字塔”组织结构，其典型特征是集权式直线职能型。这种结构对于以前单一的冰箱产品是适应的，但对于餐饮、冰箱、小家电等多种产品齐头并进的快速扩张形势则显得缺乏效率。海尔集团于 1996 年开始实行事业本部制，1997 年又在事业本部制的基础上，采取了“细胞分裂”方式，使整个组织结构形成四个层次：集团总部是投资决策中心；事业本部是经营决策中心；事业部是利润中心；生产工厂是成本中心。各个层次各负其责，允许各事业本部各自为战，但不许各自为政，这种组织管理模式称为“联合舰队模式”。海尔把这种组织模式延伸到营销体系中，各事业部设有营销公司，负责自己的产品销售、出口和海外建厂工作。集团总部也设有营销中心，对各本部销售公司和进出口公司的工作实行监督控制和指导。这样既能发挥各本部销售公司和进出口公司的战斗力，又能进行整体进攻，很好地配合了全球营销网络中多元化发展的要求。

案 例

倒金字塔的人员组织结构

一般公司的管理层结构是“正金字塔”结构，最上面是总经理，或者是叫决策者，中间这一层叫中层管理者，最下面这一层叫“First Line Staff”，就是一线人员。上面是决定政策的人，下面是执行政策的人，概念很清楚，现在很多单位采用的都是这种管理方法，因为在管理学上认为一个公司能不能正常运转，管理者是最重要的。北欧航空公司的卡尔松则采用倒金字塔结构，为什么决定把这个“金字塔”颠倒过来呢？因为他发现要把公司做好关键在于员工。在这个“倒金字塔”中，管理者在最下面，卡尔松给自己命名为政策的监督者，他认为公司的总目标一旦制定下来之后，总经理的任务是监督、执行政策，从而达到这个目标。而最上面这一层是一线工作人员，卡尔松称他们为现场决策者。采用了这种管理结构，员工有很大的自主权力，结果该公司最后大获成功。

（2）程序。在质量体系中，应实施质量管理的标准化和管理流程的程序化，确保质量体系能对所有影响质量的活动进行恰当而连续的控制。严格按程序办事、按标准工作，确保质量活动的规范化、制度化，以提高质量管理的效率。

（3）过程。在质量体系中，所有活动都是通过过程来实现的，质量活动的实施就是对各种过程的质量活动进行组织和控制。

（4）资源。在质量管理活动中，还有一个关键的因素，就是资源，即人、财、物等。在建立质量体系中，必须保证质量体系运转所需的各种资源，并重视资源中人的培养和设备的维护及更新。

质量体系的作用

质量体系作用到底有多大？可以用行人横穿马路的变迁过程来打个比方。最初的时候，在公路中间画一条线，把公路分成双行线，人们横穿过马路时很随意，经常引起交通事故，特别是在十字路口。这就相当于没有建立质量体系的状态，只要你小心，产品质量仍然可以做得很好；但是万一不小心，产品质量就会出现问题。

后来政府制定了交通法规，在十字路口画上了斑马线，装了红绿灯，这样，行人再要穿过马路时，必须在规定的时间和规定的地方穿越才行，否则出了事故只能自己负责。这就相当于我们建立了质量体系，使我们的各项工作有了规矩，必须按章办事，否则责任自负。

某些行人为“追求效率”，躲着警察和汽车乱穿马路，死的制度在活的人面前是那么的软弱无力。于是，交通部门在一些特别繁忙的马路中间竖起一些铁栅栏，行人再也无法随意地穿过去了，再配备一些协管员，拿着旗子，吹着哨子，时刻盯着那些准备乱来的人，乱穿马路现象基本上得到了解决。对应到质量体系，意义在于，对某些特殊性问题，必须采用特殊的质量文件予以保证。

但是随着人的数量的增多，车也越来越多了，交通拥堵现象就越来越严重了。于是，聪明的人们发明了过街天桥、地下通道等设施，人车分流，各行其道，行人想什么时候过马路就什么时候过。对应到质量体系强调持续改进的思想，需要不断完善质量体系文件。

二、质量管理体系的建立与完善

质量管理体系的建立与完善一般要经历质量管理体系的策划与设计、质量管理体系文件的编制、质量管理体系的试运行及改进三个阶段，每个阶段又包括若干个具体步骤。

1. 质量管理体系的策划与设计

质量管理体系的策划是质量管理体系的总体设计，以及最终编制质量管理体系文件并加以实施的前提。

质量管理体系策划是对企业最终建立并完善质量管理体系所进行的系统、全面的谋划。只有通过精心的策划，才能建立有效的质量管理体系，才能最终实现质量目标。

质量管理体系策划与设计的步骤为：

(1) 教育培训，统一认识。质量管理体系的建立和完善的过程，是始于教育培训、终于教育培训的过程，也是提高认识、统一认识的过程，但不同阶段教育培训的重点、方式和内容也有所不同。建立和实施质量管理体系是组织最高管理者的一项战略决策，因此在体系策划和总体设计阶段，培训的重点应是组织的决策层和管理层。

(2) 制订质量方针和目标。质量管理体系是建立质量方针和目标并实现这些目标的体系，质量方针和目标的确定直接关系到组织建立一个什么样的质量管理体系，因此最高管理者应积极参与质量方针和目标的制订。

(3) 组织落实，制订计划。建立统一规划、分级负责的组织机构是建立和完善质量管理体系的关键，一般根据企业规模、产品及组织结构不同可以有不同的形式，对于大中型企业一般应建立三个层次的领导及工作班子。

首先，应成立由厂级决策层成员（或指定的管理者代表）为首的总体策划、协调和指导班子。

其次，要建立由各职能部门领导参加的工作班子，负责总体规划的实施。

再次，要成立体系设计和体系文件编写的工作班子，由各职能部门领导或业务骨干参加，明确质量管理体系及各过程的责任部门，负责过程的展开和落实，以及接口部分的协调和文件的编写等。

(4) 现状调查和分析。现状调查是确定质量体系涉及的产品及过程、体系覆盖的范围、体系文件的结构等的前提和基础。现状调查和分析的内容包括：

① 产品及过程的特点，特别是主导产品特点和工艺流程等；

② 目前的组织机构设置及职能分工是否适应质量管理体系的要求；

③ 组织内部涉及的区域、场所，以确定体系覆盖的范围；

④ 资源状况，包括各类人员、生产设备和检测设备的状况等；

⑤ 管理的基础工作，包括标准、计量、质量方面工作，以及现行的质量文件、记录和信息等。

(5) 调整组织机构，合理配备资源。我国许多组织的组织机构由于历史原因，并没有体现出以质量为中心，以市场为导向的经营目标要求。机构重复、职能交叉现象普遍存在，不适应建立质量管理体系的需要，应进行必要的调整。一个职能部门可以负责或参与多项质量活动，但不要让一项质量活动由多个职能部门来负责。机构调整工作难度大，不仅涉及质量管理，而且还涉及企业总体经营战略的实施，应统筹考虑，逐步实施。

(6) 质量管理体系总体设计。在完成上述诸项工作后，应对组织的质量管理体系进行总体设计，作为最终建立和完善质量管理体系的大纲和指南。

总体设计方案应由最高管理者或管理者代表领导下的体系设计小组负责提出，由最高管理者主持的决策会议审定。其主要内容包括：

① 质量方针和质量目标；

② 质量管理体系覆盖的范围；

③ 组织结构及质量职能的分配；

④ 质量管理体系涉及的产品和过程；

⑤ ISO 9000 族标准与质量管理体系过程网络及接口关系；

⑥ 质量管理体系文件结构及编制要求；

⑦ 资源配置计划。

2. 质量体系文件的编制

质量体系文件是描述一个企业质量体系结构、职责和工作程序的一整套文件。质量管理体系文件是组织进行质量管理、衡量和考察组织质量保证能力的重要依据之一，它使组织的各项质量活动有法可依，有章可循。

一个企业的质量管理就是通过对企业内部各种过程进行管理来实现的，因而就需要明确对过程管理的要求、管理的人员、管理人员的职责、实施管理的方法以及实施管理所需要的资源，把这些用文件的形式表述出来，就形成了该企业的质量体系文件。

麦当劳的质量体系文件

麦当劳是一家很注重质量体系管理的公司，公司的作业手册有 560 页，其中对如何烤一个牛肉饼就写了 20 多页。他们规定，一个牛肉饼烤出后，20 分钟内没有卖掉，就要被丢到垃圾筒里。麦当劳的油用了一定时间就必须倒掉，作业手册中还规定要在残油中倒入蓝色的试剂，以保证这些油不再流入市场。试想，制作汉堡、薯条、炸鸡都要写 560 页，那么生产一部汽车要写多少页呢？

世界上所有强大的企业在这些地方都非常注意，每一个动作、姿势、流程、制作过程等方面都细节量化，这样做出来的东西必然就非常标准了。

（1）质量体系文件的类型。质量体系文件主要有五种类型：质量方针和目标、质量手册、程序文件、工作文件和质量记录。质量体系五种类型文件的性质、使用对象、作用是不同的。

质量体系文件的层次结构如图 2-1 所示。

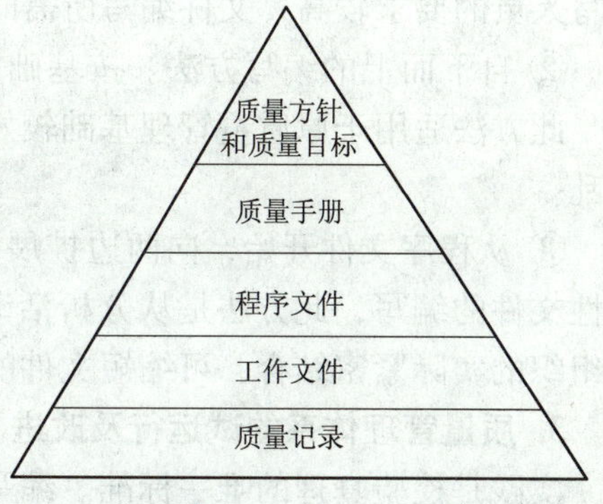

图 2-1　质量体系文件的层次结构图

第一层次为质量方针和质量目标。质量方针是由公司的最高管理者正式发布的该组织总的质量宗旨和方向，质量目标是指在质量方面所追求的目的。

第二层次为质量手册，是阐明一个公司的质量方针，并描述其质量管理体系的纲领性文件。

第三层次是程序文件，是针对各个职能部门的，是质量手册的支持性文件，同时又受到工作文件的支持，起到承上启下的作用。同时，各部门间的横向联系和接口，主要也是在程序文件中予以规定的。所以，程序文件又具有横向协调的作用。在质量管理体系文件中，程序文件编制的工作量较大，也较容易出问题，编得好对提高企业管理水平作用显著。

第四层次为工作文件，是针对个人或岗位编制的最具体的操作性文件，包括作业指导

书、岗位责任书、检验指导书等。这类文件数目最多，是最基础的文件。

第五层次为质量记录，是全公司各项质量活动的结果形成的质量记录。质量记录记载了质量管理体系运行的过程，便于查找问题的出处及责任者、分析出现问题的原因，为质量改进提供基础数据。

质量方针示例

某制造公司质量方针为：培养造就一流人才，设计生产一流产品，创建商业一流文化。

一流人才：公司爱才如命，施才之能、育才之责、用其所长，充分发挥和激励各类人员创造性劳动。

一流产品：一流的产品靠一流的人才和精英发挥团队的价值投入设计、生产服务，进行全过程控制。

一流文化：提倡先进的理念及企业文化，形成一个团结向上、和谐发展的集体。

（2）质量体系文件的编写方法。将相关的资源和活动作为过程来进行管理，可以更高效地达到预期的目的。质量管理的一项重要工作是建立文件化的管理体系，文件能够促进沟通意图，统一行动，有助于产品和质量改进的实现。

① 自上而下依次展开的编写方法。按质量方针、质量目标、质量手册、质量程序文件、作业指导书、质量记录的顺序编写。

此方法利于上一层次文件与下一层次文件的衔接。此方法对文件编写人员，特别是手册编写人员的要求较高，文件编写所需时间较长，必须反复修改。

② 自下而上的编写方法。按基础文件、程序文件、质量手册的顺序编写。

此方法适用于原质量管理基础较好的组织，此方法如无文件总体方案设计指导，易出现混乱。

③ 从程序文件开始，向两边扩展的编写方法。先编写程序文件，再开始进行手册和基础性文件的编写，此方法是从分析活动、确定活动程序开始，有利于 ISO 9000 标准的要求与组织的实际紧密结合，可缩短文件的编写时间。

3. 质量管理体系的试运行及改进

实践是检验真理的唯一标准。编写的文件是否有效，过程网络的运作是否协调，都需要通过试运行来检验。经过试运行，暴露出诸多的矛盾和问题，采取改进和纠正措施，进一步修改和完善体系文件，改进体系。在体系运行中不断改进，在不断改进中完善体系。主要应抓好以下四个环节：

（1）试运行阶段的培训重点在执行层，可举办各种形式的质量管理体系文件培训班，以及岗位职责培训班等，特别是与体系运作有关的人员应当明确应该做什么、怎么做、为什么这么做，以及发现差错如何纠正等问题。

（2）重视信息的管理也是体系文件试运行中，乃至以后体系正常运作中的重要工作，

应做好信息的收集、分析、传递、反馈及处理。组织作为一个系统真正实施了文件化的质量管理体系，并进行了信息网络跟踪，组织的质量管理体系才可以说是真正建立起来了。

（3）质量管理体系的审核与评审。质量管理体系运行中每一阶段结束后，应由内审员对质量管理体系进行审核，即进行内部审核来检验体系的符合性和有效性，对于重大问题也可随时审核。在内部审核的基础上，由组织的最高管理者组织一次质量管理体系的评审，即管理评审，以确保质量管理体系持续的适宜性、充分性和有效性。

（4）采取纠正和预防措施。采取纠正和预防措施是针对体系运行中已发生的或潜在的不合格及其原因进行调查分析，防止不合格的事情再次发生。

三、质量管理体系内部审核

（1）质量管理体系内部审核（以下简称内部审核）是指组织自我进行的审核，又称为第一审核。内部审核与被称作第二方、第三方的质量管理体系审核相比较，在目的、依据和组织等方面均有不同。

（2）内部审核的策划与实施。内部审核的策划与实施程序及内容基本上与第二方、第三方的质量管理体系审核相同。

（3）内部审核应注意的问题。为了有效地组织内部审核，提高内部审核的有效性，应抓好如下几项工作：

① 做好内审策划，编制好具体实施计划。在试运行或正式运行时，应做好内审策划，编制内审计划，一般分为例行常规审核和特殊情况下的追加审核两类。编制内部审核程序文件，以验证质量活动是否符合计划安排和质量管理体系要求。

② 坚持内部审核的独立性、公正性，为此要按有关内审员课程培养一批符合要求的内审员队伍，而且不应由内审员来审核自己的工作。

③ 做好年度审核报告的编写与分析工作，为管理评审提供输入，包括：编制不合格项的统计分析表；分析不合格项性质，纠正措施的实施情况；进行动态分析（与同期或上一年度），比较分析（内部各部门之间），判断质量管理体系的运行状态和有效性。

四、质量管理体系的管理评审

1. 管理评审的特点

管理评审是由最高管理者就质量方针和目标，对质量管理体系的适宜性、充分性和有效性（也可包括确定效率）所进行的有规则的、系统的评价，包括考虑修改质量方针和目标的需要，以响应顾客和其他相关方需求和期望的变化，评价质量管理体系改进的机会和变更的需要，确定采取措施的需求。

为使管理评审给组织带来增值，最高管理者应当通过系统的，基于质量管理原则的评审，对产品实现及支持过程的业绩进行控制。管理评审应当成为交换新观念、对输入进行开放式讨论和评价的平台。输入应当导致改进质量管理体系有效性和效率的输出，输出应当提供用于组织进行业绩改进策划的数据或信息。

管理评审具有以下特点：

（1）管理评审是由最高管理者主持或以其名义进行的活动。

（2）管理评审是对现行质量管理体系的一次综合性的全面评价。

（3）管理评审应按规定的时间间隔进行，一般应每年一次。但若组织内部或外部环境出现重大变化（如机构调整、重大投诉等）也可随时进行。

（4）管理评审一般应有程序文件，确保按一定的规则实施系统的评价。

（5）管理评审一般采取会议的方式，但也可采用其他方式。管理评审应做好评审记录，并形成管理评审报告或会议纪要。

2. 管理评审的输入

管理评审的输入至少应包括以下几方面的信息：

（1）审核的结果，包括内部和外部审核的结果；

（2）顾客反馈，包括顾客投诉的状况分析及处理情况；

（3）纠正及预防措施的状况；

（4）以往管理评审的跟踪措施，包括期间所实施的措施的效果，以及措施尚未实施的原因及处理；

（5）过程的业绩和产品的符合性；

（6）可能影响质量管理体系变更的情况，包括内部、外部环境的变化；

（7）有关改进的建议，包括对体系、过程、产品的建议。

3. 管理评审的输出

管理评审的输出至少应包括与以下方面有关的任何决定和措施：

（1）质量管理体系及过程有效性的改进；

（2）与顾客要求有关的产品的改进；

（3）资源需求，包括由于改进所带来的资源需求。

第四节　质量体系认证基础知识

一、质量体系认证的概念

质量认证是指第三方（注：第一方指企业，第二方指顾客）依据程序对产品、过程或服务符合规定的要求给予书面保证（如合格证书），是当今各国用于评价产品质量和企业质量管理水平的通行做法。举例来说，对第一方（供方或卖方）生产的产品甲，第二方（需方或买方）无法判定其品质是否合格，而由第三方来判定。第三方既要对第一方负责，又要对第二方负责，不偏不倚，出具的证明要能获得双方的信任，这样的活动就叫做质量认证。

这就是说，第三方的认证活动必须公开、公正、公平，才能有效。这就要求第三方必须有绝对的权力和威信，必须独立于第一方和第二方之外，必须与第一方和第二方没有经济上的利害关系，或者有同等的利害关系，或者有维护双方权益的义务和责任，才能获得双方的

充分信任。那么，这个第三方的角色应该由谁来担当呢？显然，非国家或政府莫属。由国家或政府的机关直接担任这个角色，或者由国家或政府认可的组织去担任这个角色，这样的机关或组织就叫做认证机构。

现在，各国的认证机构主要开展两方面的认证业务，即质量体系认证和产品质量认证。

1. 质量体系认证的由来

质量体系认证是指通过质量体系审核来鉴定质量体系是否符合标准要求的一种质量认证方法。

质量体系认证，起源于产品质量认证中的“企业质量保证能力评定”。1959 年，美国国防部向国防部供应局下属的军工企业提出了品质保证要求，要求承包商“应制定和保持与其经营管理、规程相一致的有效的和经济的品质保证体系”，“应在实现合同要求的所有领域和过程（例如：设计、研制、制造、加工、装配、检验、试验、维护、装箱、储存和安装）中充分保证品质”，并对品质保证体系规定了两种统一的模式：军标 MIL-Q-9858A《品质大纲要求》和军标 MIL-I-45208《检验系统要求》。承包商要根据这两个模式编制“品质保证手册”，并有效实施。政府要对照文件逐步检查，评定实施情况。这实际上就是现代的第二方品质体系审核的雏形。这种办法促使承包商进行全面的品质管理，从而取得了极大的成功。随着上述品质保证活动的迅速发展，各国的认证机构在进行产品品质认证的时候，逐渐增加了对企业的品质保证体系进行审核的内容，进一步推动了品质保证活动的发展。到了 20 世纪 70 年代后期，英国一家认证机构 BSI（英国标准协会）首先开展了单独的品质保证体系的认证业务，使品质保证活动由第二方审核发展到第三方认证，受到了各方面的欢迎，更加推动了品质保证活动的迅速发展。

通过三年的实践，BSI 认为，这种品质保证体系的认证适应面广，灵活性大，有向国际社会推广的价值。于是，在 1979 年向 ISO 提交了一项建议。ISO 根据 BSI 的建议，当年即决定在 ISO 的认证委员会的“品质保证工作组”的基础上成立“品质保证委员会”。1980 年，ISO 正式批准成立了“品质保证技术委员会”（即 TC176）着手这一工作，从而促使 ISO 9000 族标准的诞生，健全了单独的品质体系认证的制度，一方面扩大了原有品质认证机构的业务范围，另一方面又促使一大批新的专门的品质体系认证机构的诞生。

这种评定着重对保证质量条件进行检查，以确认该企业能否保证其申请产品长期稳定地符合规定的产品标准。质量体系认证对质量体系符合某一质量保证标准的企业颁发相应的体系认证证书。自从 1987 年 ISO 9000 系列标准问世以来，为了加强品质管理，适应品质竞争的需要，企业家们纷纷采用 ISO 9000 系列标准在企业内部建立品质管理体系，申请品质体系认证，进而很快形成了一个世界性的潮流。

质量体系认证的目的是要让公众（消费者、用户、政府管理部门等）相信企业具有一定的质量保证能力，其表现形式是由体系认证机构出具体系认证证书的注册名录，依据的条件是正式发布的质量体系标准，取信的关键是体系认证机构本身具有的权威性和信誉。

2. 产品质量认证

产品质量认证是依据产品标准和相应的技术要求，经认证机构确认，并通过颁发认证证书和认证标志来证明某一产品符合相应标准和相应技术要求的活动。其认证的对象是产品，鉴定的方法包括对产品质量的抽样检验和对企业质量体系的审核。

在认证制度产生之前，供方（第一方）为了推销其产品，通常采用“产品合格声明”的方式，来博取顾客（第二方）的信任。这种方式，在当时产品简单、不需要专门的检测手段就可以直观判别优劣的情况下是可行的。但是，随着科学技术的发展，产品品种日益增多，产品的结构和性能日趋复杂，仅凭买方的知识和经验很难判断产品是否符合要求；加之供方的“产品合格声明”属于王婆卖瓜，自卖自夸的一套，真真假假，鱼龙混杂，并不完全可信。在这种情况下，前述产品品质认证制度也就应运而生。1971 年，ISO 成立了“认证委员会”（CERTICO），1985 年，易名为“合格评定委员会”（CASCO），促进了各国产品品质认证制度的发展。现在，全世界各国的产品品质认证一般都依据国际标准进行认证。国际标准中的 60% 是由 ISO 制定的，20% 是由 IEC 制定的，20% 是由其他国际标准化组织制定的，也有很多是依据各国自己的国家标准和国外先进标准进行认证的。

产品质量认证分为安全认证和合格认证。我国实行安全认证的产品，必须符合《中华人民共和国标准法》中有关强制性标准的要求；实行合格认证的产品，必须符合《标准化法》规定的国家标准或者行业标准要求。

国家质检总局发布了 19 类 132 种产品必须强制认证。

（1）电线电缆（共 5 种）；（2）电路开关及保护或连接用电器装置（共 6 种）；（3）低压电器（共 9 种）；（4）小功率电动机（共 1 种）；（5）电动工具（共 16 种）；（6）电焊机（共 15 种）；（7）家用和类似用途设备（共 18 种）；（8）音视频设备类（不包括广播级音响设备和汽车音响设备）（共 16 种）；（9）信息技术设备（共 12 种）；（10）照明设备（不包括电压低于 36 V 的照明设备）（共 2 种）；（11）电信终端设备（共 9 种）；（12）机动车辆及安全附件（共 4 种）；（13）机动车辆轮胎（共 3 种）；（14）安全玻璃（共 3 种）；（15）农机产品（共 1 种）；（16）乳胶制品（共 1 种）；（17）医疗器械产品（共 7 种）；（18）消防产品（共 3 种）；（19）安全技术防范产品（共 1 种）。

生活中的质量认证

在生活中经常运用到质量认证，例如家庭中离不开电线，电线虽小，“责任”却重大，好多火灾都是由于电线线路老化，或者电线质量低劣造成的。学会用质量认证鉴别电线质量，是很有必要的。鉴别电线时首先看成卷的电线包装牌上，有无中国电工产品认证委员会的“长城标志”和生产许可证号；看有无质量体系认证书；看合格证是否规范；看有无厂名、厂址、检验章、生产日期；看电线上是否印有商标、规格、电压等。再看电线铜芯的横断面，优等紫铜颜色光亮、色泽柔和，铜芯黄中偏红，表明所用的铜材质量较好，而黄中发白则是低质铜材的表现。最后再看其电线长度与线芯，在相关质量标准中规定，电线长度的误差不能超过 5%，截面线径不能超过 0.02%，市场上伪劣电线在长度上存在着短斤少两，在截面上存在着弄虚作假的现象（如标明截面为 2.5 平方毫米的线，实则仅有 2 平方毫米）。

二、质量体系认证的目的

企业申请质量体系认证的目的，概括起来有以下四个方面。

1. 争取取得合同或项目工程的需要

某些需方为了保证重大设备制造质量或重要工程建设质量，往往采用投标的办法来选择供应厂商，并且要求只有取得质量体系认证的厂商才可以投标。企业为了具有投标资格，申请并取得质量体系认证。某些需方为了能保证其所采购商品的质量，往往是在取得质量体系认证的企业中选择供应厂商，企业为了适应需方的需要得到更多的订货合同，而申请并取得质量体系认证。

2. 提高企业声誉，取得市场竞争力的需要

企业取得质量认证后，认证机构要给予注册并发给证书，同时印发体系认证企业名录，扩大影响，从而提高了认证企业的质量信誉，增加顾客对企业的信任，提高合同履约率。同时能减少顾客对企业重复的检查评定，为企业取得市场竞争打下了基础，创造了条件。

3. 产品打入国际市场的需要

某些国家或地区，利用是否取得质量体系认证作为贸易壁垒，保护本国（本地区）的利益，规定某些商品未经质量体系认证不能进入本国（本地区）市场。企业为了打入这些国家或地区的市场而申请并取得质量体系认证。

4. 促进改善管理，提高体系运行的有效性

企业取得质量认证后，能优化资源配置，降低质量成本，提高生产效率和经济效益。企业领导为了推动企业质量管理的改进和提高体系运行的有效性，可以体系认证为纽带和动力，发动员工深化质量管理，提高管理水平和体系运行的有效性，增强企业适应市场（顾客）要求和变化的应变能力。

CQC与三星电子签订产品质量认证公认协定

2004年，中国国家认证认可监督管理委员会（CNCA）、中国质量认证中心会（CQC）与三星电子在三星水原工厂签署了一个中国强制性产品认证（CCC）公认协定。

一个世界著名的企业签署中国认证，这是为什么呢？

根据该协定，三星电子今后将无须把新产品送到中国进行质量和安全检验，由三星电子内部的质量检验所向CQC提交检验合格报告后，CQC就将颁发CCC证书。通过上述方式，原来需要两个月以上的质检周期缩短为至多10天。三星电子副会长尹钟龙表示，CCC公认协定可以缩短在中国推出新产品的周期，可以在竞争激烈的中国市场占据有利位置。

三、质量体系审核程序

质量体系的认证过程实质上就是对质量体系要素的审核过程。通常，质量审核是企业内部组织进行的，而质量论证是由企业外部的机构（第三方）进行的，但两者的内容和程序是相同的。一般地，审核程序包括审核计划制定、审核准备、实施审核、提出审核报告、跟

踪检查五个主要步骤。

1. 审核计划制订

进行质量审核和认证时，首先应成立审核组，然后由审核组根据审核的具体情况制订审核计划。计划的内容应包括：审核目的和范围、审核依据（主要指质量体系标准）、审核日程安排、审核活动过程安排、审核要点、审核结论及建议的报告程序等。

2. 审核准备

确定审核内容，如：组织结构、质量管理及工作程序、人员、装备、工作区域、作业过程、质量文件、报告、质量记录等。然后根据审核内容制定各种调查记录及质量分析评价用的表格。

3. 实施审核

实施审核时，首先向受审核方说明审核计划，然后投入到审核的实施过程中。审核可以采用交流、查阅文件及资料、现场视察的方式，还可以采用测量、试验等具体验证活动，通过审核，获取审核信息。检查结束后，对检查记录进行整理，将优秀的方面和存在的问题写入审核报告。

4. 提出审核报告

审核报告由审核组组长组织人员编写，它根据审核的情况如实地反映审核结果。一般地，审核报告包括如下内容：审核目的和范围、审核依据的文件、审核情况、不合格项目说明、审核结论、提出的改进意见等。如果质量认证时审核合格，可以发放审核合格证书。

5. 跟踪检查

根据审核报告所提出的不合格项目和需改进的项目，受审核方应制定和实施纠正措施。在受审核方实施纠正措施时，审核方应对纠正情况进行跟踪调查。在经过验证、确认不合格项目已得到纠正时，审核组还必须对跟踪情况做出报告。

四、常见的产品认证标志

对于一款正规渠道上市的产品，铭牌上往往有很多认证标志，它代表该产品已经通过了相关认证机构的检验，这些认证标志往往是一个产品质量、安全、设计等方面的保证。为了便于识别，多数国家的认证标志都设计得简单、醒目。

1. 国内商品质量认证标志

（1）方圆标志。方圆标志包括合格认证标志（如图 2-2 所示）和安全认证标志（如图 2-3 所示）。在获得合格认证的产品上使用产品合格认证标志，表明产品质量符合认证标准的全部要求。在获得安全认证的产品上使用产品安全认证标志，表明产品的安全性能符合认证标准中的安全要求，不是产品质量符合性声明。

图 2-2　合格认证标志

图 2-3　安全认证标志

（2）长城标志。长城标志（如图 2-4 所示）又称 CCEE 安全认证标志，为电工产品专用认证标志。

中国电工产品认证委员会（CCEE）是国家技术监督局授权，代表中国参加国际电工委员会电工产品安全认证组织（IECEE）的唯一合法机构，代表国家组织对电工产品实施的安全认证。

（3）国家免检产品。免检标志（如图 2-5 所示）属于质量标志。获得免检证书的企业在免检有效期内，可以将免检标志标示在获准免检的产品或者其铭牌、包装物、使用说明书、质量合格证上。

图 2-4　长城标志

图 2-5　国家免检产品标志

国家质量技术监督局统一规定的免检标志呈圆形，正中位置为“免”字汉语拼音声“M”的正、倒连接图形，上实下虚，意指免检产品的外在及内在质量都符合有关质量法律法规的要求。

（4）中国强制认证。中国强制认证（China Compulsory Certification）的英文缩写为“CCC 认证”，也就是通常所说的 3C 认证（如图 2-6 所示），是中华人民共和国强制规定各类产品进出口、出厂、销售和使用必须取得的认证，只有通过认证的产品才能被认为在安全、EMC、环保等方面符合强制要求。

（5）中国名牌产品。中国名牌产品（如图 2-7 所示）是指经中国名牌战略推进工作委员会认定、实物质量达到国际同类产品先进水平、在国内同类产品中处于领先地位、市场占有率和知名度居行业前列、顾客满意程度高、具有较强市场竞争力的中国制造的产品。

图 2-6　CCC 认证标志

图 2-7　中国名牌产品认证标志

2. 国外主要商品质量认证标志

（1）CE 标志。CE 标志（如图 2-8 所示）是欧洲共同市场安全标志，是一种宣称产品符合欧盟相关指令的标识。使用 CE 标志是欧盟成员对销售产品的强制性要求。

（2）CB 标志。CB 标志（如图 2-9 所示）是 IECEE（国际电工委员会电工产品安全认

证组织）制定的一种认证体系，它主要针对电线电缆、电器开关、家用电器等 14 类产品。拥有 CB 标志意味着制造商的电子产品已经通过了 NCB（国际认证机构）的检测，按照试验结果相互承认的原则，在 IECEE/CB 体系的成员国内，取得 CB 测试书后可以申请其他会员国的合格证书，并使用该国相应的认证合格标志。

图 2-8　CE 标志

图 2-9　CB 标志

图 2-10　ISO 标志

（3）国际质量管理体系认证（如图 2-10 所示）。国际标准化组织（简称 ISO）汇集西方发达国家质量管理专家，在总结发达国家质量管理科学经验的基础上起草并正式颁布的一套质量管理与质量保证的国际标准，并以此作为质量体系认证的依据。

案　例

春兰集团的质量管理体系认证

春兰空调在 20 年前就已经声名远扬。经过多年的发展，现在春兰集团是集家电、电动车、新能源制造、科研、贸易等于一体的多元化大型企业集团。春兰集团特别重视质量管理体系的建立及质量认证，如春兰系列摩托车及发动机于 1997 年通过 ISO 9001 质量认证；春兰压缩机产品获得中国质量认证中心颁发的 CCC 中国国家强制性产品认证和德国 TUV 的安全认证。

在同类空调质量方面，春兰最早通过 ISO 体系质量认证，其创造了空调平均连续运行 6 万小时无故障的纪录。产品质量是企业的生命，检测能力是保证产品质量的前提。春兰电器检测中心检测能力和水平，一直在同行中处于领先地位，曾顺利通过 ISO/IEC 17025 认证体系的检测，2001 年 12 月 28 日，欧盟权威认证机构德国莱茵公司为春兰电器实验室颁发了 CE 认证书。

思考题与习题

1. 什么是 ISO 9000 标准族？它由哪几部分构成？实施 ISO 9000 有什么作用？
2. 质量管理的八大原则是指哪八项？
3. 什么是质量体系？质量体系包含哪些内容？质量体系有什么作用？

4. 什么是质量体系文件？质量体系文件的编写方法有哪些？
5. 什么是质量认证？什么是质量体系认证？
6. 为什么要开展质量体系认证？
7. 试说出五种质量认证标志的名称及其作用。

第三章 质量控制基础

第一节 质量监督

少了一个蹄钉，损了一匹战马；
损了一匹战马，伤了一名信使；
伤了一名信使，输了一场战争；
输了一场战争，亡了一个帝国。

1485 年的波斯沃斯战役前夕，英国国王理查三世让马夫给他心爱的骏马更换新的马掌。当马夫钉到第四个马掌时，发现工具箱偏偏少了一枚钉子。马夫没有跟国王说明，因为他急着要去与他的情人告别。战争很惨烈，双方旗鼓相当。突然一瞬间，那块少了一枚蹄钉的马掌脱落，国王的骏马像大树般倒下，他于是摔下马底，被对手当场生擒，帝国轰然灭亡！把这一枚蹄钉呈在你面前，即使你想象力再丰富，恐怕也很难将它与一个帝国的命运联系在一起。

这个故事告诉我们，错误的开始也许很小，但是总会在各种驱动因子的作用下演变为一场灾难。在生活中，质量一直与人类同存，任何细微的质量疏忽，都可能演变成一场灾难，加强质量监督是保证人的生命及财产安全的保障。

一、质量监督的概念

1. 质量监督的概念

（1）质量监督的基本知识。质量监督是指有关机构通过对产品、服务、质量体系等进行连续的监视、验证和分析，以判断和督促其满足规定要求的活动或制度。质量监督包括企

业对产品质量的自我监督、社会的质量监督、国家的监督等。

企业内部的质量检验部门、质量保证部门就是起监督作用的。内部和外部的质量监督同时存在，才有充分、足够而有效的监督能力。由此可见，质量监督包括了很广泛的概念，既有宏观的监督，又有微观的监督；既有企业外部的监督，又有企业内部的监督；既有生产过程的监督，又有销售过程的监督；既有对产品、服务或过程的监督，也有对质量体系的监督。例如，质量体系的审核等。只有进行这样全面的监督，才能创造一个生产、营销优质产品的客观环境和条件。

企业对产品质量的自我监督最基础的是日常的自检和互检，即在日常运行过程中对每项活动或产品进行确定性的检查。检查标准是预先制定的，检查结果有详尽的记录，并进入统计程序，并使这些信息及时到达管理者手中，促进过程质量的改进。企业质量监督还包括定期的内部审核，其目的是检验上述运行过程中的检查体系是否正常。

人们对质量监督概念的认识是随着对质量概念的认识不断深化和发展的。在全面质量管理中，质量已经不仅仅是指产品、工程和服务的质量，而且还包括工作的质量等，质量监督的内涵也必然随其发展变化。但在质量技术监督工作中，产品质量监督主要是指国家对产品质量进行的监督。

案　例

我国的监督机构

众所周知，国家为了对行政部门实行监督，设立了监察部；对财务制度实行监督，设立了审计局；对商业市场进行监督，设立了工商行政管理局等行政的、经济的监督部门。同样，为了对全国的标准化、计量和质量工作进行客观的公正的科学而有权威的监督，设立了独立于其他政府部门之外的国家技术监督部门，即国家技术监督局。

（2）产品质量监督。产品质量监督检查制度的法律依据是国家现行的有效法律、法规，包括《产品质量法》、《工业产品质量责任条例》、《国家监督检查产品质量若干规定》和《产品质量国家监督抽查补充规定》，以及有关部门、地方颁布的管理本行业、本地区的质量监督规定。

《中华人民共和国产品质量法》由中华人民共和国第七届全国人民代表大会常务委员会第三十次会议于 1993 年 2 月 22 日通过，自 1993 年 9 月 1 日起施行。中华人民共和国第九届全国人民代表大会常务委员会第十六次会议于 2000 年 7 月 8 日通过了《全国人民代表大会常务委员会关于修改〈中华人民共和国产品质量法〉的决定》，自 2000 年 9 月 1 日起施行新的《中华人民共和国产品质量法》。

《产品质量法》是一部比较系统和完整的法律，主要包括产品质量监督管理和产品质量责任两个方面的基本内容。在产品质量监督管理方面，该法律主要规定了国家关于产品质量监督管理的体制，明确了县级以上人民政府技术监督部门的职能，系统地规定了生产者、经销者的产品质量义务。该法律的另一方面是产品质量责任，主要包括行政责任（限期改正、

没收产品、没收违法所得、罚款、吊销营业执照等）、民事责任（对产品实行“三包”、造成人身伤亡和财产损失要赔偿）、刑事责任（依据刑法和补充规定，对犯罪者处以有期徒刑、无期徒刑直至死刑）。

为了给产品质量长期有保障的企业创造良好、宽松的外部环境，减轻企业负担，一些地区对检验周期采用放宽的做法，延长质量稳定企业的检验周期，对连续监督抽查合格的产品在一定时期内免于监督检查。为此，国家质检总局发布了《产品免于质量监督检查管理办法》（简称《免检办法》），并于2000年7月发布了《免检实施细则》。

（3）质量监督不合格产品的处理。对产品进行质量监督检验，是一项强制性的规定。生产者、销售者必须主动、自觉地接受产品质量监督机构的监督、检测，“对依法进行的产品质量监督检查，生产者、销售者不得拒绝”。对拒绝产品质量监督的生产者、销售者应依产品质量法“拒绝接受依法进行的产品质量监督检查的，给予警告，责令改正；拒不改正，责令停业整顿；情节特别严重的，吊销营业执照”的处罚。

依照产品质量法规定进行监督抽查的产品质量不合格的，由实施监督抽查的产品质量监督部门责令其生产者、销售者限期改正。逾期不改正的，由省级以上人民政府产品质量监督部门予以公告；公告后经复查仍不合格的，责令停业，限期整顿；整顿期满后经复查产品质量仍不合格的，吊销营业执照。

对国家监督抽查中涉及安全卫生等强制性标准规定的项目不合格的产品，责令企业停止生产、销售，并按照《产品质量法》、《标准化法》等有关法律、法规的规定予以处罚。对直接危及人体健康、人身财产安全的产品和存在致命缺陷的产品，由国家质检总局通知被抽查的生产企业限期收回已经出厂、销售的该产品，并责令经销企业将该产品全部撤下柜台。

对取得生产许可证、安全认证的不合格产品生产企业，责令立即限期整改；整改到期复查仍不合格的，由发证机构依法撤销其生产许可证、安全认证证书。

监督抽查的产品有严重质量问题的，依照产品质量法有关规定处罚。

案　例

质量监督处罚

王某开办的鞋厂，主要生产防滑棉鞋，产品没有注册商标。几年来王某一直以每个2元钱的价格收购同为生产防滑棉鞋且市场销售不错的A市制鞋厂的鞋箱，用于包装自己生产的防滑棉鞋。2001年10月23日，某质量技术监督局接到A市制鞋厂举报后，派所属的质量技术监督稽查总队与公安机关经侦部门组成联合执法小组一同进行检查。执法小组在轻工市场摊床、批发鞋店都发现了捆扎完好的外包装为“A市制鞋厂”、品名为“高档防滑棉鞋”、厂址都是A市制鞋厂地址的防滑棉鞋25箱。随即在王某厂院内一辆待发的汽车上和成品库房里又查获了同样包装的防滑棉鞋共计244箱，某质量技术监督局当场开具了《质量技术监督涉案物品清单》，依法扣押了244箱鞋。

某质量技术监督局认为王某在生产、销售高档防滑棉鞋时，使用A市制鞋厂高档防滑棉鞋的外包装，冒用了“A市制鞋厂”的厂名、厂址，给A市制鞋厂造成了直接侵害。此

种做法误导消费，鱼目混珠，欺骗了消费者，遂依据《产品质量法》第三十条、第五十三条作出了责令改正、没收违法生产的产品、罚款1万元的行政处罚决定。

2. 质量监督的作用

在国民经济和社会发展中，质量监督工作有着十分重要的作用。

（1）规范市场。通过质量监督检查和对质量违法行为的处罚实现对市场行为的规范。在我国市场经济的发展过程中，由于目前市场机制尚不完善，相当一部分企业质量意识不强的情况下，加强质量监督尤为必要。从现今社会看，我国全民质量意识，特别是企业职工的质量意识还很差，加上社会上的一些不正之风，今后在一个相当长的时间内还会存在企业行为短期化和严重的地方保护主义。一些单位的人员损公肥私，唯“回扣是图”，盲目大量采购，导致市场上还有不少假冒伪劣产品出现。上述现象，在全国一些地区还相当严重，甚至累“打”不止，屡禁不绝。例如，假酒、假烟、假药、假化肥等各种生产资料和生活用品充斥市场，严重损害用户和消费者利益。如果不实行严格的行政监督，任其发展下去，后果不堪设想。

案　例

瘦　肉　精

瘦肉精是一类药物，而不是某一种特定的药物，任何能够促进瘦肉生长、抑制肥肉生长的物质都可以叫做“瘦肉精”。在中国，通常所说的瘦肉精是指克伦特罗（Clenbuterol），而普通消费者则把此类药物统称为瘦肉精。当它们以超过治疗剂量5～10倍的用量用于家畜饲养时，即有显著的营养“再分配效应”——促进动物体蛋白质沉积、促进脂肪分解、抑制脂肪沉积，能显著提高胴体的瘦肉率、增重和提高饲料转化率，因此曾被用作牛、羊、禽、猪等畜禽的促生长剂、饲料添加剂。

瘦肉精让猪的瘦肉率提高，带来更多经济价值，但它有很危险的副作用。中国最高报道的瘦肉精中毒事件是1998年供港活猪引起的，此后这类事件经常发生，如：2001年广东曾经出现过批量中毒事件。瘦肉精在上海曾经引发了几百人的中毒事件。而在台湾，由于从美国进口的猪肉里含有瘦肉精，几乎挑起一场政治争端。

2011年，中国开展为期一年的瘦肉精专项整治行动。农业部11月份披露，已侦破瘦肉精案件125起，抓获犯罪嫌疑人980余人，查获瘦肉精非法生产线12条，捣毁非法加工仓储窝点19个，查处涉案企业30余家，缴获瘦肉精成品2.5吨，瘦肉精地下非法生产销售的网络已基本摧毁。

（2）提高产品质量。邓小平同志讲：“提高产品质量是最大的节约”在一定意义上说，质量好，就等于数量多。质量监督工作可以使企业的产品经常处于监控之下，促使其采取必要的措施，保证和提高产品质量，从而使企业在竞争中处于有利地位。

（3）保护消费者利益。质量监督工作可以促使产品的生产者、经销者重视产（商）品

质量。特别是有关人身安全健康的产品，一些关系国计民生的重要产品，国家实行生产许可证制度进行管理的产品，企业都必须执行国家的有关规定。质量技术监督部门还负责处理产品质量的申诉工作，调解质量纠纷，受理产品质量仲裁检验和质量鉴定，保护广大消费者的权益，保护人民生命健康和财产安全。

电视机爆炸，十龄童丧生

一天晚上，宁波江东宁穿路128弄一居民家中电视机突然发生爆炸，一名十龄学童被夺去了花季般的生命。事故发生后，死者父母丁氏夫妇向宁波工商局"12315"投诉中心投诉，要求"12315"主持公道，以支持他们向这台电视机的生产厂家索赔。在当地工商局"12315"中心调解下，几经周折，双方终于签署赔偿协议，受害者家属丁氏夫妇获得高额赔偿。

点评：没有好的产品质量，就没有好的保障，只会给人们的日常生活带来更大的伤害，也直接伤害了企业本身。对产品进行质量监督，是保证人民生命安全的一道防护线。

（4）促使企业强化内部管理，健全质量体系，提高企业素质。质量监督工作必然会促使企业建立必要的规章制度，培训生产和检验人员，提高人员素质并建立内部的监控制度，以提高企业的管理水平和整体素质。

（5）引导消费。质量监督工作中的各种质量信息，通过不同形式的产品质量新闻发布会、质量公报、通报等向社会、消费者和企业公布，使消费者可以通过这些信息了解不同企业、不同产品的质量状况，便于选购。既规范市场，引导了消费，也为企业创造了一个优胜劣汰、公平竞争的市场环境。

（6）促进质量技术标准的贯彻实施。技术标准是质量监督的技术依据，通过质量监督工作，可以及时发现标准中存在的问题和不足，为标准的制定提供可靠的技术数据。对无标准生产的产品，还可以促使有关企业制定标准。

国家质检总局对数控车床产品的监督

2013年1月，根据《中华人民共和国产品质量法》和《产品质量监督抽查管理办法》的规定，国家质检总局对国内生产的28类产品质量进行了国家监督抽查。本次抽查9个省、直辖市30家企业生产的30种数控车床产品。

依据《金属切削机床安全防护通用技术条件》GB 15760—2004、《机械电气安全机械电气设备第1部分：通用技术条件》GB 5226.1—2008等标准的要求，对数控车床产品的缠绕与卷入危险、限位装置、防松装置、非正常停止、联锁保护、夹持装置、安全防护装置、起动、停止、紧急停止、模式选择、飞溅、控制系统安全及可靠、电源开关、保护联结电路、

绝缘试验、耐压试验、过电流保护、电动机过热保护、电击防护、噪声、精度、渗漏、温度及温升等24个项目进行了检验。

抽查共发现有3种产品不符合标准的规定，涉及限位装置、电源开关、电击防护、精度、夹持装置、保护联结电路项目。国家质检总局对生产这种产品的企业进行曝光并责令更改。

3. 我国质量监督的发展

质量监督是随着我国经济的发展而逐步开展的。早在中华人民共和国成立初期，我国在一部分重点城市建立了工业产品质量检验所，对国外采购商品的质量进行监督检验。随着国民经济的恢复和发展，特别是由于大规模的工业建设和保护人民的生命安全及健康的需要，国家相继建立了一些专业性的检验机构，如进出口商品检验所、船舶检验所、药品检验所、锅炉压力容器安全检验所，开展了部分专业性的质量监督和产品质量监督检验工作。

目前，我国已形成了由国家质量技术监督局统一管理、组织协调的全国质量技术监督系统的质量监督，国务院有关行业主管部门的行业监督和食品卫生、药品、船舶和船用产品、出入境商品和动植物、核安全、环境质量、民用航空器等专业性监督及有关社会团体、新闻媒介、消费者的社会监督的全国质量监督体系，在我国的经济建设中发挥着重要的作用。

近年来，我国先后制定了一批有关质量监督的法律和行政法规，将我国的质量监督工作纳入了法制化管理的轨道，进一步促进了质量监督工作的发展。

通过多年来在全国范围内开展的有组织、有计划的质量监督工作，特别是产品质量国家监督抽查、市场商品质量检查和打击生产、经销假冒伪劣产（商）品的违法活动，对净化市场、营造公平竞争的市场环境，保护广大消费者利益，保护企业的合法权益发挥了重要的作用。

质量监督是技术监督的重要组成部分，技术监督就是“以质量为中心，以标准化、计量为基础”的监督。质量监督可以分为企业内部的微观质量监督和企业外部的宏观质量监督。而企业外部的质量监督又可以分为国家监督、行业监督、社会监督三类，其中最主要的就是由政府部门进行的行政监督。这种监督主要是对质量进行统一管理、组织协调，对质量工作实行宏观指导，并按行政区域分级负责进行宏观监督，形成一个多层次的、各司其职的、有权威的质量监督管理体系。

国家监督、行业监督、社会监督三者的共同目标都是为了保证和促进产品质量的提高，保护用户和消费者的合法权益，它们虽然有其内在的联系，但在性质、范围及对违法行为的适用法律、法规方面又有很大的差异。

二、质量评价

质量评价是指对产品、服务、过程、企业或个人能够满足规定要求的程度所作出的系统性考察。根据特定的环境，质量评价的结果可用于鉴定、批准、注册、认证或认可的目的。

“没有最好，只有更好”，质量评价的意义在于为实现“更好”的高质产品和服务体系。

中国《国务院关于进一步加强产品质量工作若干问题的决定》中提出“要研究和探索产品质量用户满意度指数评价方法，向消费者提供真实可靠的产品质量信息”。

实施用户满意度指数评价是衡量产品质量和服务质量的一个重要标准，是检验企业满足

用户需求、达到用户满意的重要尺度。用它来评价质量，微观上可以指导企业改进质量，宏观上通过行业之间的比对，能够为宏观决策提供依据。因此，建立用户满意度评价制度是必要的，是与国民经济的发展和政府进一步推进质量工作相适应的。

美国顾客满意度指数 ACSI 是一种衡量经济产出质量的宏观指标，是以产品和服务消费过程为基础的，用来表示顾客满意度水平的综合评价指数，由国家整体满意度指数、部门满意度指数、行业满意度指数和企业满意度指数 4 个层次构成，是目前体系最完整、应用效果最好的一个国家顾客满意度理论模型。

案 例

质量评价

全国用户委员会、《品质》杂志社、中国家用电器研究院曾对 13 个型号的冰箱、洗衣机两大类白色家电产品的质量竞争力进行质量测评，并给予了质量评价，最终海尔的冰箱和洗衣机再次以雄厚的质量基础赢得了桂冠，其中海尔冰箱更是摘取了全部的五项全能冠军。质量评价可以反映出一个企业产品的质量，它是质量管理和质量监督的一部分，也可以作为质量认证的依据之一。

案 例

顾客满意度指数的实际应用

上海市顾客满意度指数由上海财经大学应用统计研究中心调查、编制并发布，通过度量上海市消费者对当地出售并具有代表性的商品和服务的满意程度，全面反映上海市消费质量和经济运行质量水平。

调查显示，2011 年上海市顾客满意度指数为 68.89 点，超过中性值 50 点，总体而言上海市民对所消费的产品和服务基本满意。与 2010 年上海市消费者满意度指数（66.30 点）相比，2011 年上海市消费者满意度指数上升了 2.59 点，这说明上海市民对使用的产品和服务的满意程度有一定程度的提升。

调查结果显示，上海市民对 30 个消费品和服务项目单项满意程度有较大差别。上海市民对电冰箱的满意程度最高，满意度指数为 73.93 点，对租用住房满意程度最低，满意度指数为 60.09 点。消费者满意度指数排名前 5 项的消费品和服务项目分别为：电冰箱 73.93 点；空调 73.64 点；电视机 73.41 点；电脑 73.26 点；汽车 72.99 点。

三、质量纠正与预防

俗话说："预防重于治疗。"能防患于未然之前，更胜于治乱于已成之后。检查、分类、评估都只是事后弥补，因而"提升质量的良方是预防，而不是检验"，预防是质量管理最为需要的。所谓预防，是指我们事先了解行事程序而且知道如何去做，它来自于我们对整个工

作过程的深入了解，知道哪些是必须事先防范的，并应尽可能找出每个可能发生错误的机会。

依据“ISO9001：2000 质量管理体系——基础和术语”的定义，“预防措施”是指“为消除潜在不合格或其他潜在不期望情况的原因所采取的措施”，采取预防措施是为了防止发生。

纠正是针对不合格所采取的措施，比如返工返修等就是纠正；纠正措施是“为消除已发现的不合格或其他不期望情况的原因所采取的措施”。

合理制定纠正及预防措施需要完善的基础资料、适宜的统计技术，更需要科学的思维方法，即从问题的表面现象逐步深入，追究问题产生的根本原因，然后逐步解决。

案　例

曲突徙薪的故事

有位客人到某人家里作客，看见主人家的灶上烟囱是直的，灶边又堆了不少柴薪，觉得这样很危险。客人告诉主人说，烟囱要改曲，木材需移去，否则将来可能会有火灾，主人不以为然，没有作声。不久，主人家里果然失火，四周的邻居赶紧跑来救火，最后火被扑灭了。事后，主人杀牛摆酒，酬谢前来救火的邻居。他特地请那些被火烧得焦头烂额的人坐在上首，有人对主人说：“如果当初听了那位先生的话，也就不必杀牛摆酒了。”主人听了这番话，顿时省悟过来，马上把那客人请来，并奉他为上宾。

案　例

纠正措施与预防措施

在某生产线组装某产品时产生不合格品，对不合格品返工或者返修，称为纠正。

分析出产生此不合格品的原因是作业人员操作方法不对，进而对作业人员进行技能培训，称为纠正措施。

对新员工进行岗前培训或者聘用有专业特长的人员，并定期考核，持证上岗，称为预防措施。

四、安全预防

安全是人类生存和发展的第一需要。生产、科研需要安全，人们的工作、生活和一切活动都需要安全。没有安全作保障，一切活动不仅不能达到预期目的，而且还会造成不应有的人员伤亡和财物损失。

安全在于预防。企业中贯彻“安全第一，预防为主”的方针，其实质就是预防。只有在预防上狠下功夫，安全才有保障，“安全第一”才能真正体现。获得安全的最重要、最可靠的办法就是处处、事事搞好预防。

有些基层员工总认为抓安全是领导们的事，跟自己无关。这样的认识是错误的，这种思想的存在是一个危险的信号，最终会导致错误和事故。领导干部对此应该予以重视，如果员工没有安全意识，对安全工作漠然视之，那么，再好的制度、再科学的安全规程都可能流于形式，得不到落实。企业在抓安全硬件建设的同时，更重要的是抓好全员的安全意识教育。要经常在全体员工中普及各种安全知识，强化安全操作规程，使全体员工对安全知识、操作规程耳熟能详、牢记于心、付诸行动，才能避免事故的发生和生产中的悲剧。

无线电厂的火灾

某市无线电厂收录机总装车间的维修工小宋年方22岁，正在热恋之中。小宋约女朋友在晚上到他家中与父母见面，准备正式确定关系，可领导偏偏通知他晚上加班。小宋真有些不知所措，他虽然没有请假，但一边操作，一边想着补救办法……17点40分左右，吃饭时间到了，小宋急急忙忙把工作服一脱，扔在操作台架上，又随手把电烙铁也丢在工作台上，最先跑了出去。

小宋丢在工作台上的电烙铁是50瓦的，已连续用了十几个小时，温度已达400℃～500℃。工作台离地面0.8米，台面是木板，上面铺有橡胶板。台面上放有手套、套袖，并放着熔蜡电热杯、橡胶水、酒精和松香等。18点08分，工人离开车间后不久，车间里开始有火光，而且很快引起了明火。这场大火烧毁了3个车间和1个材料仓库，烧掉2万多套收录机部件和1条从香港引进的收录机装配自动生产线，造成损失607万元。

小宋疏忽大意，不按操作规程办事，没有放置好电烙铁，下班时就离去，其行为给国家带来重大损失，触犯了《刑法》，因一时的疏忽未进洞房，先进牢房。

党和政府历来高度重视安全生产工作，党的十六届五中全会明确提出，要坚持节约发展、清洁发展、安全发展，把安全发展作为一个重要理念纳入我国社会主义现代化建设的总体战略。安全生产关系人民群众生命财产安全，关系改革发展稳定的大局。管理者应牢固树立以人为本的观念，关注安全，关爱生命，进一步认识做好安全生产工作的重要性，坚持不懈地把安全生产工作抓细抓实抓好。

人的生命是最宝贵的。加强安全生产工作，关键是要全面落实安全第一、预防为主、综合治理的方针，做到思想认识上警钟长鸣、制度保证上严密有效、技术支撑上坚强有力、监督检查上严格细致、事故处理上严肃认真。一是要坚决落实安全生产责任制，完善安全生产管理的体制机制，严格执行安全生产的各项规章制度，确保政府承担起安全生产监管主体的职责，确保企业承担起安全生产责任主体的职责，确保安全生产监管部门承担起安全生产监管的职责，把安全生产的各项要求落到实处。二是要加强安全生产法制建设，加紧完善安全生产法律法规体系，加快建立安全生产法治秩序，加大安全监管监察执法力度，增强政府、企业和全社会的安全生产法治观念，认真查处安全事故，严肃追究有关责任人员的责任。三

是要抓好重点行业安全生产专项整治，坚决纠正违反安全生产的行为，切实消除安全隐患。四是要加大安全生产的治本力度，加大政府和企业对安全生产的投入，建立重特大安全事故监测预警系统，加快安全生产科技进步，加强安全生产培训教育，大力建设安全文化，形成有利于安全发展的经济增长方式，为安全发展打下坚实基础。

柯尼卡美能达的产品安全教育

柯尼卡美能达对涉及设计开发、生产技术、采购、品质保证等技术类员工实施“产品安全教育”，以此帮助员工学习产品安全相关知识、保持并提高产品安全的问题意识。

该教育是商用科技株式会社在以前的产品安全保障措施方面的进一步强化，并于2009年度推广至整个集团。活动由集团各公司的专家担任讲师，以“从CSR、风险管理、遵从法规多角度出发看待产品安全”、“产品安全相关法规”、“产品安全管理体系及其运营”、“产品安全的保障方法”等为主题，进行事例介绍或实际演练。

截至2011年度末，授课形式的讲座培训共开展17次，而通过亲身体验产品易燃程度提高产品安全意识的燃烧实验培训举办8次，共计849名员工接受了相关教育。

第二节　质量目标管理

挖　洞

有一个工头叫一个工人拿一把铁锹，挖了一个深洞后，工头要工人爬出来，到别处挖另一个洞。当工人挖到某深度后，工头进洞检视一番，摇摇头，要工人再到他处挖一个洞。

如此，周而复始，挖到第五个洞时，工人实在忍不住了，他生气地丢下铁锹说：“挖！挖！挖！到底挖什么呀！我不干了。”

工头讶异地说：“你急什么呢！我一直在找水管的破裂处啊。”

工人脸色缓和下来说：“原来如此，你何不早说呢！”他拿起铁锹，继续工作。

对啊！工头何不在一开始，就把挖洞的目的告诉工人呢？做任何事，首要之事就是要明确目标。同样，给予员工确定的工作目标，是现代企业质量控制必须要考虑的重要因素。

方针目标管理，在日本叫做方针管理，在美国及西方国家叫做目标管理（Management by Objective，MBO），我国称为方针目标管理。方针目标管理是企业为实现以质量为核心的中长期和年度经营方针为目标，充分调动职工积极性，通过个体与群体的自我控制与协调，以实现个人目标，从而保证实现共同成就的一种科学管理方法。这里所说的“个体”是指个人、岗位；“群体”是指企业、部门、分厂（车间）、工段、班组；“自我控制”是指根据目标的要求，调整自己的行为，以促使目标的实现；“共同成就”是指企业目标和部门、车间、班组的目标。

一、质量目标管理的作用及意义

1. 质量目标管理的定义

ISO 9000：2000 标准 3.2.5 条款将“质量目标”定义为“在质量方面所追求的目的”。

ISO 9001：2000 标准 5.4.1“质量目标”指出：“最高管理者应确保在组织的相关职能和层次上建立质量目标，质量目标包括满足产品要求所需的内容。质量目标应是可测量的，并与质量方针保持一致。”

质量管理目标如果得到充分实施的话，下属会主动提出他们自己认为合适的目标，争取上级的批准。这样，从管理层到一线员工，都将清楚需要去实现何种目标。这样的质量管理目标才是我们需要的目标。

公司的经营者必须十分关注突破性目标，它是带领公司向前发展的动力源。通常，这类目标需要投入相当量的资源，其可期望的效益也是诱人的，因而根据本公司的实际情况，选择好适当的年度突破目标，正是上层经理的天职。可惜的是，目前一些通过 ISO 9001 认证的组织约有 70%，忽略了突破性目标的选择。例如一个采用一般浇铸的企业，其铸件合格率长期只有 80%，如果它不采取过程改进（如真空离心浇铸等），也许它永远只能停留在这个水平，并不是想提高 1 个百分点所能一蹴而就的。

爱立信的浮动工资制度

人最基本的需要是对生存和安全的需要，因此对人最基本的激励和鞭策措施就是物质上的奖励或处罚。在爱立信，工资围绕着市场转，奖金与业务目标“接轨”。公司业绩与员工的奖金有很大关系。爱立信的浮动工资制首先是从物质上激起了员工的干劲。爱立信员工的奖金与公司的业绩成一定比例，但并非成正比例。奖金一般可达到员工工资的 60%，对于成绩显著的员工，还有其他的补偿措施。以瑞典一名普通工人为例，他的月工资即标准工资为 2 万克朗，可变动情况如下：如果他的工作成绩属正常，就拿标准工资 2 万克朗；如果他的工作成绩比正常情况差，工资就减少 10%，拿 1.8 万克朗；如果他的工作成绩优异，达到很高目标，工资就增长 20%，拿 2.4 万克朗；如果达到最高目标，工资就增长 60%，拿 3.2 万克朗。

2. 质量目标管理的作用

质量目标管理既有利于企业产品质量的形成，又有利于员工的全面发展。

演说家泽格尔说："确定了合理的目标就是实现目标的一半。"没有明确的目标，生产的产品就不可能有统一规范的要求，也不可能形成统一协作的团体。

1943 年，西方心理学家马斯洛（A. B. Maslow）在他所写的《调动人的积极性的理论》中提出了人的"需要层次论"，即人的需要可分层为：生理需要——安全需要——社会需要——尊重需要——自我实现需要。并认为西方一些国家的职工，大部分已经满足了生理和安全方面的需要，开始把策动力的重心转移到社会需要、尊重需要、自我实现需要的方面上来。如果企业的经营者和管理者不注重满足人们这种比较高级的需要，职工的生产积极性将受到压抑。因此提出，要激励、调动员工的积极性，就必须引导全体职工走向具有"成就欲"方面。因而要求企业的领导者确定好企业的经营目标，以此来统一全体职工的意志，激发全体职工共同努力。

目标管理是以行为科学中的"激励理论"为基础而产生的。它与泰罗制的科学管理思想相比，是一个很大的进步，主要表现在：从"以物为中心"转变为"以人为中心"，从"监督管理"转变为"自主管理"，从"家长式专制管理"转变为"民主管理"，从"纪律约束"转变为"激励管理"。

目标管理的基本原理，就是运用行为科学的激励理论来激发、调动人的积极性，对企业实行系统管理。这就要求，在实施目标管理的全过程中，要牢牢抓住系统管理和调动人的积极性这两条主线。

（1）质量目标管理对激励员工的作用。传统管理依赖外部控制和指引，依靠施加惩罚性的方法来鞭策员工，在这种环境下，员工只是机械的工作，从而逃避责任，没有主动性。在目标管理中人们因有目标而有动力，可以按照自己的意愿愉快地工作，他们自我约束，并注重自我发展，在目标管理之下，他们的潜力会得到更充分的发挥。

总裁降薪

亚科卡就任美国克莱斯勒公司经理时，公司正处于一盘散沙状态。他认为经营管理人员的全部职责就是动员员工来振兴公司。在公司最困难的日子里，亚科卡主动把自己的年薪由 100 万美元降到 1 000 美元，这 100 万美元与 1 000 美元的差距，使亚科卡超乎寻常的牺牲精神在员工面前闪闪发光。榜样的力量是无穷的，很多员工因此感动得流泪，也都像亚科卡一样，不计报酬，团结一致，自觉为公司勤奋工作。不到半年，克莱斯勒公司就成为拥有亿万资产的跨国公司。

一个公司处在困境中，老板要挺住，下属也要挺住，只有这样，公司才能走出困境。而当公司处于困境时，老板尤其要身先士卒，做好榜样，带给下属自信与保障。如果老板自己都先乱了阵脚，手足无措，可想而知，你的下属能不打退堂鼓吗？

行为有时比语言更重要，领导的力量，很多往往不是通过语言体现出来的，而是由行为

动作体现出来的，聪明的领导者尤其如此。

企业兴旺发达的时候，往往容易忽视人才的能力和本质。居于领导地位的人，在平时必须注意发现那种面临危机毫不动摇，并能成为解救危机的真正有能力的人才。

（2）质量目标管理对提高产品质量的作用。

① 质量目标管理的本质是使产品质量达到一个新水平的预期标准。实现了质量目标，产品质量也就达到了一个新的水平。

② 为了实现质量目标管理，就要分析现存的质量问题，并针对质量问题的原因，采取纠正措施和预防措施，以消除不合格或潜在的不合格。实现质量目标的过程，实质上就是质量改进的过程。层次不同的目标对产品质量的提高会产生持续改进，从而是必不可少的。

③ 即使不存在改进问题，质量目标也是保证产品质量符合规定要求的重要措施。

不值得定律

不值得定律最直观的表述是：不值得做的事情，就不值得做好。这个定律似乎再简单不过了，但它的重要性却往往被人们忽视。不值得定律反映出人们的一种心理，一个人如果从事的是一份自认为不值得做的事情，往往会持有冷嘲热讽、敷衍了事的态度。不仅成功率小，而且即使成功，也不会觉得有多大的成就感。

对一个企业或组织来说，须很好地分析员工的性格特性，制定合理的工作目标，加强员工对企业目标的认同感。合理分配工作，让员工感觉到自己所做的工作是值得的，这样才能激发职工的热情。

（3）质量目标管理对作业有效性的作用。

① 作业者（员工）有质量目标管理的激励、示范和导向从而加强控制或进行改进，可以减少作业的无效性，降低过程中的资源消耗和损失。

② 质量目标管理又可以提高过程作业的质量和效率，增强产出的数量，提高产品的质量。

（4）质量目标管理对财务业绩的作用。

① 通过质量控制和质量改进，降低了损失，这就是节约了支出。

② 提高了产出效率，扩大了市场占有率，这是增收。根据质量成本管理的理论和实践，适当增加预防成本，可以大大降低故障成本（内、外部故障）。

（5）质量目标管理对相关方的满意和信任的作用。质量目标管理是一种全面质量管理思想，也是一套管理办法。质量目标管理不是简单下达一个任务要谁去完成，而是上级与下级互相协商、一起研究，最后取得一致意见，再把这个目标作为质量管理中执行的指标，同时也作为考核的基础。这是质量目标管理的一个特征。

① 顾客是直接受益者，因而可以提高其满意程度，并且使他们更加信任组织，对产品更加放心。

② 对于员工来说，实现质量目标管理的过程，就是发挥自己积极性和创造力的过程，从而提高了他们在组织管理中的地位，因而会增加其满意程度。

③ 所有者可以从财务结果的改善中获益，并对组织更加有信心；质量目标管理也是员工绩效考核的基础，不设定质量目标就没有办法进行考核。

④ 组织实现质量目标管理，纳入供货方和合作者，会增强他们合作的信心。

⑤ 社会从组织业绩中也可以获益，如税收、就业、环保等。

二、质量目标的设定

企业质量目标的设定主要从以下几个方面考虑。

1. 质量目标设定应与企业目标一致

企业目标的内容较多，可以归结为质量品种、利润效益、成本消耗、产量产值、技术进步、安全环保、职工福利、管理改善等项目，但每一年度企业目标不会把所有项目全部列入，而是根据实际情况选择重点和关键项目作为目标。在制订质量目标时，要确保质量目标与企业目标保持一致。

案　例

手表定理

手表定理是指一个人有一只手表时，可以知道现在是几点钟，而当他同时拥有两只手表时却无法确定。两只手表并不能告诉一个人更准确的时间，反而会让看表的人失去对准确时间的信心。你要做的就是选择其中较信赖的一只，尽力校准它，并以此作为你的标准，听从它的指引行事。

手表定理在企业经营管理方面给我们一种非常直观的启发，就是对同一个人或同一个组织的管理不能同时采用两种不同的方法，不能同时设置两个不同的目标，甚至每一个人不能由两个人来同时指挥，否则将使这个企业或这个人无所适从。手表定理所指的另一层含义在于每个人都不能同时挑选两种不同的价值观，否则，你的行为将陷于混乱。

2. 质量目标设定应采取循序渐进的原则

质量目标和目标值应有挑战性，即应略高于现有水平，至少不低于现有水平，同时应考虑企业现状及未来的需求。目标适中，可以不断激励员工的积极性和创造性，实现其增值效果。好高骛远的目标无法实现，过于轻松实现的目标没有激励作用。

3. 质量目标设定应考虑顾客的需求

现代质量管理学认为“质量就是满足顾客的期望的程度”。所谓好，就是充分满足顾客的期望。一般来说，顾客的期望就是快速、物美、价廉、方便（服务）。制订质量目标的原

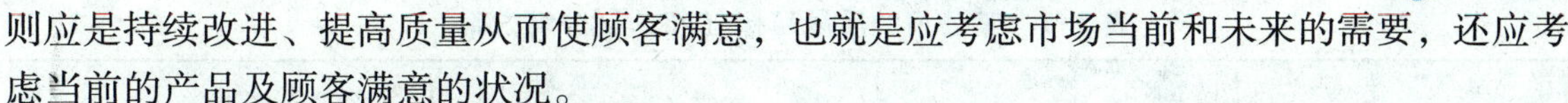

则应是持续改进、提高质量从而使顾客满意，也就是应考虑市场当前和未来的需要，还应考虑当前的产品及顾客满意的状况。

4. 质量目标设定应考虑企业实际状况

在制订质量目标时，要符合企业实际状况，符合企业需求。首先要找出企业目前的弱项和存在的问题；其次，对这些问题进行分析，确定问题的范围；最后，由所存在的问题引导出质量目标。

某设备制造公司的质量目标

某设备制造公司的质量目标如下：

(1) 每年开发2～3种新产品；

(2) 开展供应链管理，优选供应商，扩大采购量；

(3) 职工培训率达到100%；

(4) 开展5S现场管理；

(5) 产品优等品率达50%；

(6) 顾客满意度达85%；

(7) 主要技术经济指标创新高。

该公司的质量目标符合企业总体质量目标，但应主要突出产品质量的要求。

总之，设定质量目标时，在指导思想上要体现以下原则：长远目标和当前目标并重、社会效益和企业效益并重、发展生产和提高职工福利并重。

三、质量目标管理的实施

1. 质量目标的分解

质量目标要层层分解，落实到每一个部门及员工，这是实现质量目标最根本的一条措施。所谓分解，就是将上一级的质量目标分解成若干个较小的目标，由下一级来完成。相关的员工应把质量目标转换为各自的工作任务，即每一个部门、每一个员工都应承担完成质量目标的任务。

质量目标的分解示例

某公司的质量目标（部分）分解方案如表3-1所示（仅生产部和工程部）。

表 3-1 某公司的质量目标（部分）分解方案

部门	部门分目标
生产部	生产计划目标达成率≥＊%
	成品批次合格率≥＊%
	半成品批次合格率≥＊%
	成品进仓准确率＊%
	无安全事故
	巡检批次合格率≥＊%
	物料损耗率≤＊%
	订单评审完成率＊%
	产品准时交付率≥＊%
	生管部单据出错次数≤＊次
	材料清单出错次数≤＊次
	材料清单及时率 100%
工程部	在用设备按计划 100% 检修
	工装夹具制作完成率、及时率≥＊%
	模具维护、保养及时率 100%
	产品结构改良验证率≥＊%
	模具出、入、存管理准确率≥＊%
	模具档案、规范、完整率 100%
	模具维修不及时次数≤＊次
	模具出、入、存管理准确率 100%
	模具制造完成率≥＊%
	开发新产品项目完成率≥＊%
	新产品技术文件及时率 100%
	材料清单出错次数≤＊次
	材料清单及时率 100%
	放产后技术文件出错次数≤＊次

2. 质量目标管理的实施

质量目标管理的实施包括方针目标的制订、展开、动态管理和考评四个环节。质量目标

管理的实施可按 PDCA 循环实施，即制订→实施→检验→评价改进。在实施的过程中，应随时关注质量目标的分解是否横向到边、纵向到底；关键工序、岗位及操作人员是否设置了质量目标；各部门之间的质量目标是否相互协调；是否定期对顾客满意度进行调查；目标的实施是否进行定期考核；是否有相应的奖惩制度与之配套实施；目标的实施程度如何；有哪些差距；针对差距是否分析并采取了相应措施；是否包括对目标改进或对质量管理体系的改进措施；质量目标在持续适宜性方面是否得到必要的评审等。

（1）制定目标和计划（PLAN）。首先要确定质量目标和具体的执行计划。质量目标制订必须是明确的、可行的、有挑战性的、具体的、可以验证的；计划必须是有依据的，切合实际的，便于展开的。

（2）开始行动，执行计划（DO）。按照初定的计划，有目的、有步骤地开展工作，时刻把质量目标作为工作和行动的中心，积极探讨最优的实施方案和实施步骤，落实对每一个计划步骤的责任鉴定，以便进一步改进。

（3）行动结果检查（CHECK）。对质量目标的完成情况要分阶段予以检查，了解质量目标的完成情况。对检查中发现的问题，认真记载，做出适宜的评估结论。检查主要是工作情况是否出现意外、质量行动计划是否可行等。管理者和员工一起讨论是否能完成相应的质量目标，如不能完成，研究不能完成的原因。

（4）纠正错误，调整方向（ACTION）。将检查中出现的问题予以讨论，确定需要改进的部分，对错误的做法与员工进行交流后解决，对必须改进的计划部分，重新以 PDCA 执行。

某机床厂目标管理的实施

某机床厂推行目标管理。为了充分发挥各职能部门的作用，该厂首先对厂部和科室实施了目标管理。经过一段时间的试点后，逐步推广到全厂各车间、工段和班组。多年的实践表明，目标管理改善了企业经营管理，挖掘了企业内部潜力，增强了企业的应变能力，提高了企业的员工素质，取得了较好的经济效益。

该厂在目标实施过程中，主要进行以下三项工作。

1. 自我检查、自我控制和自我管理

目标卡片经主管副厂长批准后，每一个部门、每一个人都有了具体的、定量的明确目标，所以在目标实施过程中，人们会自觉地、努力地实现这些目标，并对照目标进行自我检查、自我控制和自我管理。这种“自我管理”，能充分调动各部门及每一个人的主观能动性和工作热情，充分挖掘自己的潜力，完全改变了过去那种上级只管下达任务、下级只管汇报完成情况，并由上级不断检查、监督的传统管理办法。

2. 加强经济考核

虽然该厂目标管理的循环周期为一年，但为了进一步落实经济责任制，及时纠正目标实施过程中与原目标之间的偏差，该厂打破了目标管理的一个循环周期只能考核一次、评定一

次的束缚，采取每一季度考核一次和年终总评定。这种加强经济考核的做法，进一步调动了广大职工的积极性，有力地促进了经济责任制的落实。

3. 重视信息反馈工作

为了能随时了解目标实施过程中的动态情况，以便采取相应措施而及时调整，使目标能顺利实现，该厂十分重视目标实施过程中的信息反馈工作，建立“工作质量联系单”来及时反映工作质量和服务协作方面的情况，通过“修正目标方案”来调整目标。

由于该厂在目标实施过程中狠抓了以上三项工作，不仅大大加强了对目标实施动态的了解，而且更增强了各部门的责任心和主动性，使全厂各部门从过去等待问题找上门的被动局面，转变为积极寻找和解决问题的主动局面。

第三节　质量分析与不合格品的控制

一、质量分析

1. 质量分析的作用

质量的统计和分析是质量报告和信息反馈的基础，也是进行质量考核的依据。根据上级要求和企业质量状况，质量检验可提出质量考核指标建议，上级考核指标亦可由上级直接规定。车间生产计划部门应按月提供完成工时、产品数量、品种规格、零部件半成品完成数量等统计资料；质量检验部门负责质量检验结果及数据的统计、汇总，并按期向厂部和上级主管部门上报质量月报、季报和年报。质量检验部门还要提供其他各种质量情况的统计资料，质量统计资料一定要数据准确，分类整理，按规定项目和格式填写。

2. 质量分析所采用的依据

编制质量分析所依据的主要技术资料有：

（1）产品图纸或设计文件；

（2）作业流程（工艺路线）及作业规范（工艺规程）；

（3）作业（工序）管理点明细表；

（4）顾客或下一作业过程（工序）要求的变更质量指标的资料。

3. 不合格品的定义

GB/T 19000—2000 对不合格的定义为“未满足要求”。不合格包括产品、过程和体系没有满足要求，所以不合格包括不合格品和不合格项。其中，凡成品、半成品、原材料、外购件和协作件对照产品图样、工艺文件、技术标准进行检验和试验，被判定为一个或多个质量特性不符合（未满足）规定要求，统称为不合格品。

不合格品是指不符合现行质量标准的产品，包括废品、返修品和等外品三种产品。对不合格品，按其程度情况分别做出返修、返工、原样使用、降级或报废处置。

等外品又称次品，即质量差、不能列入等级的产品。等外品的行话为超差利用品，即虽

不符合现有产品质量标准，但仍可使用的产品，这种产品投放市场的前提是它不会造成安全问题。

等外品不是处理品。处理品是指厂方或商家由于特殊原因需降价处理的产品，处理品既包括有“瑕疵”的产品，还包括积压、落后、过时的产品等。

4. 不合格品的等级

为便于明确检验的重点及评价产品的综合质量，有必要对产品中不合格品进行等级确认。目前我国国家标准推荐，将不合格分为 3 个等级，分别表示为 A 级、B 级和 C 级。

（1）A 类不合格。单位产品的极重要的质量特性不符合规定，或单位产品的质量特性极严重地不符合规定，称为 A 类不合格。

（2）B 类不合格。单位产品的重要质量特性不符合规定，或单位产品的质量特性严重不符合规定，称为 B 类不合格。

（3）C 类不合格。单位产品的一般质量特性不符合规定，或单位产品的质量特性轻微不符合规定，称为 C 类不合格。

从以上分级可以看出，不合格分级级别既与质量特性的重要程度有关，又与不合格的严重程度有关。

二、不合格产品产生的原因

有产品就不可避免地存在不合格品，零缺陷只是组织追求的极限目标。不合格品产生的主要原因有以下几种情况。

（1）企业自身在生产时产生不合格品。

（2）采购的原材料包含不合格材料。

第一种原因只能通过企业内部加强质量管理来减少不合格品的产出。对于第二种原因就必须与原料供应商建立互信、互利、互助、风险共担的合作伙伴关系，把团队精神拓展到企业外部，而不能单独为了降低企业的采购成本去牺牲产品的质量。

不合格品的产生往往是管理上出现了问题，我们在处理问题的时候不能简单地人为的认定，需要对生产的整个过程进行分析，重点分析产生不合格品的关键因素。

降落伞的故事

有一家生产跳伞的军工企业，换了多个厂长，并与多家专业跳伞队合作，但生产的跳伞质量始终存在问题，并多次出现伤亡事故。

后来一位退伍军人上任厂长一职，在他上任的第一天便召开全体员工会议，决定解除与所有跳伞队的试验合同，改由公司每一位员工轮流试跳。后来这家工厂生产的产品再也没有存在质量问题，再也没有因为产品质量而发生过一次事故。

为什么会有如此大的改变呢？

因为谁也不想事故出现在自己的身上！

三、不合格品的管理

不合格品管理不仅是质量检验，而且是整个质量管理工作中一个十分重要的问题。为了区别不合格品和废品这两个完全不同的概念，人们常把不合格品管理称为不良品管理。不合格品（或称不良品），其中包括废品、返修品和回用品三类。

1. 不合格品管理的主要工作

（1）“三不放过”的原则。一旦出现不合格品，则应：

① 不查清不合格的原因不放过。因为不查清原因，就无法进行预防和纠正，不能防止再现或重复发生。

② 不查清责任者不放过。这样做，不只是为了惩罚，而主要是为了预防，提醒责任者提高全面素质，改善工作方法和态度，以保证产品质量。

③ 不落实改进的措施不放过。不管是查清不合格的原因，还是查清责任者，其目的都是为了落实改进的措施。

“三不放过”原则，是质量检验工作中的重要指导思想，只有坚持这种指导思想，才能真正发挥检验工作的把关和预防的职能。

（2）两种“判别”职能。检验管理工作中有两种“判别”职能：

① 符合性判别。符合性判别是指判别生产出来的产品是否符合技术标准，即是否合格，这种判别的职能由检验员或检验部门来承担。

② 适用性判别。适用性和符合性有密切联系，但不能等同。符合性是相对于质量技术标准来说的，具有比较的性质；适用性是指适合用户要求而言的，一般说，两者是统一的，但也不尽然。人们可能有过这样的经验，一个完全合格的产品，用起来不一定好用，甚至完全不适用；反之，有的产品，检验指标虽不完全合格，但用起来却能使人满意。可能是由于用户的需求不同，也可能是技术标准的制定本身就不合理，或者有过剩质量。所以不合格品不一定等同于废品，它可以判别为返修后再用，或者直接回用。这类判别称为适用性判别。

由于这类判别是一件技术性很强的工作，涉及多方面的知识和要求，因此检验部门难以胜任，而应由不合格品审理委员会来审理决定。这类审理委员会在国外称为 MRB（Material Review Board），应由设计、工艺、质量、检验、计划、销售和用户代表共同组成，重要产品应有严格的审查程序和制度。

2. 不合格品处置的方式

常见的不合格品处置方式有返工、返修、让步、降级和报废。

（1）返工。返工是为使不合格产品符合要求而对其采取的措施。返工的目的是为了获得合格品，如零件加工的尺寸偏大，可重新返工达到标准要求。但返工之后产品可能是合格品，也可能是不合格品，所以要求重新提交检验。

例如，一个轴的直径工艺要求为 100 mm±1 mm，实际加工出来为 102 mm，显然不合格，这时可采用返工措施。车削了 2 mm，使轴径为 100 mm，这时轴就合格了，这就是返工。但如果车削了 4 mm，轴径变成了 98 mm，则轴就成了不合格品。所以返工后的产品必须要重新提交检验，防止返工产生的不合格品。

软件返工开发

某小企业是计算机游戏软件开发公司，公司在软件开发上注重完美。该公司曾经开发了一套游戏软件，在软件完成使用时，发现仍有些小问题，于是重新设计规划，最终开发出符合要求的游戏软件，在获得市场的同时，更获得了更多大型游戏开发公司的认可，取得了更多的软件设计开发合同。

点评：该公司在开发软件时，不怕返工，力求完美的精神值得敬佩。

（2）返修。返修是为使不合格产品满足预期用途而对其所采取的措施。返修与返工的区别在于返修不能完全消除不合格品，而只能减轻不合格品的程度，使不合格品尚能达到基本满足使用要求而被接收的目的。也就是说，经返修后无论如何都达不到原标准的要求，但是不影响用户的使用要求，对返修后的产品可降级使用。

例如，一个零件的孔径工艺要求为100 mm±1 mm，实际加工出来为102 mm，显然不合格，那么在孔内边缘贴上一些材料，使孔径变为100 mm，保证尺寸的同时，也保证了使用性能，满足了用户的使用要求。但该轴由于在内孔中添加了材料，并没有采用原有的标准，所以这是返修。

（3）让步（原样使用）。让步也叫原样使用，指不合格品没有经过返工和返修，直接交给用户。这种情况必须有严格的申请和审批制度，特别是要把情况告诉用户，以得到用户的认可。例如：等外品就是一种让步处置方式。

（4）降级。降级是为使不合格产品符合不同于原有要求而对其进行等级的改变。降级的关键是要降低其等级，而让步则不包含有“等级的改变”，是直接予以使用或放行，这两者是不同的概念。

（5）报废。报废是为避免不合格产品原有的预期用途而对其所采取的措施。

不合格品经确认无法返工、返修和让步接收，或虽可返工、返修但导致费用过大、不经济的均按废品处置。对有形产品而言，不合格品报废时可以回收或销毁。

48台焊机带来的思考

某年5月15日，长春红星机械厂负责销售的经营副厂长林彬，接到销售科长白光川送来的吉林油田48台摩擦焊机的退货信函。面对这一意外事件的发生，林副厂长决定于5月20日召开一次质量分析会议，讨论一下解决办法。

在具体该如何处理退货问题的质量分析会上，各层管理者都对退货问题进行了分析，并提出了相应方案。

首先，产品出现退货就已经造成了影响，不承认是不对的，应该承担责任。这点红星机械厂没有推卸责任，做得很好。

其次，在分析原因时，各抒己见，从不同侧面分析了出现问题的原因。质量检验科的赵科长认为退货是因为产品质量有问题，造成焊机性能差；技术科的李科长认为是技术不过关，质量意识差；销售科的白科长认为是缺乏市场与销售观念；企管办的张主任认为指导思想偏离了“质量、产量与效益”关系的正确轨道。这些分析较为透彻、深刻，因此在处理这件事情的基础上要加强对企业自身各方面的管理，提高工人的产品质量意识和技术水平，改变落后的制造工艺，严把产品、材料质量关，健全企业制度，严格执行工艺过程，确保产品质量。

再次，在决策方面，应如何采取措施使损失降到最低，在分析中无非存在三种情况：一、退货改善，这样会完全损失480万元，但影响最好；二、返修改善，预计返修费用为每台一万元，那么损失48万元，损失不大，但影响不太好；三、既不退也不修，这样没有直接经济损失，但造成的影响是最不好的，企业也将会声誉扫地。那么，除了上述的三种方案外，还有没有更好的方案呢？在出现问题时采取补救措施是必要的，但必须考虑到可操作性，既要考虑返修后合格，又要考虑到返修费用和赔偿损失的费用。从几种方案中综合考虑，返修比较好，既减少了损失又不致受到更大的影响。

3. 不合格处置的过程

（1）识别不合格品。判断产品合格与否，必须要有一个判定产品质量合格与否的标准。符合这个标准，就是合格产品，不符合这个标准，便是不合格产品。《产品质量法》第十四条规定了判定产品质量合格与否的标准，主要包括三个方面：一是产品不存在危及人身、财产安全的不合格的危险，有保障人身、财产安全的国家标准、行业标准的，应当符合该标准；二是产品须具备“应当具备的使用性能”；三是产品质量应当符合在产品或其包装上注明采用的产品标准，符合以产品说明、实物样品等方式表明的质量状况。也就是说，只要产品质量不符合安全、卫生标准，存在着不合理的危险性，或者产品不具备基本使用性能，或者不符合生产者、销售者对产品质量做出的明示承诺，具备上述条件之一者，就可判定质量不合格，其产品就是不合格产品。

生产现场中的不合格品，一般是指性能达不到要求的产品。一旦发现不合格品，应及时做出标识以示与合格品的区别。如果可能，对不合格品进行隔离。

对不合格品标记时应当根据不合格品的类别，分别涂以不同的颜色或做出特殊的标志。例如，有的企业在废品的致废部位涂上红漆，在返修品上涂上黄漆，在回用品上打上“回用”的印章等办法，以示区别。不合格品的隔离对各种不合格品在涂上（或打上）标记后应立即分区进行隔离存放，避免在生产中发生混乱。

（2）记录不合格品的状况。应作好不合格品状况记录，状况记录涉及时间、地点、批次、产品编号、缺陷描述、所用设备等。做好记录后，应及时向职能部门通报。

（3）评审不合格品。评审不合格品，决定应作哪种处置，做出记录。

不合格品评审的方式视组织的具体情况而定，有的组织只需品管部做出评审结论即可，而有的组织则由多个部门（技术、品管、生产、物控等部门）组成评审组进行。

进行不合格品评审的人员应有能力判别不合格品的处置决定，诸如互换性、进一步加工、性能、可信性、安全性及外观质量的影响。

（4）实施处置方式。对不合格品的处置一般采用返修、返工、让步、报废等措施。

产品进行报废等处理时，应按规定办理评审、批准手续，处置的情况应予以记录。废品在填写废品单后，应及时放进废品箱或废品库，严加保管和监视，任何人不准乱拿和错用。一旦发现动用废品，以假充真，检验人员有权制止、追查或上报。隔离区的废品应及时清除和处理，在检验人员的参与下及时送废品库，由专人负责保管，定期进行处理、销毁。

对纠正后的产品，如返工、返修后的产品，应进行再次验证，以证实符合规定的要求或满足预期的使用。

某公司对半成品、成品合格品的处置意见

（1）半成品和成品在检验中出现的不合格品，由检验员根据不合格性质做出处置，处置方式有：返工、返修、报废。

（2）质检员对不合格品做出不合格标识，视处置结果放入指定存放区域，并填写《不合格品处理单》，并交生产车间进行原因分析并合并处理。

（3）出现重大或批量不合格品由生产部门组织车间、操作者进行原因分析，经生产部审批后进行处置。

（4）返工、返修后的产品必须重新检验，仍不合格或不适用者由生产部经理在检验记录上做出处理决定（如继续返工、报废等）。

四、防止不合格产品产生的方法

企业在所有的管理过程中都要以产品质量为中心，防止不合格产品的产生，主要从以下几个方面着手。

1. 控制设计过程的质量

重视设计过程的质量就是要把产品的质量保证环节提前到产品开发阶段，从而保证客户的需求和期望，节省生产流程的成本，同时保证产品质量的稳定，防止因设计质量问题，造成产品质量先天性的不合格和缺陷，或者给以后的过程造成损失。在控制设计过程的质量时，可以将 PDCA 循环引入设计过程，以达到即时改进、持续改进的效应。

2. 控制进货的质量

控制进货质量，确保生产产品所需的原材料等符合规定的质量要求，防止因使用不合格原料造成不合格产品的产生。

3. 控制生产过程的质量

这是产品质量得以保证的最重要的环节，为防止不合格品的产生，在生产过程中，应保持设备的正常工作能力和所需的工作环境，控制影响质量的参数和人员技能；严格检验和试验，防止将不合格的工序产品转入到下道工序；控制检验、测量和实验设备的质量，确保使

用合格的检测手段进行检验和试验，确保检验和试验结果的有效性，防止因检测手段不合格而造成产品不合格；加大全员培训，对所有从事对质量有影响的工作人员进行培训，确保他们能胜任本岗位的工作，防止因知识或技能的不足，造成产品不合格。

4. 控制搬运、储存、包装、防护和交付

对这些环节采取有效的措施来保护产品，防止损坏和变质而产生不合格产品。

当发生不合格产品或顾客投诉时，应立即查明原因，针对原因采取纠正措施以防止问题的再发生。还应通过各种质量信息的分析，主动地发现潜在的问题，防止不合格产品的出现，从而改进产品的质量。

案　例

丰田的纺织机

丰田汽车集团的创始人丰田佐吉是自动纺织机的发明者。1902 年，他发明了一种纺织机，这台纺织机不仅是日本有史以来第一台不依靠人力的自动纺织机，而且这种纺织机只要有一根断线，织机就会自动停下来。直到 100 年后的今天，这种装置仍然被大型纺织厂延用，足以看出佐吉这项发明的影响及深远程度。而正是这种“一旦发生次品，机器立即停止运转，以确保百分之百的品质”的思考方式，形成了今天丰田的生产思想的根基。

五、质量改进

1. 质量改进的定义

质量改进是质量管理的一部分，质量改进是指致力于增强满足质量要求的一种能力。质量改进通过改进过程来实现，以追求更高的过程效益和效率为目标。

一个企业所提供产品、服务质量的好坏，取决于顾客的满意程度，而顾客的满意程度则取决于质量形成过程的有效性和效率。因此，质量改进是通过过程的改进来实现的。为了实现持续的改进，企业应不断主动进行改进，而不是被动地等待问题出现后才去进行改进。这就是进行质量改进应遵循的基本原则。

现代质量定义不仅仅是以产品为中心，而且以顾客的满意程度为标准，这样的质量标准是企业永远不能轻易完成的目标。争取使顾客满意和实现持续的质量改进应是组织各级管理者永恒的追求目标。通过持续的质量改进，可减少不合格品的产生，没有质量改进的质量体系只能维持原有质量状况，持续的质量改进将成为企业成功的关键。

质量改进也是减少不合格产品的措施之一，质量改进的基本方法是运用 PDCA 循环。

案　例

某公司的质量改进实施方案

某公司为提高产品质量，制订了以下实施方案。

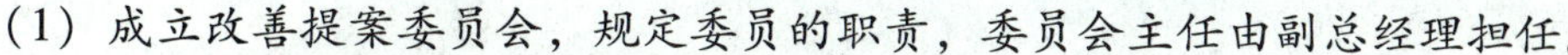

（1）成立改善提案委员会，规定委员的职责，委员会主任由副总经理担任。

（2）在公司各处设置提案箱，收集各种建议。

（3）定期召开改善提案会议，对各种建议评审、分级。

（4）对可行的建议实施或计划实施。

（5）对产生效益的建议进行奖赏。

2. 质量改进的分类

质量改进活动可以分为维持性的质量改进活动与突破性的质量改进活动。

维持的重点在于充分发挥现有的能力，保持现有质量水平，因而要运用质量控制手段防止类似的质量问题再次发生；突破的重点在于提高现有能力，以期更好地满足顾客需求，使顾客满意。维持与突破虽是不同的概念，但它们又是密不可分、互相联系的质量管理活动。质量改进活动是在过程稳定基础上，即维持的基础上进行的。如果过程尚未进入稳定状态，质量波动的规律尚未明确，改进则难以见到效果。

（1）维持性的质量改进活动。指维持现有水平的质量改进活动。纠正措施、预防措施属于维持性的质量改进活动。

（2）突破性的质量改进活动。指突破现有水平的改进活动，诸如质量目标的调整、生产工艺的优化、产品的技术革新、提高材料的利用率、提高顾客满意度等。

3. 质量改进具体实施过程

（1）全组织参与。组织的全体成员都应参与质量改进项目或活动。当组织在质量改进上进行了很好的发动和管理时，该组织的全体人员及各管理层就会持续地承担并实施不同的质量改进项目或活动。质量改进项目和活动会成为每个人员工作的一项正式内容，这些项目和活动的规模有大有小，有些需要组织跨部门的小组甚至要由管理者参与实施，有些则由个人或小组承担。

（2）把握问题所在，确定改进项目。一般而言，把握住问题所在就能找到改进的机会。显在问题自不待言，从主动改进的角度看，挖掘潜在的问题更加重要。一些先进国家企业的经验表明，通过以下方式可使潜在的问题显在化。一是将现状与应具有的良好状态作比较，从两者的差距来找问题；另外也可以从安全生产、产品质量、成本、交货期、员工士气及质量意识、生产环境等方面“不在状态”的10种表现为线索来找问题。所谓“不在状态”的10种表现包括不合理、不满意、未充分评价、不足、状态不佳、不经济、情绪不安定、不完备、不明朗、不方便等。对于一些确定的日常工作，通过仔细观察，也可发现一些改进的线索。此时，可以采用多问几个为什么来理清思路。通过“6W2H”找出问题，即责任者是谁（Who）、服务对象是谁（Whom）、做什么（What）、为什么做（Why）、在何地做（Where）、何时做及期限（When）、怎么做（How）、费用多少（How Much）。问题明确了，改进的目标也就明确了。“把握住问题，解决问题的路就走了一半”，因此对于做好这阶段的工作要有足够的重视。

（3）调查可能的原因。这一步骤的目的是通过搜集资料，确认和分析提高对待改进过程性质的认识。应按照认真制订的计划采集数据。要尽可能客观地对原因进行调查，而不能去假设可能是什么原因并采取预防措施，决策应以事实为依据，而不能从主观臆

测出发。

（4）确定因果关系。通过对数据进行分析，掌握待改进过程的性质，并确定可能的因果关系。区分巧合与因果关系是重要的，对那些所确定的似乎与数据保持高度一致性的因果关系，需要根据制订计划所采集的新数据加以验证和确认。

（5）采取预防或纠正措施。在确定因果关系后，应针对相应的原因制订不同的预防或纠正措施的方案并加以评价。组织中参与该措施的成员应研究各方案的优缺点。能否成功地实施预防或纠正措施，取决于全体有关人员的合作。对过程采取预防或纠正措施进行质量改进，可以产生更满意的输出和减少出现不满意输出的频次。那种完全依赖对过程的输出进行纠正的做法，如返修、返工或分级不能从根本上解决质量损失问题。

（6）确认改进。采取预防或纠正措施后，必须收集适当的数据并加以分析，以确认改进取得的结果。收集数据的环境应与以前为调查和确定因果关系而收集数据的环境相同。对伴随产生的其他结果，不管是希望的还是不希望的，也需要进行调查。如果在采取预防或纠正措施之后，那些不希望的结果仍继续发生，且发生的频次与以前几乎相同，则需要重新确立质量改进项目或活动。

（7）保持成果。保持成果最主要的方式是标准化。质量改进结果经确认后，需保持下去。通常包括对规范、作业或管理程序及方法进行更改，并确保更改成为所有有关人员工作内容的一个组成部分。对改进后的过程则需要在新的水平上加以控制。

（8）持续改进。如果所期望的改进已经实现，则应再选择和实施新的质量改进项目或活动。进一步改进质量的可能性总是存在的，可以根据新的目标实施质量改进项目或活动。

案 例

波音飞机的质量改进

波音公司是世界上主要的民用和军用飞机生产厂家之一，也是世界上最大的航空制造公司。20 世纪 60 年代，公司的经营者思想松懈，认为自己的飞机质量一流，缺少竞争对手，对市场研究少了，质量问题随后出现，一些大客户甚至取消订单，导致公司的喷气客机大量积压，资金周转不灵，亏损惨重。面对困境，公司从质量出发要求员工牢固树立质量第一的观念，同时提高了质量验收标准，要求每个工厂、每个部门都要切实保证每个零部件以第一流的质量出厂。另外，加大产品质量改进力度，不断开发新机型。自 1969 年起，连续几年，波音公司累计投入 69 亿美元用于超巨型 747 喷气客机的研制开发，这种飞机时速 1 000 千米，可载客 490 人，载货量达 1 000 吨，新产品一上市，便为波音夺得了航空客运市场的大部分份额。此后，波音公司再接再厉，针对 20 世纪 70 年代末石油危机引发的问题，投入 30 亿研究资金研制开发出了世界航空史上非常经济、省油、安全且易驾驶的波音 757、波音 767 新型机，从而奠定了自己顶尖运输机生产者的地位。

第四节 我国《产品质量法》的建立与实施

一、建立《产品质量法》的必要性

我国《产品质量法》是于1993年2月22日第七届全国人民代表大会常务委员会第三十次会议审议通过的，于1993年9月1日起正式实施。

《产品质量法》的颁布是我国经济生活中的一件大事，标志着我国产品质量工作发展到法制管理的轨道。它对于保证和提高我国产品质量，保护用户和消费者的合法权益，维护市场的经济秩序，建立产品质量公平的竞争机制，适应社会主义市场经济的形成和发展，打击假冒伪劣产品的斗争，都具有十分重要的意义。

改革开放以来，我国产品质量有了很大的提高，这是主流，不少产品进入国际市场，并受到欢迎。但目前存在的质量问题也不少，1985年以来，产品质量国家监督抽查样品合格率一直在75%左右徘徊，国内市场商品监督抽查样品合格率比产品抽查样品合格率还低20个百分点，大致保持在55%～60%的水平，不合格品中，有5%是劣质产品。部分机械产品普遍存在质量不稳，可靠性差，寿命偏低，以及漏油、漏气、漏水等问题。其他如钢材实物质量不高，煤炭质量等级不符，元器件、基础件的稳定性、一致性、可靠性差，长期未能得到很好的解决。产品质量差对我国产品进入国际市场的影响极大。

案 例

出口的自行车

我国曾向某国出口15万辆自行车，合同金额为500万美元。货物运到该国港口后，发现有质量问题，买方拒绝提货并终止合同，致使出口公司在经济上、信誉上蒙受巨大损失，也影响了国家的声誉。最终，这15万辆自行车只能就地摆摊出售，每辆自行车的价格是国外同类车价格的1/24。由此可见，质量是产品进入国际市场的通行证，这是一个典型的实例。

社会主义市场经济是法制经济，应该用法律手段规范市场行为。无论是产品的生产还是产品的销售，都要确保消费者的利益，必须从法律上改变过去消费者受到损害后，投诉无门，得不到及时的、合理的赔偿或处理的现象。此外，我国以前长期受计划经济的影响，在质量上“吃大锅饭”的情况相当严重，干好干坏一个样，质量好坏与企业利益无关，与个人利益不挂钩，致使职工质量意识淡薄，责任心不强。因此，迫切需要有一套法律规范加以约束和激励，明确生产者和销售者的质量责任和义务，并使广大消费者懂得如何利用法律武

器来维护自己的合法权益。

基于以上理由，我国设立的《中华人民共和国产品质量法》，对保证我国经济建设的健康发展，完全是必要的、及时的，同时也是十分迫切的。

二、《产品质量法》的基本指导思想和主要内容

1.《产品质量法》的基本指导思想

我国《产品质量法》是一部比较系统、完整和适合我国国情的法律。在起草《产品质量法》时，首先明确了立法的基本指导思想，即质量立法要从我国的客观实际情况出发，体现我国建立和发展社会主义市场的方向，实行国家宏观调控与市场引导相结合的方针，要为企业提高质量创造良好的外部环境，有利于激励企业提高产品的内在动力。既要加强国家对产品质量的监督管理，又要坚持运用市场竞争机制，优胜劣汰，同时防止干涉企业自主经营的权利；既要明确政府有关主管部门依法实施执法监督的职能，又要发挥国家监督、行业监督、社会监督的综合治理作用。质量立法的另一条指导思想，就是要有效地保护用户、消费者的合法权益。同时在立法中还要借鉴外国的有效经验，做好与国际惯例的接轨的事务。

2.《产品质量法》的主要内容

《产品质量法》共分六章，包括五十一条条款。

第一章，总则，共六条。主要规定了立法宗旨和法律的调整范围，明确了产品质量的主体，即在中华人民共和国境内（包括领土和领海）从事生产销售活动的生产者和销售者，必须遵守此法，国家有关部门利用此法调整其活动的权利、义务和责任关系。本法所称的“产品”是指经过加工、制作、用于销售的产品，建设工程和初级农产品不适用本法规定，但建设工程所用的钢筋、砖、瓦等产品仍适用本法规定。本法也不包括服务、劳务、非实物产品的质量问题；同样不包括仓储、运输环节，仓储、运输环节由经济合同法规定。总则中还规定，严禁生产、销售假冒伪劣产品，确立了我国产品质量监督管理体制。

第二章，产品质量的监督管理，共七条。主要规定了两项宏观管理制度：一项是企业质量体系认证和产品质量认证制度；另一项是对产品质量的检查监督制度。同时还规定了用户、消费者关于产品质量问题的查询和申诉的权利。

第三章，共十四条。规定了生产者和销售者对产品质量的责任和义务。

第四章，损害赔偿，共九条。主要规定了因产品存在一般质量问题或产品存在缺陷造成损害引起的民事纠纷的处理及渠道。

第五章，罚则，共十三条。规定了生产者、销售者因产品质量的违法行为而应承担的行政责任、刑事责任。

第六章，附则，共两条。规定了军工产品的质量管理由中央军委及有关部门另行制定办法，以及本法的正式开始实施日期。

三、我国产品质量法的主要特点

1. 我国产品质量法的主要特点

（1）我国《产品质量法》具有较广的包容性。总的说来，我国产品质量法包括产品质

量监督管理和产品质量责任两个方面。从法的范畴来说，前者从属于行政法，后者从属于民法，应分别加以制定。

国外的质量法律主要是严格的产品质量责任法律，我国根据自己的国情和实际需要，把两者融合成一体，使《产品质量法》具有中国的特色。这是由于我国的市场机制尚不健全，我们不仅要明确产品质量的责任，保护用户、消费者利益，还要对生产者、销售者规定必要的行政管理监督措施，实行宏观调控。

（2）吸收国内外质量管理经验，具有良好的运用性。我国的《产品质量法》既总结了我国长期质量管理的工作经验，又借鉴了国外的成功经验，因此该法具有良好的适用性。例如，在《产品质量法》中总结吸收了我国的质量工作经验，特别是改革开放以来的质量工作经验。如 1985 年开始实行的产品质量监督抽查的经验；为了保护用户和消费者的利益，从 1986 年开始对产品质量实行“三包”（包修、包退、包换）的经验。此外，我们又借鉴了国外通行的产品质量认证、企业质量体系认证、产品质量的诉讼时效等一系列有效方法和经验。这样，既能使《产品质量法》有良好的继承性，又能保持与国际惯例接轨，有利于改革开放和发展对外贸易。

（3）确定了统一立法、区别对待的原则。其基本思想是靠市场竞争，优胜劣汰各类产品。对于少数产品，即那些危及人体健康和人身、财产安全，或对国民经济具有重要意义的产品，要严格管住、管好，实行强制性管理。同时要求必须建立符合保障人体健康，人身、财产安全的国家标准和行业标准。对强制管理类的产品和人民群众反映有质量问题的产品，实行监督检查制度。此外，《产品质量法》中还规定了激励引导措施，对达到国际先进水平的产品或管理先进、成绩显著的单位和个人，给予奖励，并实行自愿申请认证的制度。

（4）有较强的可行性。本法不仅很好地研究了国外有关质量的法律，而且在国内进行了深入的调查，广泛征求了地方和基层部门的意见，经过反复讨论、修改、认证后形成的。社会各个方面，工业、商业企业、司法部门、技术监督部门、工商行政管理部门及其他有关政府部门、地方人大、高等院校的专家教授，以及各级各地用户和消费者组织，都参加了讨论或审议，提出了修改意见。全国七届人大常委会在第二十八次、第三十次会议上有一半以上委员就本法发表了意见，认真进行了审议。因此，我国《产品质量法》的出台，有广泛、全面的社会和群众基础，有科学的理论依据和丰富的实践经验，它的贯彻和实施将是充分可行的。

（5）对用户和消费者合法利益有充分的保护作用。本法为了切实保护用户和消费者的合法权益，严格而具体地规定了生产和销售者的民事责任。特别是为了避免使生产者和销售者互相推诿责任，造成用户和消费者投诉无门，找不到责任者，致使质量责任长期扯皮而难于解决，本法规定：“因产品缺陷造成人身、其他财产（以下简称他人财产）损害的，受害人可以向产品的生产者要求赔偿，也可以向产品的销售者要求赔偿，这就大大方便了用户和消费者。然后经过调查确认，如属于生产者的责任，产品的销售者赔偿了，销售者可以向生产者追偿；反之，如确属产品销售者的责任，产品的生产者赔偿了，则产品的生产者可向销售者追偿”。这条规定对用户和消费者是非常有利的，也是合理的。关于产品质量责任如前所述，《产品质量法》是一部产品质量行政管理和产品质量责任合一的法律。可以说，由于

产品质量缺陷而产生的产品责任问题，是《产品质量法》的核心内容，也是我国目前存在的一个突出的社会问题，它直接关系着生产者、销售者和广大用户和消费者的切身利益，并影响社会主义市场经济的形成和发展。

2. 我国产品质量的归责原则

《产品质量法》第三章就规定了生产者、销售者的产品质量责任和义务，第四章是损害赔偿，第五章是罚则，这些当然都涉及如何确定产品的归责问题。从国外的产品责任（如美国）的情况看，大致经历了合同责任、疏忽责任、担保责任和严格责任四个阶段。

（1）合同责任原则。根据这一原则，合同双方当事人的权利与义务，完全由合同关系来调整。对于无合同关系的第三方，因使用缺陷产品而遭受损失时，不负任何责任关系，这与我国《产品质量法》的宗旨是不符合的。对于有合同关系者，仍可根据《经济合同法》进行调整，但按《产品质量法》第 28 条规定，尽管用户、消费者与销售者无任何合同关系，如售出的产品不符合产品应具备的性能，而事先又未做任何说明者，或不符合在产品包装上注明的产品标准，或不符合产品说明书、实物样品表明的质量状况者，销售者应当负责“三包”，给用户、消费者造成损失时，销售者应当赔偿损失。所以这种交易关系实质上仍视为有合同关系一样对待。

谁该负责

宋某在商场购买一台彩色电视机，并附有产品合格证。宋某使用两个多月后，电视机出现图像不清的现象，后来音像全无。宋某去找商场要求更换，商场言称电视机不是他们生产的，让宋某找电视机厂进行交涉。

宋某购买的电视机出现严重质量问题，销售者与生产者或供货者在订立买卖合同时，又未明确地约定事后处理纠纷的方式，则销售者依法负有产品瑕疵担保责任，应根据消费者宋某的要求予以修理、更换或者退货。因为本案例中宋某所购的电视机已经达不到使用要求，商场应予以更换，如宋某要求退货，商场也不应拒绝。

（2）疏忽责任原则。是指由于生产者、销售者的疏忽而造成的质量缺陷，从而导致用户、消费者的人身或财产损害，生产者或销售者（可统称为供货者）应承担质量责任。它不受合同的约束，只要以疏忽责任起诉，就可成为侵权行为。

这一点在我国《产品质量法》的立法指导思想上便得到反映。在《民法通则》中，对民事责任一般采用过错责任的原则，即对有过错的行为承担民事责任。

在《产品质量法》第 30 条中，也是根据过错原则，确定了供货者按疏忽责任进行赔偿的制度。并进一步规定，当销售者不能指明缺陷产品的生产者，也不能指明缺陷产品的供货者时，销售者应承担赔偿责任。

美国经典“疏忽原则”案件

1852 年，在美国。原告托马斯从批发商处购买一瓶贴错标签的药物，该药实际是有毒性的，其妻服后中毒，于是托马斯起诉了药品生产商。

法院认为：尽管原、被告之间没有合同关系，但可以预见，误贴标签的毒药可能会致人死亡，由于所出售商品对生命健康具有危险性，故该制药商应对最终消费者负赔偿责任。

该案首次采用“具有危险性”对合同责任加以严格限制，确立了如果产品具有危险性，无论原被告之间是否存在合同关系，受害的原告都应获得赔偿。该判例首创“疏忽原则”，但该原则之后很长时间并未被重视和引用。

1916 年，在美国。原告麦克弗森从零售商处购买一辆别克汽车，在驾驶时车轮破裂，汽车倾覆，原告受伤。

法院判决原告胜诉，并认为并非毒物、爆炸物等危险品适用“托马斯诉温彻斯特”案例，如果产品因制作中的疏忽而使人的生命处于危险之中，该物即为危险物。

该案首次将侵权法中的疏忽责任理论引入到产品责任案件中，正式确立了“疏忽责任原则”。

（3）担保责任原则。担保分为两种：一种称为明示责任，即生产者、销售者对产品质量通过陈述、广告、声明、合同、产品说明书或展示实样等形式的保证和承诺；另一种称为默示责任，即不取决于口头或书面表示，而是基于法律的规定（如《产品质量法》第 7、8、14 等条所示的规定）。所谓担保责任是指供货人违犯了担保原则，使消费者因产品缺陷造成损害时而承担的法律责任。由于担保责任具有双重性，既构成契约责任，又构成侵权责任，中外产品质量法中均包含并采用。

（4）严格责任原则。严格责任原则即不以过错为归责事由，只要有损害的事情发生，生产者或销售者就应当承担质量责任。原告无须以举证控告生产者或销售者的疏忽与担保，只要证明使用被告者所提供的缺陷产品受到伤害的事实即可。为了与国际惯例接轨，并考虑到“复关”的需要，我国应该采用严格责任的原则。但考虑到我国具体的国情，又为了减轻消费者举证责任，可采用“举证倒置原则”，即当生产者或销售者在抗辩中不能反证时，则推定由其负责，故也称为“过错推定原则”。也就是说，我国是采用“严格责任原则”，但又不是绝对的严格责任，允许生产者和销售者抗辩，以便更加公正和准确。由“过错推定原则”所决定的质量责任，必须同时具备下面三个条件才能成立：

① 损害事实。造成人身或他人财产损害的客观事实，它是产品质量责任成立的首要条件，没有损害事实，就不可能产生产品责任。

② 存在过错。作为产品责任构成的过错，就是产品存在缺陷，但用户使用的过错除外。具体地说，产品缺陷可能是设计缺陷，即产品本身在设计观念或设计构思上欠佳所造成的缺陷；也可能是制造缺陷，即因产品生产过程没有得到有效控制，使产品未达到设计时规定标

准的缺陷；也可能是表示缺陷，即对产品的使用方法、性能、用途、原料、产地、生产日期、安全使用日期或失效日期、储运方法等说明不清或表示不当而造成的缺陷；还可能是警告缺陷，即对其具有一定危险性、使用不当时容易造成产品本身损坏或可能危及人身、财产安全的产品，没有提出适当的警告而存在的缺陷。

③ 因果关系。是指生产、销售不合格产品的过错行为与损害事实之间的关系，如果两者没有因果关系，那么生产者、销售者就不应承担产品质量责任。《产品质量法》第 29 条第 2 款规定，生产者能证明下列情形之一的，不承担赔偿责任：

第一，未将产品投入流通；

第二，产品投入流通时，引起损害的责任尚不存在；

第三，将产品投入流通时的科学技术水平尚不能发现缺陷存在。

公共设施的严格责任

2004 年，马某到体育局设立的全民健身设施处进行体育运动，在形体训练器上锻炼时，马某没有坐在通常的位置上，而是坐在旁边的一个小凳子上，当马某离开时，形体训练器的上部翻转下来，将马某的右手拇指砸断，造成粉碎性骨折，被迫截指。经查，形体训练器下面用以防止设施翻转的铁链已经损坏。事故发生后，马某诉至法院，要求公共设施的维护人，即体育局承担赔偿责任。

公共设施的安全责任是一种严格责任，由于公共设施面对的不是特定的人，使用者没有义务对公共设施是否安全进行审查，或要求使用者必须具备使用公共场所设置的健身器材的专业知识。体育局提供了有安全缺陷的设施，它应对使用者的人身损害后果承担民事责任，并应承担赔偿责任。

3. 产品责任的主体、客体与赔偿特点

产品责任的主体是指产品责任的双方当事人。这一点在不同国家的质量法律中有不同的规定，但其基本性质是一致的，就是它不属于违约责任，而是属于侵权责任。

产品责任的受害客体是指受害的民事权利和合法利益。它既包括受害者的人身安全，又包括财产损失，但是否包括身体健康之外的人身权利，如产品质量责任所引起的疼痛和精神苦恼，则各个国家有不同的规定。我国《产品质量法》中，除规定应该赔偿医疗费、因误工减少的收入、残废者的生活补助费用外，对造成死亡者，还要支付丧葬费、抚恤费，以及死者生前抚养的人必要的生活费等。但对造成精神痛苦或苦恼的现象未列入受害客体，这主要是为了避免一些复杂而难于处理的纠葛。

4. 产品责任的请求权和诉讼时效

所谓请求权，即请求他人为一定行为或不为一定行为的权利。我国《产品质量法》中规定，因产品存在缺陷造成损害要求赔偿的请求权，在造成损害的缺陷产品交付最初用户、消费者起，满 10 年即丧失，但未超过明示的安全使用期者除外。

所谓诉讼时效，即法律制度规定的权利人在其合法权益受到损害时，请求人民法院保护而提起诉讼的有效时间。诉讼时效的特点在于：诉讼的时效期届满，丧失的是实际意义上的胜讼权，即丧失请求人民法院用强制方法使义务人履行其义务的权利，而不是程序上的起诉权，也不是权益人所请求保护的权益本身。因此，权利人在诉讼的时效期届满后才提出请求，人民法院对这种请求不再予以保护。这自然就使权利人丧失了请求人民法院依法强制义务人履行义务的权利。但如果义务人自愿履行义务，法律也不禁止，事后义务人也不能以不知时效已过为理由，向权利人索回已经支付的财物。我国《产品质量法》规定，因产品存在缺陷造成损失要求赔偿的诉讼时效期限为二年，自当事人知道或应当知道受到损害时算起。以前在国外，无论是对请求权期限还是诉讼时效期限都定得较长，如法国的诉讼时效期曾定为30年，美国对偷工减料、粗制滥造的产品，其诉讼时效期定为25年。但是近年来，为平衡和兼顾各方的利益，减轻供货人的压力，一般都在缩短诉讼时效的时间。如美国的诉讼时效期限定为2年，日本与许多其他国家定为3年。而对于请求期限，欧美大多定为10年，日本定为20年。我国民法对诉讼时效期限与请求权期，分别规定为1年与20年。考虑到产品责任的特殊性，为了保护用户和消费者的利益，同时也不致造成供货者的过重负担，我国《产品质量法》做出了诉讼时效为2年和请求权期为10年的最后规定，这同国际惯例也基本保持一致。

案　例

产品的时效性

丁某于1995年6月从市场买回一个高压锅，开始时高压锅能正常使用，未有异常。1996年9月6日，丁某做饭时，高压锅发生爆炸，锅盖飞起，煤气灶被损坏，天花板被冲裂，玻璃被震碎。发生事故后，丁某找到高压锅的生产厂家某日用品厂，要求赔偿。日用品厂提出，丁某是于1995年买的锅，已经过去一年多了，早已过了规定的保修期，因此对发生的损害不负责任。丁某与日用品厂进行多次交涉未果。

《产品质量法》规定，产品质量诉讼时效期为2年，产品责任的2年诉讼时效从当事人知道或应当知道其权利受到损害时起计算，即因产品存在缺陷，造成人身伤害和财产损失后，受害人必须在2年的期限内向人民法院提起诉讼，否则就丧失了损害赔偿的胜诉权。《产品质量法》规定的诉讼时效期为2年，民法通则规定的产品致人伤害的诉讼时效期为1年。《产品质量法》是特别法，根据特别法优于普通法的原则，产品责任的诉讼时效应依据《产品质量法》的规定。因产品存在缺陷造成损害赔偿的请求权，在造成伤害的缺陷产品交付最初用户、消费者满10年后丧失。

本案例中，丁某购买的高压锅虽然超过了保修期，但并不影响产品的诉讼时效，丁某购买的高压锅仍然在诉讼时效期内，丁某有权就高压锅出现的产品质量问题要求日用品厂赔偿损失，日用品厂应当赔偿丁某的全部经济损失。

四、产品质量的检验机构

实际上，实行产品质量的监督管理，贯彻执行产品责任，实行产品质量的认证、仲裁或评价，都离不开产品质量的检验。只有通过正确的检验结果，才能做出正确的结论。所以质量检验和质量检验机构，对实行质量监督和《产品质量法》来说十分重要。

产品质量检验机构是指专门承担产品质量检验工作的法定机构。《标准化法》规定，县级以上政府部门可以根据需要设立检验机构，或者授权其他单位的检验机构，对产品质量是否合乎标准进行检验。

1. 质量监督检验应具有的性质，无论是依法设置的产品质量机构，还是依法授权的产品质量检验机构，都必须具备以下性质：

（1）公正性。监督检验是一项具有法律意义的工作，它最重要、最根本的一个性质就是公正性。尽管检验工作的对象是产品，但造成产品质量问题的责任直接涉及单位和个人。如果检验结果不真实，则将做出错误的判断，会给国家、单位和个人造成重大损失和危害，而检验本身也就失去意义了。为此，应规定监督检验不能收取被检单位的检验费，它的检验费用应从国家行政事业费中支出。

（2）科学性。产品质量监督检验，应使用科学而精确的检测手段，取得真实而准确的质量数据，以便正确而客观地对产品质量水平做出评价和得出结论。为此，作为评价依据的检测数据必须可靠，检验工作也必须保证按上级的管理条例、办法、法律、法规、技术标准和程序办事。比如，在抽样检验中，抽查必须是随机的，并按国家标准或国际标准进行处理和判断。为了保证检验工作的科学性，还必须对监督检验人员进行培训，提高他们的技术水平和思想业务素质，并经过认真的考核认证合格后，才能担任正式的监督检验工作。

（3）权威性。监督检验人员必须具有权威性，这是不言而喻的，否则，就谈不上有监督作用。权威性一方面靠上级赋予，另一方面还须有公正性和科学性作为基础，因为只有公正而科学的监督检验，才能以理服人，说话才能算数。为此，检验机构应有相对的独立性，它只受单位法人的领导，受上级质量监督部门的指导和监督，而不受其他任何人员和势力的干扰，质检人员在工作中，要不讲情面，做到六亲不认，唯真理是从。对打击报复质检人员的人和事，要严肃处理，并保持质检人员的相对稳定性。

2. 质量监督检验机构应具备的条件

《产品质量法》第 11 条规定，产品质量检验机构必须具备相应的检测条件和能力。所谓具备相应的检测条件和能力，是指机构人员、仪器设备、环境条件、管理制度等要符合规定和要求。

（1）机构应是具有相对独立性的专职检验机构。机构中的人员应具有较高技术和素质，在业务上要熟悉产品技术标准、抽样检验的理论和方法，懂得一定的工艺知识，熟悉和掌握检测设备的性能、使用方法、维修和管理的要求；在思想上要能坚持原则、不讲情面、秉公办事、不怕打击报复、责任心强；在身体上要身体健康、精力充沛、视力正常、有较强的判断能力。为此，必须组织培训，对其资格和能力进行考核和审查，并根据其能力分配其可以胜任的工作。

（2）检测仪器和设备应与检验要求相适应，具性能、精密度与准确度应能满足相应的

国际标准、国家标准或行业标准对检验的技术要求，保证检测的数据准确、可靠。

（3）有良好的实验室内外条件。如光线、照度、粉尘、振动、噪声、温度、湿度、电磁辐射等均应符合规定要求，不得影响检测精度。

（4）建立健全的管理制度。如有检测仪器的维护、保养、修理和使用制度；有工作计划、检查和报告、总结制度；有严密的原始数据、技术资料的档案保管制度等。

为达到上述四方面的要求，产品质量监督检测中心或实验室，应由国家有关主管部门按一定程序和要求联合组织审查和认可，以取得正式资格。

思考题与习题

1. 什么是质量监督，质量监督有什么作用和意义？
2. 什么是质量预防措施，什么是纠正措施，什么是安全预防？
3. 什么是方针目标管理？如何设定质量目标？
4. 什么是不合格品？不合格品有哪些类型？
5. 什么是三不放过原则？
6. 什么是返工？什么是返修？什么是让步？
7. 如何防止不合格品的产生？
8. 为什么我国要建立《产品质量法》？
9. 我国《产品质量法》有何特点？
10. 产品质量检验机构必须具备哪些性质？

第四章
现场质量管理技术基础

第一节 全员参与管理

案 例

双头鸟的故事

从前，某个国家的森林内住着一只两头鸟，名叫“共命”。这只鸟的两个头“相依为命”，遇事向来两个“头”都会讨论一番，才会采取一致的行动，比如到哪里去找食物，在哪儿筑巢栖息等。有一天，一个“头”不知为何对另一个“头”产生了很大误会，造成谁也不理谁的仇视局面。其中有一个“头”想尽办法和好，希望还和从前一样快乐地相处。另一个“头”则睬也不睬，根本没有要和好的意思。后来，这两个“头”为了食物开始争执，那善良的“头”建议多吃健康的食物，以增加体力；但另一个“头”坚持吃“毒草”，以便毒死对方才可消除心中怒气！和谈无法继续，于是只能各吃各的。最后，那只两头鸟终因吃了过多的有毒食物而死去。

点评：在企业中，质量管理的好坏取决于全体成员，任何一个人的疏忽马虎，都可能导致产品出现问题或产生重大的事故。

一、现场管理与全员参与管理

“现场”即“市场”，这一定则，已得到众多企业的认可。中国也由“世界的工厂”向“世界的市场”转变。现场，就是指企业为顾客设计、生产和销售产品与服务以及与顾客交流的地方。现场能为企业创造出附加值，是企业活动最活跃的地方。如果广义地来给现场下定义的话，现场应指人们所有工作的活动场所。例如制造业，开发部门设计产品，生产部门制造产品，销售部门将产品销售给顾客。

企业的每一个部门都与顾客的需求有着密切的联系。从产品设计到生产及销售的整个过程都是现场，也就都有现场管理。现场管理主要是对生产现场环境全局进行综合考虑，并制订切实可行的计划与措施付诸实施。现场管理可以称为企业管理的通道口，企业管理的“万根线”必须落于现场管理“一根针”上，所有的管理必须从此开始，最终也将具体地在此体现出来。现场管理是企业素质和管理水平最直观、最经常的综合反映，一个现场管理杂乱无章的企业是不可能生产出优质的产品和产生巨大效益的。

现场管理其实只有一招，那就是全员参与质量管理。

产品质量是企业活动的各个环节、各个部门全部工作的综合反映。企业中任何一个环节、任何一个人的工作质量都会不同程度地、直接或间接地影响产品质量。因此必须把企业所有人员的积极性和创造性充分调动起来，不断提高人员的素质，上自厂长、下至员工，人人关心质量问题，人人做好本职工作，才能生产出用户满意的产品，这就是全员参与质量管理的含义。

全员参与是质量管理八大原则之一，ISO 对全员参与质量管理的解释为：各级人员都是组织的根本，只有他们的充分参与才能使他们的才干为组织带来收益。

全体员工是每个组织的根本，人是生产力中最活跃的因素，组织的成功不仅取决于正确的领导，还有赖于全体人员的积极参与。所以应赋予各部门、各岗位人员应有的职责和权限，为全体员工制造一个良好的工作环境，激励他们的创造性和积极性。通过教育和培训，增长他们的才干和能力，发挥员工的革新和创新精神，让他们共享知识和经验，积极寻求增长知识和经验的机遇，这样才会给组织带来最大的收益。

全员参与不是一项制度，而是一种文化，是最优秀的企业文化；它更不是一项活动，而是一种健康的管理观念，尤其是领导的观念。应用全员参与原则时，需要使员工了解他们贡献的重要性和在组织中的作用，激励员工为实现目标而努力，使员工充分发挥创造力，启发员工积极寻找机会来提高自己的能力、知识和经验，提倡自由分享知识和经验，使先进的知识和经验成为共同的财富。

案　例

华盛顿合作规律

华盛顿合作规律说的是：一个人敷衍了事，两个人互相推诿，三个人则永无成事之日。这个规律类似于中国“三个和尚没水喝”的故事。

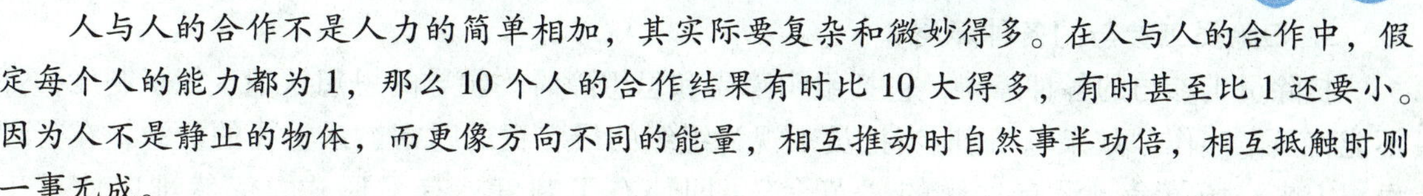

人与人的合作不是人力的简单相加，其实际要复杂和微妙得多。在人与人的合作中，假定每个人的能力都为1，那么10个人的合作结果有时比10大得多，有时甚至比1还要小。因为人不是静止的物体，而更像方向不同的能量，相互推动时自然事半功倍，相互抵触时则一事无成。

人是管理活动的主体，也是管理活动的客体。人的积极性、主观能动性、创造性的充分发挥，人的素质的全面发展和提高，既是有效管理的基本前提，也是有效管理应达到的效果之一。管理过程的有效性取决于各级人员的意识、能力和主动精神。随着市场竞争的加剧，全员的主动参与将更为重要。

二、全员参与现场管理的作用

在企业现场管理活动中，参与管理往往会提高员工工作效率和工作满意度。随着受教育水平的不断提高，员工会逐步提高解决工作中实际问题的能力，他们不但渴望参与到与工作相关的决策中，而且会非常关注他们的意见或建议能否得到上级的重视。而管理者为他们创造参与条件，使员工充分发挥自己的潜力，展示自己的才干，使得员工能够感受到参与的乐趣和成就感，企业通过各种管理手段，对员工争先创优作贡献取得的成绩进行测量、评价、表彰和奖励，使员工的工作得到充分承认，在某种程度上满足了员工自我实现的需要。这是一个企业和员工共同受益的双赢过程。

广大员工参与企业的现场管理活动中，能使他们与企业的联系更加紧密，对企业产生认同感，增强企业的团队精神。员工充分参与，能使企业内部形成一种良好的人际关系和企业文化，可以大大减少员工之间、管理人员和操作工人之间的冲突或矛盾，使企业内部融洽亲密。员工充分参与，可以极大地鼓励士气，使人人都争先创优作贡献，从而使企业的各项工作都得以顺利完成。全员参与现场管理又是企业挖掘人才、发现人才的重要途径，因为员工的聪明才智只有在参与过程中才可能被激发出来，才可能表现出来，否则就只能是自生自灭。

三、全员参与的环境条件

质量管理活动是使所有部门人员都参加的“有机”组织的系统性活动。质量管理体系运行中，既涉及组织管理思想和工作流程的调整，也涉及行政管理人员思想观念和工作习惯的更新。在这项工作中，领导是关键，全员参与是基础。现场管理如果没有全员参与，是不可能有效运行的。要使全员参与，领导应做好以下几个方面。

1. 带头参与

对员工来说，领导的一言一行都是榜样。如果领导不遵守规章制度，不按程序办事，不注重自己的工作质量，就会影响一大片，使员工也迅速被感染，结果规章制度就会形同虚设，程序就会混乱，工作质量就会下降，企业就难免走向衰败。

2. 激励员工参与

要通过各种管理手段，对员工争先创优作贡献取得的成绩进行测量、评价、表彰和奖励。领导越是关注员工，员工越能积极参与，从而越能使员工满意。

3. 扫除员工参与的各种障碍

扫除员工参与的各种障碍，包括组织障碍和思想障碍。领导的思想认识、规章制度，都不能将员工当作“奴隶”，而应当把员工视为组织的最宝贵的财富、最重要的资源，在管理思想上来一场革命。没有这样的“革命”，即使有了制度，有了形式，依然难以使员工满意。

4. 给员工参与创造条件

给员工参与提供各种机会，例如分解组织的方针目标、设置质量改进课题、开展劳动竞赛、评选优秀员工等，还可以通过诸如员工代表会议、“招贤榜”、“课题招标”等形式吸引员工参与加强质量改进管理活动。

5. 对员工参与后作出成绩给予评价和奖励

领导应对员工争先创优作贡献的成绩及时给予奖励，包括物质奖励和精神奖励，从而使员工精神更加振奋，有新的追求，更愿意发挥自己的才智。

以上五条，就是全员参与的环境条件。

摩托罗拉的全员参与意识培养

摩托罗拉公司亚太区人力资源总监 Jerry Cline 先生说，在摩托罗拉，每个员工都被寄予厚望，把具备不同知识与技能的人才安排到恰当的岗位上，使他们的聪明才智得到充分发挥。

“摩托罗拉是一个向员工提供均等发展机会的公司”，这句话已深深地融入了摩托罗拉文化之中，并成为摩托罗拉人力资源管理方面一条始终不渝的准则。

摩托罗拉一位专门从事员工培训工作的管理人员曾说过这样一段话：“每一位摩托罗拉的员工，请记住，你能够而且确实会影响摩托罗拉的成功。作为最重要的资源，摩托罗拉应该对你的培训作出承诺。作为一个员工，你的责任是利用这些提供给你的机会，把培训中所学到的知识应用到工作实践中去。”

四、全员参与的措施

全员参与是质量管理八大原则之一，运用“全员参与”原则，企业可采取下面的措施。

1. 让每个员工了解自身贡献的重要性及其在企业中的角色

每个人都应清楚其本身的职责、权限和相互关系，了解其工作的目标、内容以及达到目标的要求、方法，理解其活动的结果对下一步以及整个目标的贡献和影响，以利于协调开展各项质量活动。在质量管理体系活动的要求中，管理者承诺和管理者代表均起着重要作用。职责和权限的规定可为这一活动提供条件。

2. 以主人翁的责任感去解决各种问题

许多场合下，员工的思想和情绪是波动的，一旦做错了事，往往倾向于发牢骚、逃避责任，也往往试图把责任推卸给别人，因此管理者应当找出一种方法，把无论何时都有可能发

生的此类借口消灭在萌芽中。实施的方法是在员工中提倡主人翁意识，让每个人在各自岗位上树立责任感，充分发挥个人的潜能。这种方法可以对员工确定职能，规定职责、权限和相互关系。通过培训和教育，可以在指示工作时把目标和要求讲清，用数据分析给出正确的工作方法，使员工能以主人翁的责任感正确处理和解决问题。

3. 使每个员工根据各自的目标评估其业绩状况

员工可以从自己的工作业绩中得到成就感，并意识到自己对整个组织的贡献，也可以从工作的不足中找差距以求改进。因此，正确地评估员工的业绩，可以激励员工的积极性。员工的业绩评价可以用自我评价或其他方法进行。

4. 使员工积极地寻找机会增强他们自身的能力、知识和经验

在以过程为导向的组织活动中，应授予员工更多的自由去思考，员工不仅应加强自身的技能、知识和经验，还应学会在不断变化的环境中判断、处理问题的能力。

案 例

王厂长的困惑

A企业是刚建立的小企业，为了节省成本，招聘了一些没有工作经验的农民工。产品质量上不去，开过多少次会，可就是成效不大。王厂长很困惑，请来质量博士。质量博士调查了具体情况，发现人心不齐是企业最大的问题，大家刚来，水平参差不齐，彼此间还不熟悉，有经验也不愿告诉别人，有些工人老实肯干，可产品加工工艺控制不是光肯干就行的，这些都直接导致了产品质量上不去。于是质量博士对王厂长说："企业的发展不是一个人的事情，必须要全员参与。要让员工们从提高自身操作技能与质量意识入手，改进生产工艺，完善管理制度，有效地保证产品的质量。"通过分析，王厂长明白了：质量管理是一项全员参与的系统工程，每位员工操作技能的熟练与否和质量意识的强弱都将直接影响到产品质量。

在质量博士的建议下，王厂长挑选了部分素质好的员工进行有针对性的培训，熟悉操作的机器，实地实践操作；并利用其他时间让他们到质检科去参加培训，每次培训后还要质检员对他们进行测试，让他们形成了"质量第一"的观念。

在实际操作生产中，让这部分员工去关心其他员工，一有问题，即采取群体讨论，经过深入分析和详细研讨，提出改进意见。

为了长期有效地保证产品质量，对其他员工，车间还制定了《质量日清制度》，每天用量化指标对员工产品质量进行考核，督促员工按质量要求进行操作，使每道工序都受到严格控制并保持稳定，从而使生产线成了一条安全线。

一系列措施的制定和实行，使产品质量得到了有力保障。面对越来越多的客户订单，王厂长紧锁的眉头终于舒展开了。

第二节 现场管理的对象和目标

一、现场质量管理含义

1. 现场的含义

现场是指完成工作或开展活动的场所。如制造业的生产车间，建筑业的建筑工地，服务业的营业大厅、车厢，以及科技服务业的办公室等都是现场。现场能为企业创造出附加值，是企业活动最活跃的地方。“现场”即“市场”，这一观念，已得到众多企业的认可。

2. 现场质量管理的含义

现场质量管理是指产品加工（或制造）和服务提供过程的质量管理，通常又称为产品生产和服务第一线的质量管理。其范围是从原材料投产到产品完工的所有制造加工过程，或者从服务开始到服务交付的所有服务提供过程。

案 例

丰田的精益生产

日本丰田公司中，大野耐一是最大的功臣。有一次，他到美国访问，看到了美国超级市场，很是惊讶。因为当时，日本还没有什么自选商店。他发现美国超级市场的管理最大特色为：当顾客购买某种商品后，采购人员依自动收银机显现的信息，能迅速及时地补上此商品。大野突然想到：为什么不能在现场生产中也采用这种模式呢？回国后，他致力于改进丰田生产方式。大野耐一把超级市场陈列的各种商品，当成丰田汽车生产现场的各种零件，当某种零件没有时就即时填补，由此产生“及时化”的观念。由“及时化”后来创造出震惊全世界的丰田式零库存管理。经过一代代的改进，丰田生产方式基本上有效地消除了企业在人力、设备和材料使用中的浪费。管理者和雇员不但要了解生产中的每一个工序的动作、每一件物品的堆放，还要能对人员、材料或设备的等待时间等进行精确的计算，从而消除各方面的浪费。

“成本最小化”是许多企业一直在思考并为之努力的课题，大野耐一先生提出，控制成本只能依靠生产现场来实现，减少库存、降低成本，是为了让资金周转得更加轻松，为了让其他部门的负担更轻，因此，生产现场的管理就变得尤为重要，这是企业生存的命脉。

二、现场管理的对象

1. 现场管理的对象

现场管理到底管理什么？不少人都以为管理是一件很简单的事，人人都会做，没有什么

特别难的地方，甚至简单到认为只要老板的一纸任命书下来，自己就是管理人员。然而，无数个失败的实例告诉我们，现场管理永远没有这么简单，现场管理人员只有在明确目标和运用恰当方法的前提下，现场管理才会有好的结果产生。

现场管理针对管理的对象可分为现场的物料管理、计划管理、设备管理、工具管理、人员管理等。但在现场管理中，现场管理的对象有一个简单的说法，就是4M1E，也就是人们常说的人、机、料、法、环五大要素（如图4-1所示）。4M是ISO质量管理体系中的要素之一，它的含义是Manpower（人力）、Machine（机器）、Material（材料）、Method（方法、技术）。通常还要包含1E即Environments（环境）。

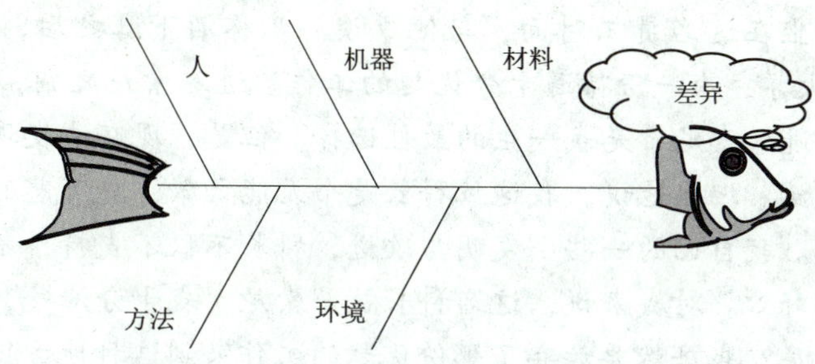

图4-1 4M1E图形示例

（1）人（Manpower）——选人，用人，育人，留人。人员，就是指在现场的所有人，包括主管、司机、生产员工、搬运工等一切存在的人。人是现场管理的第一要素，也是影响现场管理的关键因素。现场管理的第一对象就是人，也就是生产操作人员。人员是所有要素的核心，设备由人操作，材料由人使用，规章由人遵守，环境由人维护，信息由人传递。管理的根本其实就是“人”的管理，不少企业把员工定义为“工具“，甚至称为机器设备的附属，想方设法利用其来创造利润，另一方面，又把员工视为“成本”，是企业的减利要素，千方百计节约人力成本，以命令及控制的模式管理企业，员工没有积极性和创造性，企业成不了气候，现场管理也乱成一团，要管理好“人员”，首先管理者必须扭转观念，以全员参与的理念了解员工，关心员工，培训员工，帮助员工，开发员工，提升员工，从而提升现场生产水平。

要充分挖掘人员的工作积极性、主动性，提高人员的技能、素质、质量意识，提高人员团队配合协助精神，发挥班组整体功能，提高班组的战斗力，做到人尽其才，物尽其用，作为管理人员，必须讲究科学管理，以公平、公正、公开的管理原则，去了解、关心人员的心理状况，人员的心理素质，人员的体质，人员的家庭情况等，对于每一个人，每个不同的情况，要因地制宜，对症下药，使每个操作人员都呈现出其最佳工作状态，做到以厂为家，把公司的事当作自己的事主动去做，从而出色地完成其本职工作。

对人的基本管理要求是：是否遵守标准，技术是否足够，是否要加以培训。从这三个基本要求看对人的现场管理，主要抓好以下两个方面。① 增强质量意识，服从现场管理；② 加强教育培训，提高技能水平。现代企业更强调用全员参与的理念进行人的管理，具体到现场管理的话，就应该了解员工的特长，合理安排，采取适当的沟通技巧，运用一些激励的手段，营造出具有高昂士气的员工团队，从而保证产品质量，提高生产效率。

索尼的内部跳槽

索尼的董事长盛田昭夫多年来有个习惯，晚上总要走进餐厅与职工一起就餐、聊天，以培养员工的意识和与他们的良好关系。

这天，盛田昭夫忽然发现一位年轻职工郁郁寡欢，满腹心事，闷头吃饭，谁也不理。于是，盛田昭夫就主动坐在这名员工对面，与他攀谈。几杯酒下肚之后，这个员工终于开口了："我毕业于东京大学，有一份待遇十分优越的工作。进入索尼之前，对索尼公司崇拜得发狂。当时，我认为进入索尼，是我一生的最佳选择。但是，现在才发现，我不是在为索尼工作，而是为科长干活。坦率地说，我这位科长是个无能之辈，更可悲的是，我所有的行动与建议都得科长批准。我自己的一些小发明与改进，科长不仅不支持，不解释，还挖苦我癞蛤蟆想吃天鹅肉，有野心。对我来说，这名科长就是索尼。我十分泄气，心灰意冷。这就是索尼？这就是我的索尼？我居然要放弃了那份优越的工作来到这种地方！"

盛田昭夫十分吃惊，他想这种问题在公司内部恐也不少，应关心他们的处境，不能堵塞他们的上进之路，于是他产生了改革人事管理制度的想法。之后，索尼开始每周出版一次内部小报，刊登公司各部门的"求人"信息，员工可以自由而秘密地前去应聘，他的上司无权阻止。另外，索尼原则上隔两年就让员工调换一次工作，特别是对于那些精力充沛、干劲十足的人才，不是让他们被动地等待工作，而是主动地给他们施展才能的机会。

（2）机（Machine）——机器设备，工装夹具。机器设备、工装夹具都是生产现场的利刃。生产中，设备是否正常运作，工具的好坏都是影响生产进度及产品质量的重要因素。一个企业的发展，除了人的素质要有所提高，企业外部形象要提升，公司内部的设备也要更新。好的设备能提高生产效率，提高产品质量。对机的基本管理要求是：是否有异常状况，工序能力是否足够，是否妥善保养。

设备管理是企业管理不可缺少的组成部分，对提高企业竞争力发挥着重要作用，西方工业发达国家提出了各种设备管理理论和模式，如后勤工程学，设备综合工程学，以可靠性为中心的维修，全员生产维修（TPM）等。

TPM是国内企业推行最多的体系。TPM（Total Productive Maintenance）的意思就是"全员生产维修"，这是日本人在20世纪70年代提出的，是一种全员参与的生产维修方式，其主要点就在"生产维修"及"全员参与"上。通过建立一个全系统员工参与的生产维修活动，使设备性能达到最优。

TPM的特点就是三个"全"，即全效率、全系统和全员参加。

全效率指设备寿命周期费用评价和设备综合效率。

全系统指生产维修系统的各个方法都要包括在内。

全员参加指设备的计划、使用、维修等所有部门都要参加，尤其注重操作者的自主小组活动。

TPM 的首要目的就是要事先预防、并消除设备故障所造成的七大损失：准备调整、器具调整、加速老化、检查停机、速度下降和生产不良品，做到零故障、零不良、零浪费和零灾害，在保证生产效益最大化的同时，实现费用消耗的合理化。TPM 的目标可以概括为四个“零”，即停机为零、废品为零、事故为零、速度损失为零。

（3）料（Material）——材料，产品。材料，指物料、原料、半成品、配件、成品等产品用料。现在的工业产品的生产，分工细化，一般都有几种、几十种配件，由几个部门同时运作。当某一配件未完成时，整个产品都不能组装，造成装配工序停工待料。因此不论你在哪一个部门，你工作的结果都会影响到其他部门的生产运作。一个好的员工，是一个能顾全大局的人；能够为大家着想的人。材料应作为管理的重要因素，对料的基本管理要求是：品质如何，数量如何，储存状况如何，有无浪费情形。

物料是构成生产成本的主要因素，物料作为变动成本，使现场管理的控制变得很重要。各种原材料又是影响产品质量的重要原因，材料保管不当及使用不当，将造成生产品质波动。通过现场管理活动，能及时发现滞留现场各工序的各种物料，有利于车间的整洁；定位、定量地合理存放，可有效地控制库存，保证质量；通过物料的定期盘点，可精确地把握生产运行的结果；对异常消耗的分析、控制物料的单耗、物料的损耗等能及时做到现场工作改善。

（4）法（Method）——技术手段，工艺水平，企业文化，行事原则，标准规范，制度流程。法，指生产过程中所需遵循的规章制度。企业的技术手段，工艺水准至关重要。企业文化，行事原则，标准规范，制度流程等与技术手段构成了企业的方法、技术，这是企业在同行竞争取胜的法宝。作为一名管理者，应该了解员工人数、作业能力、人员排配、设备性能、工艺流程的设定、不良品原因产生的分析方法、改善措施的提出与追踪等，能衡量工艺是否需要改进。

没有规矩则不成方圆，现场管理必须建立以岗位责任制为核心的现场制度，逐步建立健全各项工作定额、标准、原始记录、生产日记、班组统计资料，使现场工作标准化、规范化和制度化，坚持责任到人的原则，细化岗位责任制，细化考核标准，把现场管理工作每一个环节、每一项工作量化到人，使每位员工明白当班应干什么，按什么标准干，达到什么效果，使现场任何一项工作、一件事、一件物品都处于有序的管理状态，形成环环紧扣的责任链，做到奖有理、罚有据，从而保证现场生产工作的目的性和有效性。

现场生产操作的每一步骤，每一环节，每一流程都须有详细的作业标准，并做到书面化，现场公布张贴。该操作规范可以看成是现场生产工作的“法律”，它是每个操作人员的工作准则，也是判定作业正确与否的依据所在，同时它还是建立品质保证系统的关键因素之一，只有操作员工认真严格地遵守作业标准，才能使生产顺利进行，并生产出合格的产品，且当异常发生时，也能更好地分析问题、解决问题，更好地促进现场改善。

对法的基本管理要求是：标准是否明确，方法，条件是否适当合理。

（5）环（Environment）——良好的工作环境，整洁的作业现场，融洽的团队氛围。环境是生产工作生活学习的空间，现场就是一个环境，环境就像空气一样存在，也像空气一样让许多人都忽略它的存在，没有环境管理的概念。然而环境是影响质量的重要因素，坏的环境将是影响工作热情员工士气的杀手。生产现场的环境，有可能对员工的安全造成威胁，如

果员工在有危险的环境中工作，又怎么能安心工作呢？

环境是公司的门面，环境是管理水平的体现。良好的工作环境，整洁的作业现场，融洽的团队氛围，有助于提升员工的工作热情和保证产品质量，从而提高达成目标的机会。所以，环境是生产现场管理中不可忽略的因素。

对环的基本管理要求是：环境温湿度、照明是否恰当，是否有震动或噪声，是否有灰尘等。

如何优化、配置和调度人、机、料、法、环五个要素，是现场管理的重要课题。通过加强现场管理，现场问题就会浮现出来，日常管理也就有了目标，也就有了针对性和预见性。否则就会走进混沌状态和习惯混沌的怪圈，工作中就会时常出现重复性的低级错误和被动应付的状态，就做不到心中有数和有条不紊。在五大生产要素中，人是最活跃的、最不容易控制的因素，其中了解员工思想动态就是一项非常细致而重要的工作。因为人的因素受其他因素的影响很大，如人际关系的影响、工作环境的影响，同时还有其本人自身身体状况的影响等，所有这些影响都直接影响员工的工作状态和工作质量。管理者要尽可能地发挥他们的特点，激发员工的工作热情，提高工作的积极性。其次是对物资和设备的控制，在这项控制中，各企业都制定许多标准，也集中了各个层次大量的技术人员，但最缺乏的是执行力，要想使该项工作有序，现场管理人员第一个就应该是执行型人，否则，标准再多，管理制度再健全也只能是一沓死文件，关键就是要通过执行型现场管理人员去把这些标准和制度激活、用好。

案例

甲车间的现场管理

甲车间是国家生产高档产品的拥有先进生产线的车间，但一直存在问题。主要有：①关系户多，工人技术差，素质差，有的员工为逃避工作甚至故意毁坏设备。②甲车间的设备是进口的，操作技术复杂程度高，员工掌握起来有困难，生产过程中的消耗浪费惊人。③设备的零部件供应跟不上，许多设备带病运转。④由于有些人有后台，管理上失控。有些关键技术被少数人垄断，部分人员不服从管理。⑤车间内盗窃成风，由于生产的产品价值较高，一些员工将产品偷窃出厂后转手倒卖。因为有暴利可图，致使许多人员无心干本职工作。几年间，被处理、判刑的有数十人。

为了解决甲车间的问题，高层领导一共调换了8位车间主任，在频繁的走马换将中，甲车间的管理却每况愈下。第九任主任到甲车间走马上任了，他分析后，决定从基础抓起，先抓了“法”的工作：整顿纪律，建立正常的管理和生产秩序；堵塞盗窃漏洞、树正气、刹歪风，使员工的精力集中到生产工作上，对不愿悔改者，采取严厉的手段予以打击，直至清除；恢复设备，建立正常的后勤供应服务保障系统，为生产线提供保障；通过培训提高员工的水平和技能；改革考核分配体制。通过一年的工作，甲车间的形势有了初步改变，但还是极不稳定，总是在低水平徘徊。经过研究，决定推行“点检制”的管理方法：①对车间的人、机、料、环等方面进行综合分析，按照以下3个原则选择控制点：a. 容易出现问题的

岗位（如计量、卫生、安全等方面的工作）；b. 对车间的生产管理影响较大的部位（设备的维修、保养交接班等）；c. 对产品质量影响较大的部位（如材料管理使用、工艺操作规程等）。② 对每个点都制定具体的控制标准。这些“点”覆盖了车间管理的全方位，使车间各方面的工作都处于有效的控制之下，并利用计算机考核管理。甲车间用一个月的时间，将点检制的管理制度进行了全方位的宣传和培训，之后，全面推行了点检制管理制度，车间整体面貌发生了令所有人都意想不到的变化。由于整个车间的人、机、料、环都处于有效的受控状态，由此而产生了一系列相关的变化：生产效率大幅度提高（70% 以上）；物耗水平大幅度降低；产品质量明显改善，甲车间也连续三年获得国家质量管理小组奖。

2. 现场管理的工作内容

现场质量管理的主要工作内容，可从人、机、料、法、环五个方面予以开展。

（1）人的管理。保证产品质量，首先是人的技能操作水平是否达到。所以在现场质量管理中，应先明确不同岗位人员的操作能力需求，确保其有能力完成工作任务，明确员工是否具有上岗资格，是否需要接受培训。对参与关键过程、特殊过程以及特殊工种工作的人员应按规定要求或技艺评定准则进行资格认可，保证其具有胜任工作的能力。

其次，强调全员参与，让每个员工有部门目标，有个人奋斗目标，只有这样，才能发挥集体的作用，取得效益。鼓励员工参与各种质量小组活动，给员工提供各种培训学习的机会，让他们体会到质量管理的乐趣，促使他们自觉地参与到质量管理中来，保证产品质量的实现。

（2）机的管理。好的机器设备能生产出质量高的产品，不对机器设备实施质量管理，必然导致好的设备逐渐变坏、变差。对设备进行管理主要是制定设备维护保养制度及制定设备使用操作规程，包括对设备的关键部位的日点检制度，定期检测设备的关键精度和性能项目，并做好设备故障记录等。

机的管理还包括测量设备的管理，测量设备的完好及精确是对产品质量的重要保证。对测量设备的管理主要包括选对测量设备和仪器，定期校对测量设备，加强对测量设备及仪器的维护及保养。

（3）料的管理。现场是加工产品的地方，物料的存在必不可少。即使是加工好的产品，如果不注意管理，也可能成为不合格的产品，特别是对于一些易碎品而言就尤为重要。对物料的管理主要体现在物料的堆放、标识、保护等，在实际的质量管理中，应制定出相应的物料管理办法，如对毛坯、半成品及成品等要有规定，对合格品及不合格品如何处理也应有相应的规定。

（4）法的管理。法在现场管理中主要体现为标准化生产，主要包括作业方法与工艺纪律管理的标准化。

作业方法是质量工作文件的一个重要组成部分，在规范化生产的现场，作业方法是用作业文件的形式予以体现的。如果企业没有作业文件，就要自己编制。采用何种加工方法、工艺流程、服务规范、工艺参数和工艺装备都要清楚，操作规程、作业指导书、工艺卡、服务提供要标准规范。

在现场管理中，纪律是很重要的，要做到有标准可依，有标准必依，严格执行生产工艺

纪律，坚持按图样、按标准或规程、按工艺生产，对于违反操作规程和生产纪律的要根据标准要求进行处理。

(5) 环的管理。好的环境能保护现场人员的健康和安全的工作环境，能提高作业人员的能动性。环境管理主要包括环境清洁安全、作业场地布局合理，设备工装保养完好，物流畅通，噪声小等内容。

3. 现场管理的作用

现场管理倡导从小事做起，力求每位员工养成事事“讲究”的习惯，从现在开始，循序渐进、持之以恒，最终达到改善整体工作质量、提高整体工作效率的目的，为企业的稳步发展打下基础。

(1) 创造良好的工作环境。加强现场管理能为员工创造良好的工作环境，保持人员、物资和设备三大生产要素随时处于良好的状态，这是提高现场管理水平的关键。

(2) 消除不利因素。生产活动不可能总是一帆风顺，现场管理能发现异常情况，找出异因，从根本上采取防范措施，并由此制定新的规范和标准。现场的各个工作流程的目的就是为完成预定的工作目标，对这些流程进行控制，消除各种各样的不利因素。其中找出妨碍正常工作流程的异常原因并采取对策是现场管理的重要任务之一。

(3) 解决现场问题。在实际现场管理工作中，现场问题会很多，如生产设备故障、上下级之间沟通出现障碍、青年员工缺乏培养、老同志的积极性不足等，真可以说是五花八门，层出不穷。加强现场管理，就可以及时发现这些问题，及时解决问题并提高产品质量，增进企业效益。

(4) 建立合理有效的组织结构。作业的现场是由许多不同工种的人员集结在一起进行协同工作的，他们相互联系、协同作业，以各自的作用来共同完成组织目标。在现场，即便每一个人都十分优秀，但如果不将他们有机结合起来，充分发挥各自能力，仅凭某一个人单兵作战是不利于完成任务的。对员工来讲，如果觉得企业对他没有吸引力，所干的工作枯燥乏味，他就会工作没有干劲，甚至想“跳槽”。现场管理体现了全员参与的理念，能发挥团体的作用，建立起有效的组织结构。

三、现场管理的目标

好的现场管理人员必须从以下六大管理目标方面进行管理。

1. 品质（Quality）

品质是企业的决战场，没有品质就没有明天。采用现场管理中的“质量目标”方式进行工作时，要将用户第一的质量理念贯穿整个加工工序中，而且要制定对后续工序提供100%质量保证的生产方式。

2. 成本（Cost）

合理的成本，也是产品具有竞争力的有力保障。在现场管理中，为了降低成本，就必须杜绝生产资源的浪费，有必要将生产要素的人、物、设备的投入资源控制在最低限度。实现用最少的人员进行制造；用最少的材料进行制造；所用的设备、工夹具成本也处于最少的状态。对投入资源自己可以改善的部分，立即进行改善是很重要的。自己不能解决改善的设计及设备的浪费等问题，应积极地取得主管部门的帮助支持。

现场管理成本核算

某塑胶成型车间一成型机发生故障，产品出现严重飞边现象。管理员立即奔赴现场，经检查模具无问题，按下启动键，成型机在锁模过程中出现激烈“点动”，且时快时慢，伴随剧烈振动和巨大的声音。采用手动后，发现锁模力不足，确认参数无问题，检查供油系统，发现一油阀供油力不稳定。根据经验判断为该阀堵塞，影响供油畅通，通过清洗阀口，最后问题解决。

那么，正常机器故障一般需要2天时间联络维修，检查修理2.5天，如果遇到维修厂商人员正好有其他事，时间更不可以控制。

现场管理成本核算：

（1）生产损失：按2.5天计，该机器24小时单产20 000个。2.5×20 000＝50 000（个），每个价值0.5元，整个损失为25 000元；

（2）维修费：1 500元；

（3）生产维修总计损失25 000+1 500＝26 500（元）。

3. 交期（Delivery）

交期是指及时送达所需求数量的产品或服务。交期时间代表了金钱的周转，较短的交期，代表着较佳的资源周转率、更有弹性地符合顾客的需求以及花较低的营运成本。现场管理的主要工作目标之一，就是要将顾客所需数量的产品或服务，及时送达以符合顾客的需求。通过各种改善现场管理活动，能使得管理体系具有弹性应变能力、及时化生产方式，可使质量、成本及交期能同时达成，因此为公司赚取更多的利润。

客户就是上帝，而且是不懂得宽恕的上帝！交期就意味着对顾客的守信。

250定律

美国著名推销员拉德在商战中总结出了“250定律”。他认为每一位顾客身后，大体有250名亲朋好友。如果您赢得了一位顾客的好感，就意味着赢得了250个人的好感；反之，如果你得罪了一名顾客，也就意味着得罪了250名顾客。这一定律有力地论证了“顾客就是上帝”的真谛。由此，我们可以得到如下启示：必须认真对待身边的每一个人，因为每一个人的身后，都有一个相对稳定的、数量不小的群体。善待一个人，就像拨亮一盏灯，照亮一大片。

4. 效率（Production）

效率是部门绩效的量尺，工作改善的标杆。现场管理中要提高效率，必须全数保证下一道工序所必需的质量，树立“下一道工序就是用户”的观念，努力提高操作者每个人的工作技能，保证产品 100% 在规定的标准值内进行生产。应有条不紊地按照生产计划进行生产，力争零库存生产，不能留有生产过剩的余地。

5. 安全（Safety）

工作是为了生活好，安全是为了活到老。现场安全管理主要是利用颜色刺激人的视觉，来达到警示及作为行为的判断标准，以起到危险预知的目的。

安全管理是现代企业管理的一个重要组成部分，随着传统企业向现代企业的转型，安全管理在企业的现场管理活动中也日益占据了越来越重要的地位。现场管理的目标之一就是安全管理，通过规范化的现场管理，可提升人的安全意识；通过采用可靠的现场管理措施，保证现场工作人员生命和财产安全。

6. 士气（Morale）

坚强有力的团队，高昂的士气是取之不尽用之不完的宝贵资源。对于企业来说最重要的财富是人才，要营造一种培养人、让人的能力能最大限度发挥的现场工作环境。现场管理能够营造安全、安心工作的操作环境，提高员工工作的热情和积极性。通过给他们自我展现的机会，适时针对其结果给予适当的评价，使员工对自身的工作充满热情。当每个人都感到有奔头时，就会全体面向一个目标发出挑战并营造出具有活力的团队。

一个好的现场管理人员是否称职，关键要看其是否完成了以上六大管理目标。有的现场管理人员自己不求上进，把混乱、低效的局面归咎于其他人，这是没有道理的；甚至有的现场管理人员把过程中的某个局部小问题，夸大说成是制约总个局面的决定因素，而不是去想办法解决问题。俗话说“天底下只有不会打仗的官，没有不会打仗的兵”，现场管理目标无法完成，第一个要负责的就是现场管理人员！

案　例

饭堂的现场管理

饭堂工作人员必须着装整齐、必须穿白工衣、戴卫生帽、带毛巾。

地面干净、无饭菜、杂物、异物、空间无异味。

炊具光洁明亮，水池、锅台、打饭窗口台干净，无油污。

死角无脏物、饭菜渣、垃圾、虫蝇等。

炊具、碗筷摆放整齐，饭菜要有覆盖物。

窗台上不允许挂有碗勺等饮用物品。

桌凳干净、无油污。

注意团队精神，企业形象，讲礼貌，讲文明。

第三节　现场管理的改善方法与工具

一、现场分析与改善

1. 现场改善的定义

现场是加工产品的实际操作场地，现场与管理分不开，现场与改善分不开，现场内容千变万化，现场管理也需要不断改善与更新。管理可分为维持性质的管理和改善性质的管理，改善是管理的一部分，改善是对现有的 4M1E 的状况重新审视，对不符合现定要求的任何东西进行合理的改进的动作过程。

现场改善是运用最低成本的投入，不断改进和优化与现场有关联的 4M1E 的企业活动。现场改善强调追求卓越，追求创新，坚持“没有最好只有更好”的观念，在不断的工作实践中，寻找更好的办法以解决现场中存在的问题。

案　例

日本的现场改善

在日本，“现场”与“改善”密不可分。求普·博肯是欧洲最先从事改善的顾问之一，曾经在欧洲的飞利浦电子公司工作，担任过生产经理、厂长，最后升至总公司的质量经理。博肯说每当他去参观日本的工厂时，自有方法可以概略地判断出这家公司的好坏。他说：“与日本经理的谈话中，如果在 5 分钟之内听到‘改善’的字眼，以及在 10 分钟内听到‘现场’的字眼，便可判定这是一家好公司。”博肯的例子显示“改善”及“现场”深植在这些经理人员的心中，而且他们经常依据自己对现场的认识与了解，来制定决策。

2. 现场改善的作用

现场改善是车间现场管理的重要组成部分，不仅是企业领导层的事情，而且还是企业基层管理者的职责，也是员工发挥个人价值的体现。

现场改善的主要作用体现如下。

（1）减少资源浪费，降低生产成本。大多数企业在生产中存在着资源浪费现象，特别是一些新型企业，由于在管理中缺乏现场管理与改善的能力，现场浪费现象特别严重。有一些企业，现场生产秩序混乱，现场物品乱丢乱放，有的零部件、工具在使用过程中不翼而飞，对这些企业，现场管理与改善十分重要。即使采用一条小小的现场改善建议，也会给企业带来实实在在的收益。

不起眼的一滴油

小王在工作中发现，工厂中使用的机器都存在间断滴油的现象，从一个部位掉下的油液直接进入到机器的杂质中。经过分析得知，这是机器中的废弃油液。小王采用了收集器，并在收集器上安装了过漏网，将油液回收。没想到仅三天，所回收的废油量竟达到一升，估计一个月可回收10升。按全组十台机器计算，一个月可回收废油100升。以机器原油一升50元计算，回收油价值40元左右，一个月可节省4 000元，一年为企业节省48 000元。

(2) 减少工作环节中的浪费，提高生产效率与效益。通过现场改善，以低成本要求更好的管理、更好的工作方式，必然会减少浪费，降低生产成本，提高生产效率与效益。

工作环节中的浪费，包括制造过程的浪费、存货的浪费、返工的浪费、动作的浪费、加工的浪费、等待的浪费、搬运过程中的浪费等。

对这些工作环节予以不断改善，是提高工作效率的重要途径，也是企业获得效益提升的重要措施之一。

工作环节中的浪费

有一天，大野耐一专心地视察了在现场工作的作业员之后，对他们说："我可以请求你们，每天至少做一小时有价值的工作吗?" 作业员自认为，已经很卖力地做了一整天工作了，因此对这一句话感到很愤怒。然而，大野的真正意思是"你们每天至少做了一小时没有任何价值的工作"。他知道作业员大部分的时间只是在现场走动，没有增加任何价值。任何没有附加价值的作业，在日本都被称为工作环节上的浪费。大野是第一位认识到在现场存在着庞大工作环节上浪费的人。

(3) 追求卓越。改善和改进的目的是相同的，改善主要指在原基础上进行变化，改进则融入了更多的创新思维，但两者都是为了向更好的目标努力，都是为追求卓越的产品和卓越的管理手段。

日本企业中的现场改善

20世纪50年代，美国企业拥有世界上最多的汽车发动机专利技术，也是当时首屈一指

的汽车发动机制造商。日本师从美国，引进美国技术生产自己的发动机。短短10多年之后，日本发动机返销美国市场，并且以优良的质量性能迅速受到美国人的青睐，于是美国组织一个专家团到日本，研究日本发动机的秘密。结果令他们大失所望，日本人仍然在沿用美国10年前的创新成果，同时令他们大吃一惊的是，日本人在生产现场对这些创新技术做了大量细致的改良，现场改善的作用由此可见。

3. 现场分析的方法

作为公司管理的基础，基层现场管理人员必须具有一定的分析能力。现场分析时一般采用5W2H分析法，它是一种现场考查方法，对每一项工序或每一项操作都要从原因、对象、地点、时间、人员、方法六个方面提出问题并进行考查。5W2H法是第二次世界大战中美国陆军兵器修理部首创的。5W2H分析方法简单、方便，易于理解、使用，富于启发意义，为基层管理提供了好的方法，对于现场管理即时决策和分析活动措施非常有帮助，也有助于弥补考虑问题时的疏漏。

（1）Why——为什么？为什么要这么做？理由何在？原因是什么？有没有其他做法？

（2）What——是什么？目的是什么？做什么工作？生产什么零件？可不可以生产其他零件？

（3）Where——何处？在哪里做？从哪里入手？在哪里生产？换个地方行不行？

（4）When——何时？什么时间完成？什么时机最适宜？

（5）Who——谁？由谁来承担？谁来完成？谁负责？换个人做行不行？

（6）How——怎样做？怎么做？如何提高效率？如何实施？方法怎样？为什么用这种方法来做？有没有别的方法可以做？

（7）How Much——多少？做到什么程度？数量如何？质量水平如何？费用产出如何？能不能多一点？能不能少一点？

案 例

车间每天都有扫不完的油

5个Why报告在日系企业利用的很多，其首创是丰田公司的大野耐一，来源于一次新闻发布会，有人问：“丰田公司的汽车质量怎么会这么好？”他回答说：“我碰到问题至少要问5个为什么。”现在用5Why法来解决现场问题。

Why1　为什么车间每天都有扫不完的油——因为油抽在抽油过程中漏油。

Why2　为什么油抽在抽油过程中漏油——因为油抽买来时就是漏的。

Why3　为什么油抽买来时就是漏的——因为油抽质量不过关。

Why4　为什么买质量不过关的油抽——因为油抽价格低。

Why5　为什么买价格低的油抽——因为要控制成本。

Why6　漏油浪费成本，为什么不权衡，到底如何才能有效控制成本——因为采购坚持

的是价低采购。

Why7　为什么要坚持价低采购——因为相同型号的产品，价格高了不好报销，而且有没完没了的调查及追问。

Why8　为什么是相同型号？为什么不好报销及有没完没了的调查及追问——因为ERP混乱，油抽只有一个型号；因为最后审核采购报销的是老板娘。

Why9　为什么最后审核采购报销的是老板娘——因为是典型的温州企业。

Why10　为什么使用人（质检部）没有反馈漏油的情况——因为反馈给采购后并没有被接受并买新的，所以反馈了几次以后，就没有再反馈。

Why11　为什么质检部反馈的建议采购可以不接受——因为在采购部面前，质检部有弱势的一面。

Why12　为什么质检部有弱势的一面——因为质检部经常存在漏检，需要采购与供应商在事后处理。

Why13　为什么存在漏检——因为供应商质量不稳定，经常在一批产品中有个别不合格的，质检部并没有全检的人员配置；技术部的图纸经常随意更改且图纸存在错误。

Why14　为什么质检没有全检的人员配置，为什么供应商质量不稳定——按照公司的人员定岗，质检部人员远远达不到全检，只能抽检；因为供应商缺乏考核，都是关系户，没有专门供应商管理这一概念。

Why15　为什么技术部的图纸可以随便更改，为什么图纸需要经常更改——因为没有完整的图纸管理方法，没有人监督技术图纸的更改；因为技术部技术不成熟，图纸经常有错误。

Why16　为什么没有完整的图纸管理方法，没有人监督技术图纸的更改——因为没有人制定制度，也没有人执行监督制度。

Why17　为什么没有人制定制度，也没有人执行监督制度——因为技术部负责人经常变换。

Why18　为什么技术部负责人经常变换——因为企业留不住人才。

Why19　企业为什么留不住人才——因为企业没有很好地管理好管理者。

Why20　为什么没有管理好管理者——授钱（位）而没授权，家族成员位居要职，各自为政。

经过不断问为什么，找出问题症结所在。

4. 现场分析的技巧

现场管理的目的之一是提高效率，提高效率可采用删除、合并、改变、简化四种现场管理分析技巧。

（1）删除。就是看现场能不能删除某道工序，如果可以就取消这道工序。现场中，一些不重要的、无效的工序或是即使做了效率也很低的工序，应考虑能不能删除。

MBL公司重建其保单申请程序

MBL是全美第18大人寿保险公司。开始，从顾客填写保单开始，须经过信用评估、承保直到开具保单等一系列过程。这期间包括30个步骤，跨越5个部门，须经19位员工之手。因此，他们每个部门最快也需24小时才能完成申请过程，而正常则需5到25天。这么漫长的时间中究竟有多少是创造附加价值的呢？有人推算，假设整个过程需要22天的话，则真正用于创造价值的只有17分钟，还不到总时间的0.05%，而99.95%的时间都在从事不创造价值的无用工作。

面对上述这种情形，MBL的总裁提出了将效率提高60%的目标。MBL的新做法是扫清原有的工作界限和组织障碍，设立一个新职位——专案经理，对从接收保单到签发保单的全部过程负有全部责任，也同时具有全部权力。这种“专案经理”处理整个流程的做法，不仅压缩了线形序列的工作，而且消除了中间管理层，这种从两个方面同时进行的压缩，取得了惊人的成效。MBL在削减了100个原有职位的同时，每天工作量也增加了一倍，处理一份保单只需要4个小时，即使是较复杂的任务也只需要2到5天的时间。

（2）合并。就是看能不能把几道工序合并，尤其在流水线生产上合并成功能立竿见影地改善并提高效率的工序。

（3）改变。改变一下顺序，或改变一下工艺看能否提高效率？

（4）简化。将复杂的工艺变得简单一点，也能提高效率。

无论对何种工作、工序、动作、布局、时间、地点等，都可以运用取消、合并、改变和简化四种技巧进行分析，形成一个新的人、物、场所结合的新概念和新方法。

砌　砖

吉尔布雷斯是公认的工业工程的一位巨匠。他也是一名工程师，吉尔布雷斯认为：细微动作不当，成千上万次重复是造成惊人浪费的主要原因。为了探索生产过程中动作的经济原理，他研究了人的双手和身体其他部位的细微动作，重视每一细微动作的研究，重视材料、工具设备、技巧和个人因素的密切结合。他把这种原理应用到砌砖工艺上，对砌砖过程的每一个动作进行认真分析，把所有不必要的动作除掉，对影响砌砖工作的操作速度和导致疲劳的每一个细小因素都作了深入研究。

他发现砖工所用的方法各异，工具也不同，效果也不一样。他发现工人取砖弯腰很吃力，很容易疲劳而降低工效，故他改用升降办法来传递补送砖块，大大减轻了工人的疲劳，其次用普工将砖块无破损的一面的方向固定，节省了砖工工时，节省了开支。后来又研究灰

浆水分比例，使之干湿有度，很快把砖工的砌砖动作由18个压缩为5个。经过精心培训，当工人掌握新方法之后，每一个砖工每小时可砌砖350块，而老方法只能砌砖120块，工作效率大大提高了。

二、现场管理三大工具

1. 标准化管理

(1) 标准化管理的概念。

所谓标准（或称标准书），就是将企业里各种各样的规范形成文字化的东西，如：规程、规定、规则、标准、要领等。制定标准，而后依标准付诸行动则称之为标准化。标准化就是样板，是所有工作的依据，它是生产活动的基础，是现场管理中的法律规范。标准化显示了迄今为止所能想到的关于物品的状态及工作的做法中最完善、最优秀的一面，在不断的工作过程中，标准化是可以通过技术进步、技能的提高、改善而不断提高的。

(2) 标准化的作用。

标准化有技术储备、提高效率、防止再发、教育培训四个作用。

① 技术储备。标准化代表着最优最好最安全的工作方式，是多年来员工智慧与实践经验的结晶，它把企业内的员工长期所积累的技术、经验，通过文件的方式来加以保存，起到技术储备的作用，使工作有规范可依，不用担心因员工退休、转行引起工作流动造成的影响。

如果没有标准化，老员工离职时，他将所有曾经发生过问题的对应方法、作业技巧等宝贵经验装在脑子里带走后，新员工可能重复发生以前的问题，即便在交接时有了传授，但凭记忆很难完全记住。没有标准化，不同的师傅将带出不同的徒弟，其工作结果的不一致性可想而知。此外，有一些员工，工作能力特强，但经常违反纪律，对这种员工是企业最头疼的。用标准化既可约束他，也可将他的经验逐步纳入标准，既便于企业管理，也可防止该同志出现离岗、流动等带来的损失。

案　例

美式快餐的标准化

大家可能都吃过美式的快餐，如麦当劳或肯德基，其中炸鸡就要求有几个步骤，简化、统一化、通用化与系统化。简化就是每一个员工进到这个快餐店，他都知道第一、第二、第三等三个步骤都应该怎么做；包括他在后台的作业：炸鸡要切多重多大多小，甚至炸鸡放在油锅里面炸几分钟，都是统一的，系统的。它具备的标准化就是简化、统一化、通用化、系列化或叫系统化。

② 提高效率。标准化提供了一套工作规范，便于业绩的考核与现场工作的管理开展。这样既能促使员工勤奋工作，又保证了现场工作的畅通，可以提高现场工作的效率。在工厂里，所谓“制造”就是以规定的成本、规定的工时、生产出品质均匀、符合规格的产品。如果制造现场工序的前后次序随意变更，作业方法或作业条件随人而异，一定无法生产出符

合上述目的的产品。因此，必须对作业流程、作业方法、作业条件加以规定并贯彻执行，使之标准化。

③ 防止再发生。标准化提供了持续改进的基础，持续改进与标准化是企业提升管理水平的两大轮子。持续改进是使企业管理水平不断提升的驱动力，而标准化则是防止企业管理水平下滑的制动力。有标准化作依据，企业能维持较高的管理水平，但管理工作不可能十全十美，管理标准也不可能十全十美，不断的持续改进，是保证质量水平提升的重要手段，是对标准化的不断创新与完善。在现场管理中，应把出现的问题及时改进，并纳入标准，使之不再发生。

④ 教育培训。标准化也能作为培训的基础。有了标准，培训工作才能做到有的放矢，员工的工作有了依据，才能使员工按照标准开展工作。

案　例

国内企业标准示例

国内某企业的《空气压缩机操作规程》：

一、操作人员应熟悉操作指南，开机前应检查油位、油位计。

二、检查设定值，将压缩机运行几分钟，检查是否正常工作。

三、定期检查显示屏上的读数和信息。

四、检查加载过程中冷凝液的排放情况，检查空气过滤器，保养指示器，停机后排放冷凝液。

五、当压力低于或高于主要参数表中限定值时，机组不能运行。

点评：在这处标准中，有很多不准确模糊之处。如“压缩机运行几分钟”，应明确规定运行的时间。再如“定期检查显示屏上的读数和信息”，采用什么方法，什么工具，多长时间，都没有说明；检查的目的是什么，检查要达到什么结果，也没有明确。

2. 看板管理

看板管理方法是在同一道工序或者前后工序之间进行物流或信息流的传递。看板管理是“精益生产方式”的基础之一，是由日本丰田公司在20世纪60年代发明的。

“看板”是一个装在塑料袋中的纸卡，所以看板管理又称为传票卡方式。在看板纸卡上标有零部件一切可以公开的资料，如名称、数量、上下道工序、运送地点等，然后在同一工序完成相关工作后，再送给下一工序，直至最后一道工序。工人们利用“看板”在各工序间、各车间、各工厂之间传递作业命令，各工序都按照“看板”上标明的要求去做。这种传递信息的载体就是看板，没有看板，精益生产是无法进行的。

看板管理采用逆向思维的方法，从结果入手，即从最后一道生产工序开始往前推进，在板上详细写出自己需要的内容，由前一道工序按照所写要求进行生产，以此类推。生产过程中，前一道工序则把后一道工序看成自己的用户，按照用户的需要进行生产。

看板管理与传统管理生产方式鲜明的区别是：只对最后一道工序下达生产指令，而不进行将主生产计划按照物料清单分解到各个工序和原材料采购中。其独特之处在于从最后一道

工序入手，依次向前一道工序领货和订货，从而使各工序能在必要的时间得到必要数量的必要零部件，以实现各工序间准确而及时的配合，最终排除无效劳动，杜绝浪费，做到均衡而稳定的生产。由于看板管理中，只对最后一道工序下达生产指令，这就防止了库存零件的产生，消除各种没有附加价值的动作和程序，杜绝浪费任何一点材料、人力、时间、空间、能量和运输等资源，归纳起来就是“只在需要的时候，按需要的量，生产所需的产品”，“彻底消除浪费”，即“零浪费”，这也是精益生产的根本所在。

3. 目视管理

(1) 目视管理的概念。目视管理就是利用形象直观而又色彩适宜的各种视觉感知信息来组织现场生产活动，达到提高劳动生产率的一种管理手段，也是一种利用视觉来进行管理的科学方法，人们称之为“看得见的管理”。

据统计，人的行动60%是从“视觉”的感知开始的。电饭煲上的通电信号开关、交通用的指示路牌、医院上的红十字标记能让人一目了然，一眼就知道它们所起的作用。在企业中，采用类似于设置交通路牌的方法，让员工自主性地完全理解、接受、执行各项工作，这将会给管理带来极大的好处。

目视管理能把工厂潜在的大多数指令异常显示化，变成谁都能一看就明白的事实，这就是目视管理的目的。如今很多企业进行着多品种、少量、短交期的生产，现场管理难度增大，目视管理作为一种基础管理手段，能使企业全体人员减少差错、轻松地进行各种管理工作。实施目视管理，即使部门之间、全员之间并不相互了解，但通过眼睛观察就能正确地把握企业的现场运行状况，判断工作的正常与异常，省却了许多无谓的请示、命令、询问，使得管理系统能高效率地运作。

案　例

红牌作战

红牌作战，指的是在工厂内，找到问题点，并悬挂红牌，让大家都明白并积极地去改善，从而达到整理、整顿的目的。

挂红牌的对象主要有以下几种。

库房：原材料、零部件、半成品、成品设备、机器。

设备工具：夹具、模具、桌椅。

防护用品：储存架、货架、流水线、电梯、车辆、卡板等。

注意：人不是挂红牌的对象，否则容易打击士气，或引起矛盾冲突。

电脑上的接口

电脑上有许多形状各异的接口，有圆的、扁的、长方形、梯形的，有大的、小的，各种

接口形状不一，有的还具有不同的颜色。这样在电脑安装和维修时，只要看看接口颜色或接头的形状，就可知道要把连接用的插头插在哪个接口上。这样既不容易插错，又提高了效率，这也是目视管理所带来的结果。

（2）目视管理的实施方法。目视管理本身并不是一套系统的管理体系或方法，因此也没有什么必须遵循的步骤。在实际现场管理中，可通过图形、颜色、声光、数字编号、划线等方法开展目视管理。例如安全警示作用可采用图形管理，各种不同电源开关可采用颜色管理，异常现象可采用灯光闪烁（声光）管理，各种工具、物品的摆放可采用编号管理，指示表范围可采用划线管理，但无论采用何种方法，其最终目的应便于观察，便于员工开展工作。当然，有些方法也可一起使用，如工具、物品既可采用编号管理，又可采用划线管理。

此外，可以通过设立样板区，来实现目视管理。

公布栏、生产图表、生产管理看板、工具样板、模具样板、标示样板、标语等均可作为样板。

公布栏是现场管理活动信息发布的管道，也是员工对管理反应的表现。

生产图表能利用图表使员工知道每日生产状况，并作为努力的目标。

生产管理看板能让现场管理者与员工，一目了然地知道现在生产哪些东西？数量多少？目标还差多少？如何努力？如何改善？问题出在哪里？

工具样板能让工具集中管理实行定点、定位，减少寻找时间。

模具样板能将模具放置于机台最近的距离、并标示分类，减少取放的时间，并节约寻找时间。

标示样板能将仓库物料存放位置依区域、类别制作成大看板，让使用者明了，避免重复寻找的时间。

标语能以生动的语言、活泼的漫画、切合质量管理的主题来引起全公司的关注和参与，协助提高活动的鼓动性。

三、现场管理的实施内容

1. 定置管理

（1）安置摆放、工件按区域、按类放置，合理使用工位器具。

（2）及时运转、勤检查、勤转序、勤清理，标志变化应立即转序，不拖不积，稳吊轻放，保证产品外观完好。

（3）做到单物相符，工序小票、传递记录与工件数量相符，手续齐全。

（4）加强不合格品管理，有记录，标识明显，处理及时。

（5）安全通道内不得摆放任何物品，不得阻碍消防器材定置摆放，不得随意挪作他用，保持清洁卫生，周围不得有障碍物。

2. 工艺管理

（1）严格贯彻执行工艺规程。

（2）对新工人和工种变动人员进行岗位技能培训，经考试合格并有师傅指导方可上岗操作，生产技术部不定期检查工艺纪律执行情况。

（3）严格贯彻执行按标准、按工艺、按图纸生产，对图纸和工艺文件规定的工艺参数、技术要求应严格遵守、认真执行，按规定进行检查，做好记录。

（4）对原材料、半成品和零配件在进入车间后要进行自检，符合标准或有让步接收手续方可投产，否则不得投入生产。

（5）严格执行标准、图纸、工艺配方，如需修改或变更，应提出申请，并经试验鉴定，报请生产技术部审批后方可用于生产。

（6）合理化建议、技术改进、新材料应用必须进行试验、鉴定、审批后纳入有关技术、工艺文件方可用于生产。

（7）新制作的工装应进行检查和试验，判定无异常且首件产品合格方可投入生产。

（8）在用工装应保持完好。

（9）生产部门应建立库存工装台账，按规定办理领出、维修、报废手续，做好各项记录。

（10）合理使用设备、量具、工位器具，保持精度和良好的技术状态。

3. 质量管理

（1）各车间应严格执行《程序文件》中关于“各级各类人员的质量职责”的规定，履行自己的职责、协调工作。

（2）对关键过程按《程序文件》的规定严格控制，对出现的异常情况，要查明原因，及时排除，使质量始终处于稳定的受控状态。

（3）认真执行“三检”制度，操作人员对自己生产的产品要做到自检，检查合格后，方能转入下道工序，下道工序对上道工序的产品进行检查，不合格产品有权拒绝接收。如发现质量事故时做到责任者查不清不放过、事故原因不排除不放过，预防措施不制定不放过。

（4）车间要对所生产的产品质量负责，做到不合格的材料不投产、不合格的半成品不转工序。

（5）严格划分“三品”（合格品、返修品、废品）隔离区，做到标识明显、数量准确、处理及时。

4. 设备管理

（1）车间设备指定专人管理。

（2）严格执行《公司设备使用、维护、保养、管理制度》，认真执行设备保养制度，严格遵守操作规程。

（3）坚持日清扫、周维护、月保养，每天上班后检查设备的操纵控制系统、安全装置、润滑油路畅通油线、油毡清洁、油压油位标准、并按润滑图表注油，油质合格，待检查无问题方可正式工作。

（4）设备台账卡片、交接班记录、运转记录齐全、完整、账卡相符、填写及时、准确、整洁。

（5）实行重点设备凭证上岗操作，做到证机相符。

（6）严格设备事故报告制度，一般事故 3 天内、重大事故 24 小时内报设备主管或主管领导。

5. 工具管理

（1）各种工具、量具、刃具应按规定使用，严禁违章使用或挪作他用。

（2）精密贵重工具、量具应严格按规定保管和使用。

（3）严禁磕、碰、划伤、锈蚀、受压变形。

（4）车间不得使用不合格的或已损坏的工具、量具、刃具。

6. 计量管理

（1）使用人员要努力做到计量完好、准确、清洁并及时送检。

① 量具必须保持完好无损，零件、附件无丢失，出现上述情况之一者，必须及时送质量部门以便检查、修理、鉴定。

② 禁止使用过期或不合格量具，做到正确使用、轻拿轻放、严禁碰撞，使用后擦拭干净，较长时间不使用时要涂油，正确放置。

③ 所有在用计量器具必须按合格证书填写的有效期或质量部门检测中心的通知自觉及时送检。

（2）凡自制或新购计量器具均送质量部检测中心检查，合格后办理入库、领出手续。

（3）严禁用精密度较高的计量工具测量粗糙工件，更不准作为他用，不得使用非法计量单位的量具。文件、报表、记录等不得采用非计量单位。

（4）凡须报废的计量器具，应提出申请报质量部。

7. 文明生产

（1）车间清洁整齐，各图表美观大方，设计合理，填写及时，准确清晰，原始记录、台账、生产小票齐全、完整、按规定填写。

（2）应准确填写交接班记录、交接内容，填写内容包括设备、工装、工具、卫生、安全等。

（3）室内外经常保持清洁，不准堆放垃圾。

（4）生产区域严禁吸烟、烟头不得随地乱扔。

（5）车间地面不得有积水、积油。

（6）车间内管路线路设置合理、安装整齐、严禁跑冒、滴、漏。

（7）车间内管沟、盖板完整无缺，沟内无杂物，及时清理，严禁堵塞。

（8）车间内工位器具、设备附件、更衣柜、工作台、工具箱、产品架各种搬运小车等均应按指定摆放，做到清洁有序。

（9）车间合理照明，严禁长明灯，长流水。

（10）坚持现场管理文明生产、文明运转、文明操作，根治磕碰、划伤、锈蚀等现象，每天下班要做到设备不擦洗保养好不走，工件不按规定放好不走，工具不清点摆放好不走，原始记录不记好不走，工作场地不打扫干净不走。

（11）边角料及废料等分类放到指定地点保管。

8. 安全生产

（1）严格执行各项安全操作规程。

（2）经常开展安全活动，开好班前会，不定期进行认真整改、清除隐患。

（3）按规定穿戴好劳保用品，认真执行安全生产。

（4）特殊工种作业应持特殊作业操作证上岗。

（5）学徒工、实习生及其他学员上岗操作应有师傅带领指导，不得独立操作。

（6）交接班记录，班后认真检查，清理现场，关好门窗，对重要材料要严加管理以免

丢失。

(7) 非本工种人员或非本机人员不准操作设备。

(8) 重点设备，要专人管理，卫生清洁、严禁损坏。

(9) 消防器材要确保灵敏可靠，定期检查更换（器材、药品），有效期限标志明显。

(10) 加强事故管理，坚持对重大未遂事故不放过，要有事故原始记录及时处理报告，记录要准确，上报要及时。

(11) 发生事故按有关规定及程序及时上报。

第四节　5S 管理知识

现在的企业都很重视企业环境和员工素质的培养，5S 是一种有效提高员工素养、改善企业环境的管理方法。

一、5S 的含义

1. 5S 的定义

5S 起源于日本，是指在生产现场对人员、机器、材料、方法、信息等生产要素进行有效管理的方法。因为整理（Seiri）、整顿（Seiton）、清扫（Seiso）、清洁（Seiketsu）、素养（Shitsuke）是日语的外来词，在罗马文拼写中，第一个字母都为 S，所以日本人称之为 5S。近年来，随着人们对这一活动认识的不断深入，有人又添加了安全（Safety），形成了 6S。在 6S 的基础上，添加了速度（Speed）、节约（Save）分别称为 7S、8S，再加上习惯化（Shiukanka）、服务（Service）及坚持（Shikoku），又形成了 10S 等。但是万变不离其宗，所谓“7S”“10S”都是从“5S”衍生出来的。

2. 5S 的管理意义

(1) 5S 是基础管理。未推行 5S 之前，每个岗位都会出现各种各样的不整洁现象，如地板上粘着垃圾、油渍、铁屑等，已成为黑黑的一层；零件、纸箱胡乱搁在地板上；人员、车辆在拥挤、狭窄的过道上穿插而行……即使这个工厂的设备是世界上最先进的，但是如不对其进行管理，到了最后，所谓最先进的设备也将很快加入不良机械的行业，等待维修或报废。对于这样的企业，即使引进很多先进、优秀的管理方法也不见得会有什么显著的效果，还是要从简单适用的 5S 开始，从基础抓起。

(2) 5S 对企业的作用。对于企业来说，5S 是一种态度。企业要达成自己的生产经营目标，要生存，要发展壮大，首要条件是具备强劲的竞争力。企业核心的竞争力是什么呢？不是决策能力，也不是营销能力，而是执行力。没有执行力，一切都是空话。执行力的高低，取决于纪律性的高低。所以 5S 是一种态度，为了形成有组织、有纪律的企业管理，必须采用一种态度，这种态度是不怕困难，把想到的做到，把做到的做好的坚决态度。

企业应该时刻大力开展 5S，把它融入日常管理中去，使其形成一种企业文化，从而提高企业的竞争力。

环境的影响

有一家欧洲的日本汽车公司，他们在开始装配生产之前，派出采购经理人员去拜访数家未来的欧洲供应商。其中一家供应商准备了一份详细的行程表，来接待这些有潜在市场的顾客。首先是一个长达1小时的附图简报，以及报告他们在改进质量方面所做的努力。接着，访客希望能参观现场。到达后，这些采购经理人员被带到会议室里。然而，采购团人员坚持跳过在会议室的议程，马上到现场去。到现场以后，停留了仅仅几分钟。在准备离去时，工厂的总经理恳求说："请告诉我们你们的见解！"这个采购团回答："我们看到了一个低水准的厂房环境，并且杂乱无章。更糟的是，我们看到有些工人在流水线上工作时抽着烟。假如管理部门允许这种事情在现场发生，便是在处理汽车安全零件上不够慎重，我们不愿跟不够慎重的管理阶层交易。"

（3）5S对管理人员的作用。对于管理人员来说，5S是基本能力。现场的管理，说白了无外乎就是人、机、料、法、环的管理。现场每天都在变化，异常每天都在发生。做好5S，能够让现场井然有序，把异常发生率降到最低，这样员工才会心情舒畅的工作。所以，5S是管理的基础，5S管理的好坏，是衡量领导管理能力高低的重要指标。

（4）5S对员工的作用。对于员工来说，5S是每天必须做的工作。这个必须做的工作如果没有做好，工作岗位就会混乱，工具找不到，设备经常坏，物料经常出问题，生产不顺畅，投诉经常发生，在这种环境下，无论怎么忙都是白忙，没有效率。

5S通过规范现场，营造一目了然的工作环境，培养员工良好的工作习惯，最终达到提升人的品质的目的。

① 养成凡事认真的习惯。养成凡事认真的习惯，即认认真真地对待工作中的每一件"小事"。凡事认真，加之大量"目视管理"的导入，能减少出错的可能性；良好的整顿，减少大量"寻找"的浪费，能提升工作效率。

② 养成遵守规定的习惯。遵守企业制定的各项规章制度，如上下班制度、物料放置制度、安全卫生制度等。

③ 养成自觉维护工作环境的习惯。工作场所打扫得干净，保持明快、舒适的工作环境；对设备及时维护保养，保持设备处于良好的工作状态；把物料摆放在固定场所或区域，以便于寻找。

④ 养成文明礼貌的习惯。学会使用礼貌语言，勤学好问、团结协作、乐于助人，对待同事以诚相待、对待来宾面带微笑。

5S 整 顿

在某企业的样板生产线上，一个工人在工作过程中少装了两个零件，导致产品报废，造

成了几万元的经济损失。车间主任对这名工人进行了相应的处罚。但是，没过多久，这名工人在工作中又少装了两个零件。为此，车间主任开始调查原因，结果工人很无奈地表示自己也不知道原因。最后，车间主任只好将原因写成“鬼使神差”。为了减少这种无意识的差错，改善工作效果，该企业采用5S进行了五个月的经营生产整顿，对本企业的员工进行了培训，使车间状况得到了明显的改善，改善结果见表4-1。

表4-1　整改对比表

整改项目	改善前	改善后	变化幅度
物品占用面积	603平方米	441平方米	减少26.9%
不合格品	494件	296件	减少40%
单位生产效率	3.16件	4.36件	提高46.5%

5S管理的误区

某小型企业的陈总在观摩一家外资企业生产现场的情况时，了解到5S管理知识，联系到自己企业的实际情况，觉得很有必要在自己的企业推行。

回来后立即组织人员，学习5S理论，强化思想教育，提出改进措施。对各车间进行整理，工具箱、零件库、技术科，上上下下，前前后后，忙得不亦乐乎。整理完后，召开工作总结会，提出新的要求和新的意见，强调要整顿和清理。各个车间进行了整顿，任何物品都放在相应的位置，每个员工都把自己的用品放在适当的位置上。车间焕然一新，陈总喜在心里。想想上次在外资企业听到的5S企业报告：成本降低多少，效率提高多少，差错减少多少，他想自己的企业也一定会有这样的变化。

可是事情并不像他想象中的那么简单，一周下来，情况慢慢地发生了变化。员工又开始随手乱放东西了。有一次陈总去抽检，发现一个老师傅竟然在车间外抽烟，说是烟瘾上来了，控制不住。这怎么了得，陈总火冒三丈，二话没说便对其罚款。一连几天，那个老师傅都没精打采。陈总又召开了一次车间负责人会议，强调5S的重要性，请各个车间一定要强抓、严抓，好的表扬，不好的处罚。

会后各个车间进行了整改，陈总又去查看，一连几天，他发现二车间的整体状况不错，于是对二车间进行了奖励。其他车间一看，纷纷来取经。车间主任说：“也没什么经验啊，就是三十分钟打扫一次卫生。”员工回答说：“大扫除嘛，不就是定时打扫卫生吗?”

一个月过去了，虽然卫生看上去还可以，可是陈总一看，鼻子都气歪了。为什么？产品的数量和质量下降了。陈总心想：不对啊，怎么别的企业实施5S都说好，我怎么看不到效果呢？想来想去，也没有结果，后来他请来了质量专家。

质量专家亲自到车间看了看，与员工进行了交流。对陈总提出了几点要求：

1. 5S是个持之以恒的过程。不要急于求成，不可能立即就出效果。

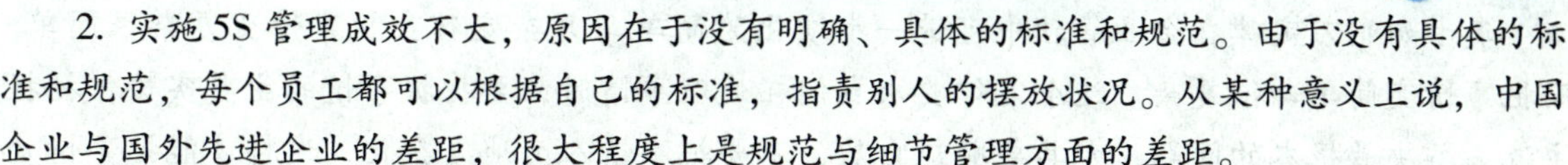

2. 实施5S管理成效不大，原因在于没有明确、具体的标准和规范。由于没有具体的标准和规范，每个员工都可以根据自己的标准，指责别人的摆放状况。从某种意义上说，中国企业与国外先进企业的差距，很大程度上是规范与细节管理方面的差距。

3. 5S管理找到正确的方法最重要。要让所有的员工都能参与进来，不是强调处罚就行的。很多员工认为企业小，没必要开展，对这些情况都要予以教育。

4. 5S培训不能生搬硬套，要结合企业实际开展。例如在规定区域打上线条，建立物品摆放区；在规定区域建立抽烟区，实现人性化管理。这些都比片面的处罚管理要有用得多。

听了质量专家的话，陈总若有所悟。

二、5S活动的内容

1. 整理（Seiri）

整理指将工作场所的任何物品区分为有必要的和没有必要的，有必要的留下来，其他的都消除掉。

把要与不要的人、事、物分开，再将不需要的人、事、物加以处理，这是开始改善生产现场的第一步。首先是对生产现场的现实摆放和停滞的各种物品进行分类，区分什么是现场需要的，什么是现场不需要的；其次，对于现场不需要的物品，诸如用剩的材料、多余的半成品、切下的料头、切屑、垃圾、废品、多余的工具、报废的设备、工人的个人生活用品等，要坚决清理出生产现场，这项工作的重点在于坚决把现场不需要的东西清理掉。对于车间里各个工位或设备的前后、通道左右、厂房上下、工具箱内外，以及车间的各个死角，都要彻底搜寻和清理，达到现场无不用之物。坚决做好这一步，是树立好作风的开始。日本公司提出口号：效率和安全始于整理！

整理最终可以达到以下目的：

（1）改善和增加作业面积；

（2）现场无杂物，行道通畅，提高工作效率；

（3）减少磕碰的机会，保障安全，提高质量；

（4）消除管理上的混放、混料等差错事故；

（5）有利于减少库存量，节约资金；

（6）改变作风，提高工作情绪。

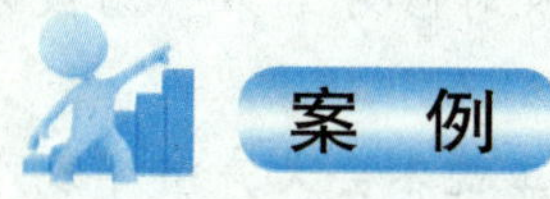
案　例

奥卡姆剃刀定律

12世纪，英国奥卡姆的威廉主张唯名论，只承认确实存在的东西，认为那些空洞无物的普遍性概念都是无用的累赘，应当被无情地“剃除”。他主张“如无必要，勿增实体”。这就是常说的“奥卡姆剃刀”。这把剃刀曾使很多人感到威胁，被认为是异端邪说，威廉本人也因此受到迫害。然而，这并未损害这把刀的锋利，相反，经过数百年的岁月，奥卡姆剃刀已被历史磨得越来越快，并早已超载原来狭窄的领域，而具有广泛、丰富、深刻的意义。

奥卡姆剃刀定律在企业管理中可进一步演化为简单与复杂定律：把事情变复杂很简单，而把事情变简单却很复杂。这个定律要求我们在处理事情时，要把握事情的主要实质，把握主流，解决最根本的问题，尤其要顺应自然，不要把事情人为地复杂化，这样才能把事情处理好。

在5S中，整理的目的就是要把多余不用的部分去掉，解决企业中最根本的问题。

2. 整顿（Seiton）

整顿是指把留下来的必要的物品依规定位置摆放，并放置整齐加以标示。

整顿活动有以下几个要点：

（1）物品摆放要有固定的地点和区域，以便于寻找，消除因混放而造成的差错。

（2）物品摆放地点要科学合理。例如，根据物品使用的频率，经常使用的东西应放得近些（如放在作业区内），偶尔使用或不常使用的东西则应放得远些（如集中放在车间某处）。

（3）物品摆放目视化，使定量装载的物品做到过日知数，摆放不同物品的区域采用不同的色彩和标记加以区别。

整顿的最终目的是让工作场所一目了然，节省寻找物品的时间，形成整整齐齐的工作环境，消除过多的积压物品。

破窗理论

美国政治学家威尔逊和犯罪学家凯林经过观察提出了“破窗理论”。

如果有人打坏了一栋建筑上的一块玻璃，又没有及时修复，别人就可能受到某些暗示性的纵容，去打碎更多的玻璃。久而久之，这些窗户就给人造成一种无序的感觉，在这种麻木不仁的氛围中，犯罪就会滋生、蔓延。

“破窗理论”更多的是从犯罪的心理去思考问题，但不管把“破窗理论”用在什么领域，角度不同，道理却相似：环境具有强烈的暗示性和诱导性，必须及时修好“第一扇被打碎玻璃的窗户”。

推广至5S管理中，良好的工作场所，作业用的工具整整齐齐，员工就不会大声喧哗或随地吐痰；相反，如果工作场所环境脏乱不堪，作业用的工具、材料乱丢，久而久之，随地吐痰、打闹、嬉笑等不文明的举止也会相继出现。环境是企业中的“第一扇易被打碎玻璃的窗户”，5S中的整理、整顿环境十分必要。

3. 清扫（Seiso）

清理是指将工作场所内看得见与看不见的地方清扫干净，保持工作场所的干净和亮丽。在日本有句口号，叫质量从卫生抓起，生产现场在生产过程中会产生灰尘、油污、铁屑、垃

圾等，从而使现场变脏。脏的现场会使设备精度降低，故障多发，影响产品质量，使安全事故防不胜防；脏的现场更会影响人们的工作情绪，使人不愿久留。因此，必须通过清扫活动来清除那些脏物，创建一个明快、舒畅的工作环境。

清扫活动有以下几个要点：

（1）自己使用的物品，如设备、工具等，要自己清扫，不要依赖他人，也不需增加专门的清扫工。

（2）对设备的清扫，着眼于对设备的维护保养。清扫设备要同设备的点检结合起来，清扫即点检，同时做好设备的润滑工作，清扫也是保养。

（3）清扫也是为了改善。当清扫地面时如果发现有飞屑和油水泄漏，要查明原因，并采取措施加以改进。

清扫的最终目的是稳定品质，减少工业伤害。

案 例

清扫发现问题

有一次，一家制造木制地板的工厂，从事清扫活动。这家工厂有许多木工机器，例如电锯。所有的高级经理人员，包括总经理，参与了作业员的清扫工作。（据说，这是员工第一次看到总经理在现场穿着工作服、手持扫帚）。当他们在清洗机器的外部、墙壁、天花板上的横梁时，口中重复唠叨："我不能相信。"厚厚的一层木屑及灰尘黏附在墙壁上，在清除碎屑之后，总经理发现，裸露的电线绕着墙壁配置，外层的胶皮已腐蚀很久了，他很惊讶，但很庆幸工厂里没有发生火灾的事情。

4. 清洁（Seiketsu）

清洁是对以上 3S 的维持。

清洁活动有以下几个要点：

（1）车间环境不仅要整齐，而且要做到清洁卫生，保证工人的身体健康，提高工人的劳动热情。

（2）不仅物品要清洁，而且工人本身也要做到清洁，如工作服要清洁，仪表要整洁，及时理发、刮须、修指甲、洗澡等。

（3）工人不仅要做到形体上的清洁，而且要做到精神上的"清洁"，待人要讲礼貌，要尊重别人。

（4）要使环境不受污染，进一步消除混浊的空气、粉尘、噪声和污染源，消灭职业病。

5. 素养（Shitsuke）

每位员工都应养成良好的习惯，并遵守做事规则，培养积极主动的精神（也称习惯性）。

素养的目的是培养员工的良好习惯，使员工遵守规则，营造团队精神。

失败的小林

应届毕业生小林早上要去参加招聘会，正当他拿起背包要走时，发现个人简历还没有拿，便急忙去取，谁知不小心把桌子上的水杯弄翻了，浇湿了简历，为了赶时间，他也顾不了那么多了，把简历往背包里一塞就赶去招聘现场。当小林被一家非常著名的企业看中让他面试时，招聘人员问了他三个问题，便要了他的个人简历。

但当他拿出来简历时才发现，自己的个人简历已经不成样子了，于是自己便把它尽可能弄平整，交了过去。望着这份伤痕累累的简历，招聘人员脸上晴转多云，但还是收下了。

三天后，小林去该企业人力资源部参加了第二次面试，他表现得非常活跃。从现场操作到对产品的模拟口头推介，小林都完成得很好，而且他思路清晰，对一些问题有独到的见解。当他走出办公室时，一位工作人员对他说，你是今天面试人员中最出色的一位。

面试后过了一周，小林依然没有收到录取的通知。于是他便打电话问询情况。工作人员告诉他："其实负责招聘的主管对你很满意，但老总后来看了你的简历说，连一份简历都保管不好的人，是很难担当大任的。"简历实际上代表着个人的形象，把一份"不修边幅"的简历送出去是不负责任的。

一个不修边幅的人，没有好的习惯，就会被人认为是一个没有素养的人。

三、5S 活动的实施方法

5S 管理是现场管理工作的基础，5S 活动有固定的程式，按照此程式实施，才可能取得好的现场管理效果。

1. 给工作场所拍照

实施 5S 行动前将存在问题的地方一一拍照，并及时注明所存在的问题。这些照片在 5S 法全面展开时，用来做比较。在每张照片上标明拍摄地点及拍摄日期，以便得到照片拍摄前后的对比。要拍彩照，这对实施现场管理有很大用处。

2. 清理场地

任何工厂和车间都有许多没有用的杂物。用红色牌子给它们做上记号，使任何人都能看清楚哪些东西该处理掉或搬走。制定明确的标准，"什么是必需的""什么是没用的"，免得引起大家争论或给人找借口的理由。所有的红色牌子要由不直接管理有关机器和作业区的人去挂。

3. 整顿仓储

整顿仓库时，记住三个要点：① 什么东西；② 放在什么地方；③ 放了多少。清理完毕之后，用字母或号码给每台机器及其存放地点编一个醒目的大标签。最好能设计一个仓库放置图表，什么类型的东西放在什么位置，什么特殊用品放在什么位置，要清清楚楚，让别人来找时能很方便地寻找到。放在开放型仓库比封闭型的好，如果模具和工具藏在有锁的柜子、箱子或抽屉里面，别人看不见、找不到，仓库很快就会被翻得乱七八糟，所以所有的东西尽量都不要放在隐蔽的地方。

4. 固定打扫程序

仓库区、设备和周围环境这三大地方要定期打扫。最好把工作场所划分成小块区域分配任务，然后列表排定值日顺序。画出清洁责任图，排出打扫时间表，确定每个人的清洁时间、清洁地点和清洁内容。把责任图和时间表挂在每个人都能看见的地方。建立起每日五分钟打扫习惯，听起来五分钟太短，做不出像样的事情，但如果打扫效率高，做出的成绩会让人很吃惊的。

5. 制定工作场所清洁标准

只要每个人都出把力，工作场所就能始终保持干净、清洁。窍门在于记住三“无”原则：无非必需物品，无乱堆乱放，无尘土。

6. 实行视觉控制

开展富有建设性的批评是实行 5S 法训练的基础之一。最理想的是创造一个工作场所，在此一眼就能看出缺陷，因而可以采取措施补救。工厂应该有前后照片展览的好时机，把开始拍的照片及 5S 整理后的照片张贴在大家都能看得见的地方，把 5S 成果也附在照片旁边。如有可能，奖励成绩最佳的作业区的员工，激励他们进一步改进。

5S 管理的推行与应用

某公司是一家电子企业，主要从事配电设备制作的业务。该公司与国内某大型公司洽谈了一个合资项目，然而，与该大公司的合资谈判进行得并不顺利。对方来公司考察时，提出了很多意见，比如仓库和车间里的零件、工具的摆放不够整齐，地面不够清洁，机器上油污太多，工人的工作服也不符合要求……对方提出厂方管理质量必须更改后才能合资。

刚开始的时候，公司管理层觉得对方有点“小题大做”。“不就是做做卫生，把环境搞得优美一些吗”，老总觉得这些事情太“小儿科”，与现代管理、信息化管理简直不沾边，于是请来了质量专家。

质量专家通过实地调查，用大量现场照片和调查材料，让公司的领导和员工，受到了一次强烈的震撼。

车间的地面上，总是堆放着不同类型的电线，有准备用的，也有“不知道谁搬过来的”；有用和没用的电器组件，躺在车间的一个角落里，沾满了灰尘；工人使用的工具都没有醒目的标记，大家是你借我的，我借你的，要找一件合适的工具得费很大的周折。

仓库里的情况也好不到哪里。堆货号和货品不相符合的情况司空见惯。有时候，车间返回来的电器组件与新的电器组件混在一起，谁也说不清到底领用了多少。

在这种情况下，质量专家明确提出：清理、整顿、清洁。

随着 3S（清理、整顿、清洁）的逐步深入，车间和办公室的窗户擦干净了，卫生死角也清理出来了，库房、文件柜、各种表单台账等“重点整治对象”也有了全新的面貌，厂方有一种脱胎换骨的感觉。

大家的精神面貌有了一些微妙的变化：人们的心情似乎比过去好多了，一些“不拘小

节”的人的散漫习惯，多少也有了收敛，报送上来的统计数据，不再是过去那种“经不住问”的“糊涂账”，工作台面和办公环境的确清爽多了。

当合资公司再派人来考察时，这次他们落实了合资合同。

很难想象，客户会对一个到处是垃圾和灰尘的公司产生信任感；也很难想象，员工会在一个纪律松弛、环境不佳、浪费随处可见的工作环境中产生强烈的责任心，并确保生产质量和劳动效率，而5S就能让一个企业焕发出新的生命活力。

第五章 工序质量控制技术

第一节 工序质量控制的基本概念

质量控制的一项工作是通过收集数据、整理数据，把实际测得的质量特性与相关标准进行比较，找出波动的规律，并对出现的差异或异常现象采取相应措施进行纠正，把正常波动控制在最低限度，消除系统性原因造成的异常波动，从而控制工序状态。实行工序质量控制是企业全面质量管理的一个重要环节。

案 例

检验问题

100个缺陷产品被放进大量的合格产品中，并作100%的检验。检验员在第一次检验中，只找出68个缺陷品，重新检验了3遍，又找出30个，但剩下的2个始终没有找到。这个试验说明：人工检验并不一定完全可靠，100%的检验不可能100%的精确，判断失误是不可避免的，检验是质量控制中被动响应的方法，不是主动的提高质量的方法。只有通过计算机系统管理，进行科学的统计、分析，实行质量过程控制，才是提高产品质量的关键。

一、工序质量控制

1. 工序质量控制的定义

一道工序，是指一个或一组作业工人在一个工作地对一个或若干个劳动对象（产品或零件、半成品）进行加工的过程。例如一个工人在一台车床上车削某轴类零件的生产过程就可称为一个工序，再放到另一个磨床上磨削加工又可称为一个工序。一个工人在一台车床上完成车大端面、车小端面、倒角可以看作一个工序，由车大端面、车小端面、倒角三个工步组成（见图 5-1）。

××企业	机械加工工序卡片	工序名称	精车	工序号	06
20×0.2 10×0.2 15° Ra 1.6 A 0.05 A Ra 1.6 0.05 A Ra 1.2		零件名称	中间轴齿轮	零件图号	45-1082
		零件重量		同时加工零件数	1
		材料		毛坯	
		牌号	硬度	型式	重量
		20Cr	HRC58-64	模锻件	
		设备		夹具	辅助工具
		名称	型号	气动可胀心轴	
		普通车床	C6132		

工步号	工步内容	刀具	量具	走刀长度/mm	走刀次数	背吃刀量/mm	进给量/(mm·r^{-1})	主轴转速/(r·min^{-1})	切削速度/(m·s^{-1})	工时/min
1	精车大端面，保证尺寸 20±0.2 及对 A 面的跳动 0.05；	45°弯头刀	游标卡尺	25	1	0.5	0.2	264	1.8	
2	精车小端面，保证尺寸 10±0.2 及对 A 面的跳动 0.05；	45°弯头刀	0～200 百分表	20	1	0.5	0.2	264		
3	倒角 5×15°		0～10 检验心轴							

图 5-1　××企业车削工序示例

瓷器的工序

景德镇素有“瓷都”之称，这里千年窑火不断，其瓷器以“白如玉，明如镜，薄如纸，声如磬”的独特风格蜚声海内外。景德镇瓷业辉煌与其先进的制瓷工艺密不可分，在长期制瓷过程中，形成了一套严谨的传统手工制瓷工艺。据明代科学家宋应星的《天工开物》记载，一只普通的杯子细分起来工序达到 72 道之多，因此有“一杯工力过手 72 方克成器”的说法，每道工序都简化到不能再简化的程度。炼泥的只管炼泥，拉坯的只管拉坯，彩绘者也是画者画而不染，染者染而不画，如此明细分工提高了制瓷效率，也使景德镇瓷器得以成为全国瓷器的翘楚。

工序是产品形成的基本环节，工序质量是多种因素共同作用下的结果。一般来说，对产品可分割的工序，工序质量指产品在该工序加工过程中的质量特性，如尺寸精度、表面粗糙度、形状误差、位置误差、重量、强度、硬度等。

某企业电缆屏蔽工序的质量要求

（1）铜带绕包应连续、前后一致，其表面应平整、紧密，不可有翘边、撕裂、折皱等不良现象。

（2）铜带连接必须采用点焊连接，修补时可用锡焊连接，严禁搭接、插接等其他不符合规范的接法。

（3）无纺布包带绕包应连续、前后一致，其表面应平整、紧密，不可有翘边、撕裂、折皱等不良现象。

（4）铜带的平均搭盖率应不小于15%，其最小搭盖率应不小于5%。

工序质量控制是指为把工序质量的波动限制在规定的界限内所进行的活动。工序质量控制是利用各种方法和统计工具判断和消除系统因素所造成的质量波动，以保证工序质量的波动限制在要求的界限内。

2. 工序质量控制的方法

由于工序种类繁多，工序因素复杂，工序质量控制所需要的工具和方法也多种多样，现场工作人员应根据各工序特点，选定既经济又有效的控制方法，避免生搬硬套。企业在生产中常采用以下三种方法：一是自控；二是工序质量控制点；三是工序诊断调节法。

自控是操作者通过自检得到数据后，将数据与产品图纸和技术要求相对比，根据数据来判定合格程度，作出是否调整的判断。操作者的自控是调动工人搞好产品质量的积极性，进行工序质量控制确保产品质量的一种有效方法。

工序质量控制点的日常控制是监视工序能力的波动，检测主导因素的变化，调整主导工序因素的水平。通过监视工序能力波动可得到主导工序因素变化的信息，然后检测各主导工序因素，对异常变化的主导因素及时进行调整，使工序处于持续稳定的加工状态。

按一定的间隔取样，通过样本观测值的分析和判断，尽快发现异常，找出原因，采取措施，使工序恢复正常的质量控制方法，称为工序诊断调节法。尽快地发现工序状态异常，就是所谓的工序诊断；寻找原因，采取对策，使工序恢复正常，就是所谓的工序调节。工序诊断调节法，适用于机械化和自动化水平高的生产过程。

3. 主要工序因素的质量控制

主要工序因素的质量控制，即关键工序、重要工序的质量控制。就航空产品而言，对这类工序的控制要求十分严格。航空企业都必须按照国家颁布的标准及军工产品质量管理条例要求，在生产中要加强工序的关键件、重要件制造中的严审工作，以确保产品质量。企业在生产制造过程中要进行严格的生产管理和周密的工序质量控制，尤其是关键工序、重要工序

的质量控制。这类控制很适合于研制和批量生产的军民用品的工序控制。其方法是：

（1）工艺规程的编制。根据企业工艺管理特点，采用细化工艺堆积编制方法，把关键或重要图纸尺寸、技术要求写入工序名称栏内，工序图纸中的关键尺寸、重要尺寸或其他技术要求（如形状、位置公差标量），在该尺寸旁加盖“关键”或“重要”印记。同时要明确工、夹、量、模具的使用及产品检测要求，必要时增订“内控标准”，纳入工艺规程。

（2）关键工序、重要工序工艺资料的更改与试机。要求更改慎重，其审批比一般工序规定提高一级；采用新工艺、新技术时必须经过技术鉴定，其鉴定结论认为可行时方可纳入工艺规程。

（3）关键工序、重要工序必须实行“三定”，即定人员、定设备、定工序。实行“三定”前要对操作者进行应知应会上岗考核，只有取得上岗合格证时方可上岗。

（4）工、夹、量、模具处于良好工作状态，工位器具配套齐全适用，温度、湿度和环境符合生产规定。

（5）严格批次管理。批次管理是指产品从原材料投入到交付出厂的整个生产制造过程中，实行严格按批次进行的科学管理，它贯穿于产品生产制造的全过程。搞好批次管理，能确保产品从原材料进厂到出厂交付的每个环节，做到“五清六分批”。五清指批次清、数量清、质量清、责任清、生产动态清；六分批指分批投料、分批加工、分批转工、分批入库、分批保管、分批装配。这样就能使在制品在周转过程中工序不漏、数量不差、零件不混，一旦发生质量问题能够迅速准确地查出原因，把返修报废的数量和用户使用的影响限制在最低程度。

（6）检验人员必须执行“企业质量手册”的有关规定，严格首件检验，巡回检查和总检，并监督操作者严格按工艺文件规定进行操作，测量和填写图表，对不执行者，有权拒绝检查和验收。

二、质量波动

1. 质量波动

质量波动是指产品制作与加工过程中，质量特性数值大小不一的状况。人们早就发现，在生产制造过程中，无论工艺条件多么严格一致，环境多么理想，生产出绝对相同的两件产品是不可能的，无论付出多大努力去追求绝对相同的目标，也是徒劳的。它们总是或多或少存在着差异，正如自然界中不存在两个绝对相同的事物一样。这就是质量波动的固有本性——波动性，也称变异性。质量产品质量特性的波动分为正常波动和异常波动。

正常波动，是允许范围内的质量波动。正常波动在每个工序中是经常发生的，对于产品的质量影响不大，也不易识别和消除。引起正常波动的影响因素很多，诸如机器的微小振动，原材料的微小差异等。在工序中，尽管每个产品的质量结果不相同，但从总体上看，其质量波动趋势可以用某种统计分布来进行描述。当工序质量处于正常波动时，我们说工序是处于正常控制之中，此时的工序生产性能是可以根据质量波动情况进行预测的。

异常波动，是必须克服的质量波动。工序中的异常波动是由某种特定原因引起的，使生产过程失控，导致产品质量引起极大波动。这种特定原因有时也称为异因，例如刀具急剧磨

损、设备突然产生故障、工人误操作等都可直接导致异常波动。

异常波动，常由突发性因素引起，应当即时识别和消除。有时，正常波动也可能累积转化为异常波动，所以应当通过工序质量控制，维持正常波动在适度的范围内。

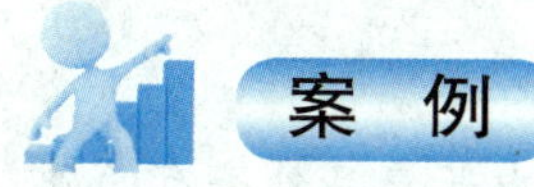

轴的加工波动来源

质量加工项目：直径

波动源：机器的老化，刀具的磨损，毛坯的差异，电压的波动，操作者的生理、心理波动，操作场所的温度，光线差异，测量者的测量水平等。

2. 质量波动的原因

要达到控制质量的目的，自然要研究质量波动的原因，这样，控制才有针对性。所以，研究变异的原因，就是寻找变异的根源，确定控制的对象。

质量波动的原因可以从来源和性质两个不同的角度加以分析。

(1) 质量波动来源的分类。引起质量波动的原因通常概括为“4M1E”，即：材料、设备、方法 、操作者、环境。

(2) 质量波动性质的分类。引起质量波动的原因按性质可以分为偶然性原因和系统性原因两类。

① 偶然性原因。偶然性原因是一种不可避免的原因，经常对质量波动起着细微的作用，这种原因的出现带有随机性，其测度十分困难，因此不易消除。例如，同批材料内部结构的不均匀性表现出的微小差异，设备的微小振动，刀具的正常磨损，以及操作者细微的不稳定性等。显然，它们是不容易识别和不容易消除的。在产品的制造过程中会遇到大量偶然性因素的影响，因为现实中不可能有绝对完全相同的条件，那么，微小的变化就是不可避免的。所以，也称偶然性原因为正常原因。

② 系统性原因。系统性原因是一种可以避免的原因。在生产制造过程中，出现这种因素，实际上生产过程已经处于失控状态。因此，这种原因对质量波动影响程度大，但容易识别，可以消除。例如、使用了不合规格标准的原材料，设备的不正确调整，刀具的严重磨损，操作者偏离操作规程等。

这些情况容易被发现，采取措施后可以消除，使生产过程恢复受控状态。所以，也称系统性原因为异常原因。

应该说，偶然性原因和系统性原因也是相对而言的，在不同的客观环境下，二者是可以互相转化的。例如，科技的进步可以识别一些材料的细微不均匀性，那么这种可以测度的差异超过一定限度就被认为是系统性原因，视为异常，不再是正常的偶然性原因了。于是便可以在识别后加以纠正。这当然要根据实际需要而划分二者的界限。

硬度为什么会波动呢

某电器生产企业面临一个严重的问题：合作单位来电说车间生产的电子产品外壳有的硬度不足。经过车间讨论，认为以前没有测试硬度，强调今后产品必须先经过硬度检测后才能出厂。为了保证产品的硬度，厂方专门购置了硬度测试仪，对每一批产品出厂时进行硬度检测。检测下来，发现，有的外壳确实硬度不足。经过再一次讨论，大家认为可能是来料存在问题。于是对每一批进料进行了检测，同时规定进料也必须经过硬度检测后才能进入加工生产车间，可是生产出的产品依然存在问题。由于这种质量问题又没有太明显的规律，厂长只好请来质量博士进行咨询。

质量博士查看了车间出现问题的那些电子外壳的一些记录数据，又查看了车间对一些不合格品的试验数据，他又要来了电子外壳板料的来料检查记录，突然，他明白了症结所在。质量博士问进料人员："你是如何检测板料硬度的？"进料人员说："按照惯例，厂家送来的板料质量还是可以的。现在有了检测设备，我们是从每一层板料中任意的位置剪下一块进行硬度测量，如果硬度测量结果在我们规定的范围内我们就接受，如果不在规定的范围内我们就不收"。质量博士又问："你们一般测量几次呢？"进料员回答说："一般一次，当测量出现不合格时，就再测量一次。"

质量博士把车间主要负责人召集来，就产品质量问题作了分析："产品硬度出现不合格，问题在原料上。一般来说，只对原料进行一次测试，测量时出现的问题就容易遗漏。当进料员测得正确的结果，产品也就没有什么问题。但当进料员测量错误时，此时，可能会有两种情况，一种是把合格的测成不合格的，另一种情况就是把不合格的当成了合格的。在生产中出现产品硬度不够，应该就是把不合格的来料当成了合格的来用，并直接进入车间。"大家听了恍然大悟，一下子就明白了："对啊，就是这个原因"。"我们认为板料厂家出厂时先进行了检验，应该没问题了，我们购置了检测设备，更应该高枕无忧了，认为来料只检测一次就行了，没想到来料中还存在问题，只测量一次很容易把不合格的板料放进来。"

"那应该怎么办呢？"，质量博士笑眯眯地问。车间主任说："最少要测量3次以上，才能大大减少测量出错的可能！"

3. 产品质量的统计观点

产品质量的统计观点是现代质量管理的一个基本观点。传统质量管理与现代质量管理的一个重要差别就在于后者引入了产品质量的统计观点。它包括下列内容：

（1）产品质量的变异性。产品质量是操作人员在一定的环境中，运用机器设备，按照规定的操作方法，对原材料加工制造出来的。由于这些质量因素在生产过程中不可能保持不变，故产品质量必定会受到一系列质量因素的影响而在生产过程中不停地变化着，这就是产品质量的变异性。

（2）产品质量变异的统计规律性。产品质量的变异是具有统计规律性的。在生产正常

的情况下，对产品质量的变异经过大量调查分析后，可以应用概率论与数理统计方法，来精确地找出质量变异的幅度，以及不同大小的变异幅度出现的可能性，即找出产品质量的统计分布。这就是产品质量变异的统计规律。在质量管理中，计量质量特性值常见的分布有正态分布等，计件质量特性值常见的分布有二项分布等，计点质量特性值常见的分布有泊松分布等。掌握了这些统计规律的特点与性质，就可以用来控制与改进产品的质量。

现代质量管理不再把产品质量仅仅看成是产品与规格的对比，而是辩证地把产品质量看成是受一系列因素影响并遵循一定统计规律在不停地变化着的。这种观点就称为产品质量的统计观点。

三、质量分布

产品质量虽然是波动的，但正常波动是有一定规律的，即存在一种分布趋势，形成一个分布带，这个分布带的范围反映了产品精度。产品质量分布可以有多种形式，如平均分布、正态分布等。

1. 正态分布

正态分布是一个最普遍、最基本的分布规律。实践证明，在正常波动下，大量生产的产品质量分布趋势服从质量正态分布（如图 5-2 所示）。正态分布图形是一条中间高，两头低的“钟形”状态曲线，它具有对征性、集中性等特点。

在质量管理中，常见的、应用最广的连续变量的分布为正态分布。例如，轴径的加工尺寸、化工产品的化学成分等质量特性值都服从正态分布。

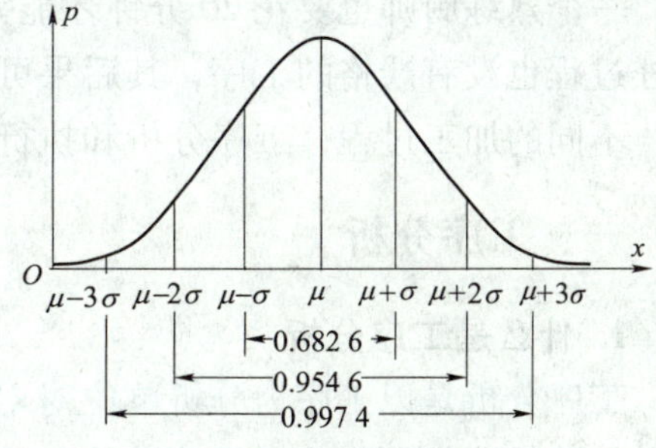

图 5-2　正态分布曲线

2. 正态分布的主要特点

（1）正态分布有两个参数，即均数 μ 和标准差 σ。均数 μ 决定正态曲线的中心位置；标准差 σ 决定正态曲线的陡峭或扁平程度。σ 越小，曲线越陡峭；σ 越大，曲线越扁平。

（2）对称性：正态曲线以均数为中心，左右对称，曲线两端永远不与横轴相交。

（3）集中性：正态曲线的高峰位于正中央，即均数所在的位置。

（4）均匀变动性：正态曲线由均数所在处开始，分别向左右两侧逐渐均匀下降。

（5）正态曲线下面积分布有一定规律。

曲线与横坐标轴围成的面积为 1。实际工作中，还需要了解正态曲线下横轴上某一区间的面积占总面积的百分数，以便估计该区间的例数占总例数的百分数（频数分布）或观察值落在该区间的概率。

标准正态分布时区间（$\mu-\sigma$，$\mu+\sigma$）的面积占总面积的 68. 27%；

标准正态分布时区间（$\mu-2\sigma$，$\mu+2\sigma$）的面积占总面积的 95%；

标准正态分布时区间（$\mu-3\sigma$，$\mu+3\sigma$）的面积占总面积的 99%。

正态分布规律是概率论里的一个概念。大家通过这样的一个现象可以很容易理解什么是正态分布规律，比如人们身高的规律就很符合正态分布规律，意思就是像姚明一样个子特别

高的人很少，而个子特别低的人也一样很少，中等个子的人最多。同样，人的体重、人的智商表现、人体中红血球的含量、人的寿命等都是符合正态分布规律的。

正态分布在自然界中处处存在，生产中，电子管的寿命、零件的尺寸、铁水中含碳量等都符合正态分布规律。在地文中，如一年的水位，一年的温度，相似环境下农作物的产量等也都符合正态分布规律。可以说，正态分布规律处处存在。

第二节　工序分析与工序控制

在日本，河豚被奉为“国粹”，深受日本人的推崇。河豚肉质细腻，味道极佳，但毒性极强，处理不慎就有可能致人死命。在中国长江三角洲，有“拼死吃河豚”之说，每年中毒、死亡者都达上千人，所以在吃河豚之前，总要由饭店的人先尝试一下。但日本却很少有中毒、死亡的事情，那是他们具有十分严格的加工程序，一名河豚厨师上岗前至少要接受两年的严格培训，考试合格以后才能从事此行业；在烹饪过程中，每条河豚需要执行 30 道工序，一个熟练厨师也要花 20 分钟才能完成。但在中国，全部由加工厨师自己加工烹饪河豚，烹饪过程也没有严格的工序，其后果可想而知。

不同的加工过程，工序分析和执行都相当的重要，严格的工序分析是提高质量的关键。

一、工序分析

1. 什么是工序分析

工序分析是以工序为分析单位对对象物品（材料、半成品、产品、副材料等）经过什么样的路径（按照发生的顺序分为加工、搬运、检查、停滞、存放），与各工序的条件（加工条件，经过时间，移动距离等）一起进行分析的一种方法。

生产工序分析是基本的分析方法，让你了解生产活动中的每一个实际阶段。由输入材料直至最后制成产品的工序，可划分为生产、检验、传送及储存四个阶段，这四个阶段可根据工序次序表示出来。

2. 工序分析的目的

工序分析的基本目的是为了改善生产工序，也可以说改善工序管理系统。工序分析是质量管理的一项重要的技术基础工作。它有助于掌握各道工序的质量保证能力，为产品设计、工艺、工装设计、设备的维修、调整、更新、改造提供必要的资料和依据。

3. 工序分析的类型

工序分析分为一般工序分析、重点工序分析和关键工序分析。

一般工序分析是为了掌握整个工序的情况而进行的分析，又分为详细工序分析和简单工序分析。详细工序分析是指在改善生产方法（工序，工序顺序）或者编制作业流程中，对详细工序项目进行调查分析的方法。简单工序分析是表示产品整体的工序系列或者相互关系，以工序顺序为中心，为掌握整体性的生产方法而进行的分析。

重点工序分析是对顾客经常抱怨，出现废品率高，与配合尺寸较密切的工序而进行的分析。

关键工序分析是对产品质量形成中最易影响产品质量的工序进行分析。各行业的关键工序不同，例如印制电路板是电子行业的关键工序之一。很多电子产品精密图像的制作主要依靠印制电路板，但随着器件的微型化、多功能化和电子封装技术的飞速进展，印制电路设计更趋向高密度化、高精度、高可靠和窄间距、细线条、微孔化方向发展，也使印制电路板的制造技术难度更高，此道工序就很关键。

二、工序控制

1. 工序控制

工序控制是用以分析和控制工序质量的技术知识的整体，其中包括直接对整个生产过程中材料、零件、部件及装配件的质量进行控制的知识。工序控制分为工序质量分析、工序过程控制、工艺纪律的贯彻、质量效果的审核等。

工序控制分析的目的和方法主要有：

（1）确定工序能力，主要方法是机器和工序能力分析、工序可靠性成熟程度分析、检测手段能力与再现性分析。

（2）确定对计划值的符合程度，主要方法是生产结果分析、质量保证检验、非破坏性检验与评价、产品试验、筛选检验以及进厂材料试验、检验和实验室分析。

（3）确定波动的原因，主要方法是工序波动分析和质量成本变动情况分析。

（4）识别不合格的原因，主要方法是试验数据分析、废品和返工分析、现场投诉分析。

2. 工序质量控制定义

国际标准 ISO 8402 定义质量控制为：为满足质量要求所采取的作业技术和活动。国家标准 GB/T 6583 对质量控制的定义为：为保持某一产品、过程或服务质量，满足规定的质量要求所采取的作业技术活动。

工序质量控制，就是对工序活动条件的质量控制和对工序活动效果的质量控制。

实行工序质量控制，是生产过程中质量管理的重要任务之一，工序控制可以确保生产过程处于稳定状态，预防次品的发生。如果一个高速精密的工序控制不当，生产出的无用的废品马上就会堆积成山；如果产品稍微不符合生产标准，它就会在后面的复杂装配工序中造成很大的麻烦，并因拆卸、替换部件而造成巨大的损失。

3. 工序质量控制的内容

进行工序质量控制时，应着重于以下四个方面的工作。

（1）对工艺规程的控制。严格执行施工工艺和操作规程，是确保工序质量的前提。工艺规程是根据零件的具体要求，在保证加工质量，提高生产效率和降低生产成本的前提下，对零件上的各加工部分选择适宜的加工方法。工艺规程能合理地安排加工顺序，科学地拟定加工工艺过程，只有按工艺规程对零部件进行加工操作，才能保证产品质量。

（2）对工序活动条件的控制。工序活动条件主要是指影响质量的人、机、料、法、环五大影响因素。只要将这些因素切实有效地控制起来，使它们处于被控制状态，避免系统性因素变异发生，就能保证每道工序质量正常、稳定。

态度影响工序质量

一家著名美国企业的总裁到一家著名日本企业参观学习时表示：我们产品保证质量的关键在于30%的技术加70%的态度。日本企业的老板则说：我们保证产品质量的关键在于10%的技术加90%的态度。在美国有一家汽车配件供应商使用同一条生产线同时为美国一家汽车公司和一家日本在美企业供应零部件，这家企业进行过程质量控制，结果发现，为日本企业生产的产品的质量波动范围明显小于为美国企业生产时的质量波动范围。通过深入调查分析才发现，原因在于企业员工从内心认为日本企业对质量要求严格，因而加工时不敢大意，工作时认真、注意力相对集中，从而使加工的零件质量有了保证。可见，态度观念也影响工序质量。

（3）计量及测试的控制。计量及测试是检验工序质量是否符合标准的尺度。为此，必须加强质量检验工作，对质量状况进行综合统计与分析，及时掌握质量动态。一旦发现质量问题，随即研究处理，使工序活动效果的质量，自始至终满足规范和标准的要求。

（4）对关键工序的控制。对关键工序的控制主要指对具有特殊要求的工序进行强化管理，使工序处于受控状态。强化管理可采用在文件中设置要求、在生产中设置标识牌、在检测时多人控制等方法。

关键工序的控制

一家叫卡姆科的加拿大家电公司，该公司花了一年的时间，运用传统的手段，想找到一种解决因炉灶面坚硬度差而导致大量废品的方法。据卡姆科公司的“黑带大师”克里斯·米切尔说：“在装配过程中，我们试过好几种方法，这些方法一开始似乎很有道理，但最后都经不起试验，还使我们蒙受了不少经济损失。”接着“绿带”博士马丁化了八个月的时间运用六西格玛来解决这个问题。他和同事们试验了10种不同原因的组合，用14种方法进行了试验。待计算机得出结果后，马丁采用“主效图形分析”和“图形分析”确诊出了这些关键工序误差的根源。关键工序之一是在搪瓷烧结的烤箱中，悬挂零件的方式有误；关键工序之二是炉灶正反两面搪瓷比例不当。通过严密控制这些关键工序过程，每年为公司节省了五十万美元，并大大地提高了产品质量。

三、统计过程控制

1. 统计过程控制简介

质量大师朱兰曾说过：“21世纪是质量的世纪。”在质量管理中我们常听说的一个概念

就是SPC，SPC作为一种非常有效的品质工具在全世界被广泛应用。

SPC（Statistical Process Control）就是指统计过程控制，它是使用统计技术（如控制图等），分析过程或其输出的工具。SPC就是应用统计技术对过程中的各个阶段进行监控，从而达到保证与改进质量的目的。SPC强调全过程的预防。

当过程仅受随机因素影响时，过程处于统计控制状态（简称受控状态）；当过程中存在系统因素的影响时，过程处于统计失控状态（简称失控状态）。由于过程波动具有统计规律性，当过程受控时，过程特性一般服从稳定的随机分布；而失控时，过程分布将发生改变。SPC正是利用过程波动的统计规律性对过程进行分析控制的，它主要利用数理统计原理，通过检测数据的收集和分析，找出质量问题产生的原因，及时采取适当的措施，消除异因，改进过程能力，维持工序状态稳定，有效控制生产过程，不断改进产品质量。

SPC是企业提高品质管理水准的有效方法，它强调过程在受控和有能力的状态下运行，从而使产品和服务稳定地满足顾客的要求。

2. SPC的发展简史

过程控制的概念与实施过程监控的方法早在20世纪20年代就由美国的休哈特（W. A. Shewhart）提出。今天的SPC与当年的休哈特方法并无根本的区别。

20世纪20年代，休哈特在贝尔实验室工作时，发现过程的数据会形成特定的图形，一个特定的图形一般对应着一个特定过程。休哈特发现一般的过程图形是由那些隐藏在过程背后的、影响该过程的一些原因或变量随机变化而导致的，由于这些原因在过程当中普遍存在，所以称为普通原因。例如当温度、压力、速度和拧紧螺丝的力矩等方面存在波动时，导致人们从来没有真正用同一个力矩拧紧过一个螺丝，所以形成的图形不是一个绝对稳定的图形。

而当过程的输出图形发生变化时，一定是由于过程的零件、参数、系统原因等出现了变化。这些偶然的、特殊原因并不是系统本身所固有的，不能同等地影响系统输出，所以图形产生了异变。

休哈特的控制图是基于统计原理的，通过分析图形随时间的变化，跟踪过程变化，从而帮助我们有效地判断过程是否稳定，过程是否只受普通原因的随机变化影响，或是受到系统中新的特殊原因影响，这就是SPC的由来。

在第二次世界大战后期，美国开始将休哈特方法在军工部门推行。但是，上述统计过程控制方法尚未在美国工业牢固扎根，第二次世界大战就已结束。战后，美国成为当时工业强大的国家，没有外来竞争力量去迫使美国公司改变传统方法，只存在美国国内的竞争。由于美国国内各公司都采用相似的方法进行生产，竞争性不够强，于是过程控制方法在1950~1980年这一阶段内，逐渐从美国工业中消失。

反之，战后经济遭受严重破坏的日本在1950年通过休哈特早期的一个同事戴明（W. Edwards Deming）博士，将SPC的概念引入日本。从1950~1980年，经过30年的努力，日本一跃而居世界质量与生产率的领先地位。美国著名质量管理专家、伊阿华州立大学（Iowa State University）的伯格（Roger W. Berger）教授指出，日本成功的基石之一就是SPC。

在日本强有力的竞争之下，从20世纪80年代起，SPC在西方工业国家复兴，并列为高

科技之一。美国从20世纪80年代起开始推行SPC。美国汽车工业大规模推行了SPC，如福特汽车公司、通用汽车公司、克莱斯勒汽车公司等；美国钢铁工业也大力推行了SPC，如美国LTV钢铁公司、内陆钢铁公司、伯利恒钢铁公司等。

3. SPC的发展

SPC源于20世纪20年代，以美国休哈特博士发明控制图为标志。自创立以来，即在工业和服务等行业得到推广应用，二战中美国将其制定为战时质量管理标准，当时对保证军工产品的质量和及时交付起到了积极作用；自20世纪50年代以来SPC在日本工业界的大量推广应用，对日本产品质量的崛起到了至关重要的作用；20世纪80年代以后，世界许多大公司纷纷在自己内部积极推广应用SPC，而且对供应商也提出了相应要求。现今，在ISO9000以及QS9000（主要用于汽车行业）中也提出在生产控制中应用SPC方法的要求。

SPC于1950年从美国引入日本，在日本得到大力推广。经过30多年的努力，日本的质量和生产率已在国际领先，美国和日本的产品质量的差距日益明显。以汽车零件的不合格率为例，北美的汽车零件不合格率为1%～4%，而日本为0.001%，仅此一项，北美的汽车装配线现场零件的储备就达10亿美元。所以，美国的质量管理学者说：日本成功的基石之一就是SPC。

传统的SPC系统中，原始数据是手工抄录，然后人工计算、打点描图。随着计算机在企业的普及，SPC越来越接近无纸化，信息化，采用人工输入计算机，然后再利用专用软件进行统计分析，生成各种控制图表。对于数据的调用和及时性也比传统有很大的改善，工程或质量人员在办公室中通过电脑就能够及时了解到生产过程中每个控制点的控制状态。

SPC虽然能对过程的异常进行告警，但是它并不能告诉我们是什么异常、发生于何处，即不能进行诊断。1980年，我国质量管理专家张公绪提出选控控制图系列。选控图是统计诊断理论的重要工具，它奠定了统计诊断理论的基础。1982年，张公绪又提出了“两种质量诊断理论”，突破了传统的休哈特质量控制理论，开辟了质量诊断的新方向。此后，我国又提出“多元逐步诊断理论”和“两种质量多元诊断理论”，解决了多工序、多指标系统的质量控制与质量诊断问题。从此，SPC上升为SPD。SPD即统计过程诊断SPD（Statistical Process Diagnosis），它是利用统计技术对过程中的各个阶段进行监控与诊断，从而达到缩短诊断异常的时间，以便迅速采取纠正措施，达到减少损失、降低成本、保证产品质量的目的。

SPCDA是Statistical Process Control，Diagnosis and Adjustment的简称，即统计过程控制、诊断与调整，它能控制产品质量，发现异常并诊断产生异常的原因，自动进行调整。SPCDA是SPC发展的第三个阶段，目前尚无实用性成果。

4. 统计过程控制的作用

SPC给企业各类人员都带来好处。对于生产第一线的操作者，可用SPC方法改进他们的工作；对于管理干部，可用SPC方法消除在生产部门与质量管理部门间的传统的矛盾；对于领导干部，可用SPC方法控制产品质量，减少返工与浪费，提高生产率，最终可增加上缴利税。

SPC强调全过程监控、全系统参与，并且强调运用科学方法（主要是统计技术）来保证全过程的预防。正是它的这种全员参与质量管理的思想，实施SPC可以帮助企业在质量

控制上真正做到事前预防和控制，SPC 可以：

（1）对过程作出可靠的评估；

（2）确定过程的统计控制界限，判断过程是否失控和过程是否有足够能力；

（3）为过程提供一个早期报警系统，及时监控过程的情况以防止废品的发生；

（4）减少对常规检验的依赖性，定时的观察以及系统的测量方法替代了大量的检测和验证工作。

SPC 作为质量改进的重要工具，不仅适用于工业过程，也适用于服务等一切过程性的领域，如管理过程（如产品设计、市场分析等）。在过程质量改进的初期，SPC 可以帮助确定改进的机会；在改进阶段完成后，可用 SPC 来评价改进的效果并对改进成果进行维持，然后在新的水平上进一步开展改进工作，以达到更强大、更稳定的工作能力。

SPC 产生的效益

某食品公司，其主要产品是糖果。该公司每月生产 4 000 万颗糖果。在生产过程中由于量大，测量不便，又担心产品达不到标准重量而引起消费者投诉与索赔，所以在设定每颗糖果重量基准时要比标准重量重 0.1～0.2 克，这样一个月多用去材料 500 万克左右，一年下来原材料浪费高达近 100 万元。后经研究，决定采用 SPC 软件进行质量管理，通过控制生产过程的稳定，控制每颗糖果生产时的重量维持在一个稳定的状态，达到与标准重量保持一致。由于生产过程稳定，生产出的糖果量均在规定要求范围内，并且无须超重，这样每颗糖果的成本降低 0.002 元，每月节省成本达到 8 万元，一年可节省成本 96 万元，效果非常明显。

5. 统计过程控制的实施

实施 SPC 分为两个阶段，一是分析阶段，二是监控阶段。首先用 SPC 工具对过程进行分析（如绘制分析用控制图等），然后根据分析结果采取必要措施（如消除过程中的系统性因素，减小过程的随机波动，以满足过程能力的需求）。第二步则是用控制图对过程进行监控。

SPC 的具体实施过程可采用如下步骤。

（1）识别关键过程。关键工序对产品质量的好坏起到至关重要的作用。SPC 控制图应首先用于关键工序，而不是所有的工序。例如某轴的直径需经过车削与磨削，由于轴直径的尺寸及精度主要取决于磨削加工，所以关键工序就是磨削加工。

实际中，对每道工序都要进行分析，找出对最终产品影响最大的变量，即关键变量。如美国 LTV 钢铁公司共确定了大约 20 000 个关键变量。

（2）确定过程关键变量（特性）。对关键过程进行具体分析，找出对产品质量影响最大的变量（特性），列出过程控制网图，对每个关键变量建立过程控制标准，并填写过程控制标准表。所谓过程控制网图即在图中按工艺流程顺序将每道工序的关键变量列出（如表 5-1 所示）。

表 5-1　过程控制标准表示例

所在车间		控制点		控制因素		文件号		制定日期	
控制内容									
过程标准									
控制理由									
测量规定									
数据报告途径									
控制图									
纠正性措施	有无建立控制图		控制图类型		制定者 制定日期		批准者 批准日期		
操作程序									
审核程序									
制定者		审核者		审核日期					

（3）制定过程控制计划。编制控制标准手册，在各部门落实。将具有立法性质的有关过程控制标准的文件编制成目标明确、通俗易懂、便于操作的手册，便于各道工序的使用。如美国 LTV 公司共编了 600 本上述手册。

（4）过程数据的收集、整理。

（5）过程受控状态初始分析。采用分析用控制图分析过程是否受控和稳定。如果发现不受控或有变差的特殊原因，应采取措施，保证过程稳定受控。

（6）过程能力分析。只有过程是受控、稳定的，才有必要分析过程能力，当发现过程能力不足时，应采取措施，消除异因。

（7）控制图监控。进入 SPC 实施阶段，主要应用控制图对过程进行监控。若发现问题，则需对上述控制标准手册进行修订，及时反馈。只有当过程是受控、稳定的，过程能力足够才能采用监控用控制图。在监控过程中，当发现有异常时，应及时分析原因，采取措施，使过程恢复正常。对于受控和稳定的过程，也要不断改进，减小变差的普通原因，提高质量降低成本。

推行 SPC 的效果是显著的。如美国率 LTV 公司在 1985 年实施了 SPC 后，劳动生产率提高了 20% 以上。

6. SPC 常用术语解释（见表 5-2）

表 5-2　SPC 常用术语

名　　称	解　　释
平均值（$\bar{x}$）	一组测量值的均值。
极差（Range）	一个子组、样本或总体中最大与最小值之差。
σ（Sigma）	用于代表标准差的希腊字母。

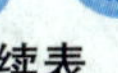

续表

名　称	解　释
标准差（Standard Deviation）	过程输出的分布宽度或从过程中统计抽样值（例如：子组均值）的分布宽度的量度，用希腊字母 σ 或字母 s（用于样本标准差）表示。
分布宽度（Spread）	一个数据组分布中从最小值到最大值之间的间距。
中位数 x	将一组测量值从小到大排列后，中间的值即为中位数。如果数据的个数为偶数，一般将中间两个数的平均值作为中位数。
单值（Individual）	一个单个的单位产品或一个特性的一次测量，通常用符号 x 表示。
过程均值（Process Average）	一个特定过程特性的测量值分布的位置即为过程均值。
移动极差（Moving Range）	两个或多个连续样本值中最大值和最小值之差。

第三节　工序能力与工序能力指数

一、工序能力

1. 基本知识

产品质量容易受到生产过程状态的影响，而生产过程状态受到“4M1E”的影响。其综合效果反映了产品质量特性值的分布情况。当“4M1E”受到完善的管理和控制时，通常已经消除了系统性原因的影响，仅存在偶然性原因的影响。这时，综合影响效果的质量特性值的概率分布，反映了工序的实际加工能力。

（1）工序能力的概念。工序能力是指工序在一定时间里，处于控制状态（稳定状态）下的实际加工能力。工序能力能反映生产过程中，在一定时间内处于统计控制状态下制造产品的质量特性值的经济波动幅度，所以又叫加工精度，用“B”表示。

（2）工序能力的体现。工序满足产品质量要求的能力主要表现在：

① 产品质量是否稳定。

② 产品质量精度是否足够，在稳定生产状态下，影响工序能力的偶然因素的综合结果应近似地服从正态分布。

若 $B=2\sigma$，则合格品率为 68.26%。

若 $B=4\sigma$，则合格品率为 95.45%。

若 $B=6\sigma$，则合格品率为 99.73%。

若 $B=8\sigma$，则合格品率为 99.994%。

从上可知，当分布范围取$\mu\pm3\sigma$时，产品质量合格的概率可达99.7%，那么，即可视为工序过程是受控的。

对于任何生产过程，产品质量总是分散地存在着。B值越小，说明工序的实际精度越高，工序能力越高。反之若工序能力越高，则产品质量特性值的分散就会越小；B值越大，说明工序的实际精度越差，工序能力越低，反之，若工序能力越低，则产品质量特性值的分散就会越大。

工序能力是工序固有的能力，或者说它是工序保证质量的能力。它是用来衡量工序加工内在一致性的指标，从兼顾全面性和经济性的角度，一般用标准偏差的6倍来表示，即$B=6\sigma$。目前世界上大部分国家都采用了6σ作为控制界限，实现过程控制或作为过程能力评价的标准。6σ的产品合格率为99.73%，不合格率为0.27%，这也就是质量管理中有名的六西格玛。

2. 影响工序能力的因素

同一过程生产出来的产品或是特性不可能完全相同，因为过程中存在变差源，这些因素的存在使产品差异也许很大，也许很小，也直接影响了工序能力。从实际中分析得出，影响工序能力的因素主要为4M1E。

任何加工制造过程和工序都存在着这样的因素，而且一种或少数几种占支配地位的情况到处可见。在众多影响最终质量的因素中起决定全局或占“支配”地位的因素称“主导因素”。根据专业技术知识和经验，人们一般可以从各种影响因素中识别出主导因素来。例如，在冲压加工中，模具是占支配地位的主导因素。因为在一般条件下，模具的质量决定了冲压零件的外形和尺寸精度。当然对于复杂成型压力加工工序，不仅受模具影响，而且工艺参数（压力大小、工作速度、成型次数等）也起主导作用。在制造过程中我们可以运用主导因素这一概念，分别根据不同工序的情况，采取切实有效的防护和控制措施，从而达到保证制造质量的目的。

3. 工序能力分析的意义

工序能力分析是保证产品质量的基础工作，只有工序达到一定的能力，才可保证加工精度，保证加工的质量符合要求。通过分析工序能力，改进工序过程，逐步使工序能力不足变为合适。此外，通过分析工序能力，可找出影响工序能力的因素，为改进质量提供明确方向。

工序能力不足的原因

机电专业学生，都要在普通车床上学习加工轴类零件。某老师发现同学们实习中，加工轴的外径和孔的内径不合格的较多，工序能力明显不足。由于车床是新买的，加工精度能够保证，加工方法也没什么不当。那么，究竟是什么原因导致这种情况产生呢。该老师收集了同学们加工尺寸相关数据标本，对数据进行分析研究。通过分析：原来在轴的加工生产过程中，同学们害怕出废品，加工轴时，害怕车削多了，从而使轴的外径尺寸往往偏大，加工零件中孔的尺寸时，又怕孔被加工大了，导致孔径往往又偏小。在这种怕大怕小错误思想的指导下加工，影响了零件的质量，严重时就产生了不合格品，导致整体工序能力不足。

二、工序能力指数

1. 工序能力指数的概念

工序能力是表示生产过程质量特性值客观存在着分散的一个参数，但是这个参数能否满足产品的技术要求，仅从它本身还难以看出。因此，还需要另一个参数来反映工序能力满足产品技术要求（公差、规格等质量标准）的程度，这个参数就叫做工序能力指数。工序能力指数是技术要求和工序能力的比值。

当分布中心与公差中心重合时，工序能力指数记为 C_p。当分布中心与公差中心有偏离时，工序能力指数记为 C_{pk}。运用工序能力指数，可以帮助我们掌握生产过程的质量水平。C_p 值越大，表明加工精度越高，但相应的加工成本也越高，所以对于 C_p 值的选择应根据技术要求与经济性综合考虑来决定。

2. 工序能力指数的计算

根据定义，工序能力指数=技术要求/工序能力。

（1）当工序处于稳定状态时，工序分布中心与公差中心无偏移时，工序能力指数 C_p 的计算公式是：

$$C_p=\frac{T}{B}=\frac{T}{6\sigma}$$

式中：C_p——工序能力指数；

T——技术标准范围；

B——工序能力；

σ——总体标准偏差

案　例

工序能力指数的计算

某企业生产某零件，要求外径尺寸为 $\Phi 15^{-0.05}_{-0.10}$ mm。现抽查 100 件，经计算 $\overline{X}=14.925$ mm，标准偏差 $S=0.008\,2$ mm，试计算和判断其工序能力指数。

解：$T_u=15-0.05=14.95$　　$T_L=15-0.10=14.90$

公差中心 $T_M=(T_u+T_L)/2=(14.95+14.90)/2=14.925$

因为公差中心 T_M 与分布中心 $\overline{X}$ 一致，

所以工序能力指数 $C_p=T/6S=(14.95-14.90)/(6\times0.008\,2)=1.02$

根据工序能力指数标准，此工序能力尚可。

（2）当工序分布中心与公差中心有偏移时，工序能力指数 C_{pk} 的计算公式为

$$C_{pk}=(T-2\varepsilon)/6S$$

式中：ε——中心值的绝对偏离量，$\varepsilon=|\overline{X}-(T_u+T_L)/2|$

案例

C_{pk}的求法

一批零件标准偏差 $S=0.4$ 毫米，尺寸要求为 60 ± 1.2 mm，零件实际尺寸值 $\overline{X}=60.48$ mm，求 C_{pk} 值，并判断工序能力，提出对应措施。

解：$T_u=60+1.2=61.2$　　　　$T_L=60-1.2=58.8$

公差中心 $T_M=(T_u+T_L)/2=60$

因为 $\overline{X}=60.48$，说明工序分布中心与公差中心有偏移，所以计算 C_{pk} 的值。

$T=T_u-T_L=61.2-58.8=2.4$

$\varepsilon=|\overline{X}-(T_u+T_L)/2|=|\overline{X}-T_M|=|60.48-60|=0.48$

$C_{pk}=(2.4-2\times0.48)/(6\times0.4)=0.6$

根据工序能力指数标准，说明工序能力不足，一般应停止加工，找出原因，改进工艺，提高 C_{pk} 值。否则，应全数检验，挑出不合格品。

3. 工序能力指数的作用

工序能力指数表明在现有工序条件下，对所要求的质量规格的保证能力，据此可采取相应对策，调整工序能力或提高工序经济性。无偏情况下的 C_p 表示过程加工的一致性，即“质量能力”，C_p 越大，则质量特性值的分布“越苗条”，质量能力越强。而有偏情况的 C_{pk} 表示过程中心 μ 与中心 T_u 偏移情况下的过程能力指数，C_{pk} 越大，则二者偏离越小，也即过程分布中心对规范中心越“瞄准”，是过程的“质量能力”与“管理能力”二者综合的结果。

工序能力指数一般取值范围是 1～1.33，太大则不经济，太小则不能保证质量（见表5-3）。

表 5-3　工序能力等级评定表

范围	等级	判断	不合格品概率 P	措　施
$C_p\geqslant1.67$	特级	工序能力过剩	$P\leqslant0.000\,06\%$	为提高产品质量，对关键或主要项目再次缩小公差范围；或为提高效率、降低成本而放宽波动幅度，降低设备精度等级等
$1.67>C_p\geqslant1.33$	1级	工序能力充分	$0.000\,06\%<P\leqslant0.006\%$	当不是关键或主要项目时，放宽波动幅度；降低对原材料的要求；简化质量检验，采用抽样检验或减少检验频次
$1.33>C_p\geqslant1$	2级	工序能力尚可	$0.006\%<P\leqslant0.27\%$	必须用控制图或其他方法对工序进行控制和监督，以便及时发现异常波动；对产品按正常规定进行检验

续表

范围	等级	判断	不合格品概率 P	措 施
$1>C_p\geqslant$ 0. 67	3 级	工序能力不足	0. 27%< $P\leqslant$4. 45%	分析分散程度大的原因，制定措施加以改进，在不影响产品质量的情况下，放宽公差范围，加强质量检验，全数检验或增加检验频次
0. 67>C_p	4 级	工序能力严重不足	P>4. 45%	一般应停止继续加工，找出原因，改进工艺，提高 C_p 值，否则全数检验，挑出不合格品

工序能力指数的应用

质量专家应邀来到另一家电子外壳生产小型企业，该企业也存在着进料外壳硬度不足的问题。虽然也质疑经销商来料硬度问题，苦于处于发展阶段，没有资金购买相关测量设备，因此无法对来料进行质量判断。质量专家提议说："到其他企业抽样检测，一次就足够了。可以采用一个方法，抽检部分板料，运用工序能力进行分析，如果这批板料达到要求，说明厂家板料没问题，那就放心大胆地用，如果发现进料硬度没有达到要求，那就要厂家予以改进。"

看着厂长那似懂非懂的目光，质量专家详细地介绍了运用工序能力的方法："我们先从来料中选定样本 40 份，把样本测量三次，当作一组数据。再从检测的数据中，计算出样本标准差，最后计算出供应商的工序能力指数（C_{pk}）。如果工序能力指数小于 1，就必须要求供应商进行改善品质，否则我们就考虑更换新的供应商。如果工序能力指数大于 1. 33，我们就认为供应商的板料品质良好，可以选为长期供应商。采用这种方法，可以保证进料的基本质量。由于在其他企业测试时间不长，并且只测试一次，那些企业也是能协作的。如果 $1< C_p<1.33$，说明供货商需要加大质量监控力度。我们可以向他提供实测数据，作为证明材料，促使供货商去想办法。这样，我们就可以把进货硬度问题让供货商自己去解决。"

在质量专家的指导下，通过工序能力指数的计算，发现经销商的板料确实存有问题。在督促经销商限期整改后，板料的质量有了极大的提高，外壳的硬度质量有了保障。

工序能力指数在机床中的应用

某电子企业生产一种高端产品，该产品中两个零件间的距离尺寸要求很精确，现采用专用机床进行焊接定位。每天将焊接好的产品，汇总在一起检查，在每天生产的产品中，总发现有些不合格的产品。后通过收集每台机床产品数据，对各机床的工序能力进行分析（见

表 5-4），并提出了改进意见，促进了全面质量的提高。

表 5-4　各机床能力指数质量评价表

机床号	工艺标准 /mm	平均值 /mm	标准偏差 /S	工序能力指数	等级	评　价
1	0.885±0.070	0.879	0.021	1.00	Ⅲ	过程能力较差，但是基本能够满足目前对质量的要求
2		0.910	0.023	0.64	Ⅴ	过程能力严重不足，应采取全面检查和整改措施，进一步提高质量控制水平
3		0.896	0.023	0.84	Ⅳ	过程能力不足，应采取措施立即整改
4		0.913	0.011	1.35	Ⅱ	过程能力充分，应继续维持

通过分析，机床 4 的工序能力较强，在加工生产中，可采用机床 4 上工人的加工工艺。而其他机床，应找出存在的问题，及时改进，提高过程能力，控制加工过程质量稳定。

第四节　工序质量控制图

一、控制图的基本概念

控制图又称为管制图，它是在直角坐标系内画有控制界限，描述生产过程中产品质量波动状态的图形（如图 5-3 所示）。它是一种有控制界限的图，控制图中的一些异常信号可以提醒我们过程是否发生了变化，用来区分引起质量波动的原因是偶然的还是系统的，判断生产过程是否处于受控状态，及时作出改进，避免制造出不合格品。

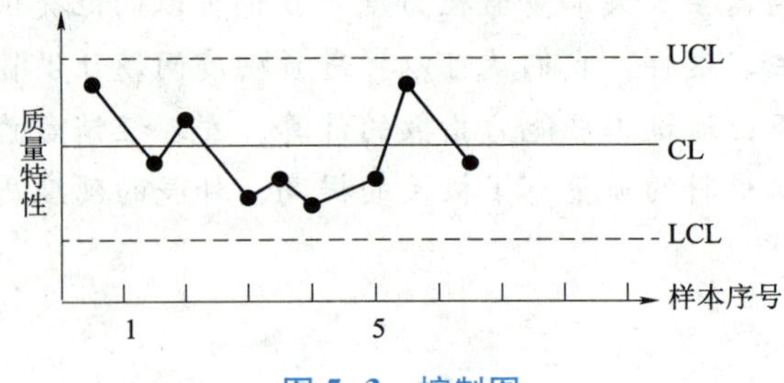

图 5-3　控制图

控制图是控制生产过程状态，保证工序加工产品质量的重要工具。应用控制图可以对工序过程状态进行分析、预测、判断、监控和改进。

1924 年美国的休哈特博士首先提出管制图后，管制图就一直成为科学管理的一个重要工具，特别在质量管理方面成了一个不可缺少的管理工具。

控制图是对生产过程中产品质量状况进行实时控制的统计工具，是质量控制中最重要的方法。1984 年日本名古屋工业大学调查了 200 家日本各行各业的中小型工厂，结果发现平均每家工厂采用 137 张控制图，这个数字对于推行 SPC 有一定的参考意义。当然，有些大型企业应用控制图的张数是很多的，例如美国柯达彩色胶卷公司有 5 000 职工，一共应用了 35 000 张控制图。工厂中使用控制图的张数在某种意义上反映了管理现代化的程度。人们对控制图的评价是："质量管理始于控制图，亦终于控制图。"

1. 控制图的组成

控制图画在平面直角坐标系中，横坐标表示检测时间，纵坐标表示测得的数据特性值。

控制图一般有三条线组成，在上面的一条虚线称为上控制界限，用符号 UCL 表示；在下面的一条虚线称为下控制界限，用符号 LCL 表示；中间的一条实线称为中心线，用符号 CL 表示。中心线标志着质量特性值分布的中心位置，上下控制界限标志着质量特性值允许波动范围。

对于偶然因素和异常因素引起的质量波动，过去人们是直接凭经验进行判断和区别的。发明了控制图之后，就可以使用控制图对工序状态进行客观的、科学的判断。在实际生产过程中，坐标系及三条控制线是由质量管理人员事先经过工序能力调查及其数据的收集与计算绘制好的。工序的操作人员按预先规定好的时间间隔抽取规定数量的样品，将样品的测定值或其统计量在控制图上打点并连接为质量波动曲线，并通过点的位置及排列情况判断工序状态。

通常是以样本平均值 $\overline{X}$ 为中心线，而上下取 3 倍的标准偏差（$\overline{X}\pm3\sigma$）来确定控制图的控制界限，因此用这样的控制界限作出的控制图，叫作 3σ 控制图。

在生产过程仅有偶然原因影响的稳定状态下生产出来的产品，其总体产品的质量特性分布为正态分布。根据正态分布的性质，取 $\overline{X}\pm3\sigma$ 作为上下控制界限，这样质量特性值出现在 3σ 界限以外的概率很小，为 0.27%，即 1 000 次中大约有 3 次。如果这 3 次忽略不计即认为正态分布总体的产品质量特性值全部分布在 3σ 界限以内；如果在生产过程中有特性值出现并超过 3σ 界限以外的情况，就可以判断为有异常原因使生产状态发生了变化。因此，按这种原则确定控制界限的方法称为千分之三法则。

2. 控制图的原理

（1）正态性假设：控制图假定质量特性值在生产过程中的波动服从正态分布。

经验与理论分析表明，当生产过程中只存在偶然波动时，产品质量将形成典型正态分布，如果除了偶然波动还有异常波动，产品质量的分布必将偏离原来的典型正态分布。因此，根据典型分布是否偏离就能判断异常波动即异因是否发生，而典型分布的偏离可由控制图检出，控制图上的控制界限就是区分偶然波动与异常波动的科学界限。休哈特控制图的实质是区分偶然因素与异常因素。

（2）3σ 准则：控制图是判断和预报生产过程中质量状况是否发生异常波动的一种有效的方法。

根据 3σ 原则，产品质量特性值落在（$\mu\pm3\sigma$）之间的概率是 99.73%，而分布在此范围之外的概率是 0.27%，此时可取（$\mu-3\sigma$，$\mu+3\sigma$）作为 X 的实际取值范围。据此原理，若对 X 设计控制图，则中心线 CL=μ，上下控制界限分别为 UCL=$\mu+3\sigma$，LCL=$\mu-3\sigma$。

(3) 小概率原理：由 3σ 准则可知，数据点落在控制界限以外的概率只有 0.27%，可看作小概率事件。而小概率事件可看作不可能事件，因此在控制图中，一旦有点出界就可判断过程异常。因此，生产过程正常情况下，质量特性值是不会超过控制界限的，如果超出，则认为生产过程发生异常变化。

案　例

控制图的应用

用数控车床大量车削某种规格轴。为了控制加工轴的直径，采用每隔半小时随机测试的方法。现每隔半小时随机抽取一个车好的轴，测量其直径，并将结果描点，然后用直线段将点连起来，以观察点的变化趋势。如前 4 个点都在控制界限内，但第 5 个点却超出了 UCL，说明第 5 个轴的直径大了，应引起重视。现在分析这第 5 个点为什么会超出范围？根据生产加工中的经验分析，点出界现象的情况可能有两种：

(1) 当加工过程正常时，点出界。在过程正常时，点分布规律应不变。实际生产中，出现这种点超过 UCL 的概率为 1‰左右。

(2) 当加工过程出现异常时，点出界。例如出现车刀磨损，则随着车刀的磨损，加工的直径会逐渐变大，于是控制曲线上移，直至点出界。发生这种情况的可能性很大，其概率可能为 1‰的几十至几百倍。

由于情形 2 发生的可能性比情形 1 大几十、几百倍，实际中出现第一种情形的概率很小，所以我们根据逻辑判断推理认为上述异常（点出界）是由情形 2 造成的。于是，得出点出界就说明生产过程处于失控结论。生产中再作进一步分析，就能顺利找出质量波动的原因。

案　例

小概率事件

说某人射击命中目标的概率为 0.7，这个 0.7 是怎么得来的呢？是来自于以往大量的射击实践，比如他曾有过 100 次射击经历，其中命中 70 次，射击次数越多，这个概率就越可靠。可见概率的背后有大量的试验，这是支撑概率的条件。

当概率很大（超过 0.9）或很小（小于 0.1）时，对一次试验是有指导意义的。可以认为小概率事件在一次试验中基本上不会发生，这就是小概率原理。但试验次数多时，小概率事件就不适用了，概率再小，也有可能发生。比如飞机失事的报道很多，但是人们仍然向往着坐飞机出行，又比如人们在做决策时，有 90% 以上的把握，一般都会说“不出意外的话肯定成功”。应当指出的是：小概率原理不能保证没有风险，以概率的观点看问题，凡有随机因素，便不可能有绝对的把握，对此要有清醒的认识。

二、控制图的种类

1. 控制图的类型

（1）控制图按其用途可分为两类，一类是供分析用的控制图，这类控制图可用来分析生产过程中有关质量特性值的变化情况，看工序是否处于稳定受控状态，如果不处于稳定受控状态，调整过程使其达到稳定状态；一类是供管理用的控制图，这类控制图主要用于发现生产过程是否出现了异常情况，以预防产生不合格品。分析用控制图与管理用控制图不同之处可参见表 5-5。

表 5-5　分析用控制图与管理用控制图比较

类别	分析用控制图	管理用控制图
计算控制界限	需要	不需要
收集样本	至少 25 件	1 件样本以上
分析时间	25 件以后	每件以后
目　　的	了解状态是否受控； 能力能否满足	保持状态稳定

（2）控制图根据质量数据的类型可分为计量值控制图和计数值控制图。这两种控制图各有各的用途，实际中应根据所控制质量指标的情况和数据性质分别加以选择。计量值控制图适用于长度、重量、时间、强度等质量特性值的分析和控制，测量结果的数据可以是连续的，也可以是不连续的。计数值控制图适用于不合格品数、事故件数及缺陷数等的控制，测量的数据不能连续取值，只能以个数作为计数值数据（例如不合格品数、缺陷数）。计数值控制图又可分为计件值和计点值控制图。

控制图的类型及应用见表 5-6。

表 5-6　控制图的类型及应用

<table>
<tr><th>数据</th><th>分布</th><th>控制图</th><th>简记</th><th>用途</th><th>代表</th></tr>
<tr><td rowspan="3">计量值</td><td rowspan="3">正态分布</td><td>均值-极差控制图</td><td>$\bar{X}$-R 控制图</td><td rowspan="2">用作样本数平均值转变的控制图；全距和标准差控制图是控制数据的散布程度</td><td rowspan="2">样本数的平均值</td></tr>
<tr><td>均值-标准差控制图</td><td>$\bar{X}$-S 控制图</td></tr>
<tr><td>中位数-极差控制图</td><td>$\tilde{X}$-R 控制图</td><td>用作个别数据转变的控制图；全距控制图是控制数据的散布程度</td><td>个别数据的平均值</td></tr>
</table>

续表

数据		分布	控制图	简记	用途	代表
计数值	计件值	二项分布	不合格品率控制图	p 控制图	用作每一样本组不合格品比率的控制图，样本数可以改变	不合格品的比率或百分比
			不合格品数控制图	pn 控制图	用作每一样本组不合格品数目的控制图，样本数是固定的	不合格品数目
	计点值	泊松分布	单位缺陷数控制图	u 控制图	用作单位缺点数目的控制图，而每次查验的面积都可以改变的。样本数是可变的	单位缺点数目
			缺陷数控制图	c 控制图	用作缺点数目的控制图，而每次查验的面积是相同的，样本数是固定的	缺点数目

2. 计量与计数控制图的比较

计数值控制图的作用与计量值控制图目的相同，都是为了分析和控制生产工序的稳定性，预防不合格品的发生，保证产品质量。

计量值控制图对工序中存在的系统性原因反应敏感，所以具有及时查明并消除异因的明显作用，其效果比计数值控制图明显。计量值控制图经常用来预防、分析和控制工序加工质量，特别是几种控制图的联合使用可以起到迅速找出系统性原因的作用。

计数值控制图则用于以计数值为控制对象的场合，特别适用于离散型的数值，比如，一批产品中的不合格品件数。虽然其取值范围是确定的，但取值具有随机性，只有在检验之后才能确定下来。

三、控制图的使用

1. 控制图制作

（1）数据采集：数据采用间隔随机抽样的方法采集。为能反映工序总体状况，数据应在 10～15 天内收集，并应详细地记录在事先准备好的调查表内，一般采集 20 组，每组 5 个样本。

某公司计量型控制图数据收集表（见表5-7）

表5-7　数据收集表

工厂/车间：　　　　　　零件/工序名称：　　　　　　设备编号：

组序		1	2	3	4	5	6	7	8	9	10	11	12
日期													
时间													
数据	1												
	2												
	3												
	4												
	5												

特性/规范：　　　　　　样本容量/频率：

（2）计算控制界限：各种控制图控制界限的计算方法及计算公式不同，但其计算步骤一般为：

①计算相关数据值（以$\overline{X}$-R控制图为例）

计算各组的平均值$\overline{X}_i$及极差R_i。

$$\overline{X}_i=(X_1+X_2+X_3+X_4+X_5+\cdots+X_i)/i$$

$$R_i=X_{max}-X_{min}$$

式中：X_{max}——每组数据中的最大值；

X_{min}——每组数据中的最小值。

②计算分析用控制图控制线。（以$\overline{X}$-R控制图为例）

先确定$\overline{X}$图的中心线CL的位置：

$$CL=\overline{\overline{X}}=\sum_{i=1}^{k}\overline{X}_i/K$$

式中：$\overline{X}_i$——第i组的平均值；

K——分组数。

再确定R图的中心线：

$$CL=\sum_{i=1}^{k}R_i/K$$

式中：R_i——第i组的极差。

最后确定上下控制线的位置：

$\overline{X}$ 图的控制上限：$UCL=\overline{\overline{X}}+A_2\overline{R}$

$\overline{X}$ 图的控制下限：$LCL=\overline{\overline{X}}-A_2\overline{R}$

R 图的控制上限：$UCL=D_4\overline{R}$

R 图的控制下限：$LCL=D_3\overline{R}$

公式中 A_2、D_3、D_4 是由每组样本数决定的系数，可从表 5-8 查得。

表 5-8　$\overline{X}-R$ 控制图系数表

系数 / n（每组样本数）	A_2	D_3	D_4
2	1.880	—	3.267
3	1.023	—	2.575
4	0.729	—	2.282
5	0.577	—	2.115
6	0.483	—	2.004
7	0.419	0.076	1.924
8	0.373	0.136	1.864
9	0.337	0.184	1.816
10	0.308	0.223	1.777

③ 根据以上数据作图并打点。

案　例

控制图的画法

某企业欲控制产品的重量，从生产工序中按时间顺序随机抽取 $n=5$ 的样本 20 组，检验结果如表 5-9 所列。请据资料画出 $\overline{X}-R$ 控制图。

表 5-9　产品数据表

产品名称　××× 测量单位			质量特性　重　量 检验方法					操作者		
日期		样本编号	检验结果					合计 Σ_x	平均值 $\overline{X}$	极差 R
月	日		X_1	X_2	X_3	X_4	X_5			
8	5	1	149	145	154	164	158	770	154	19
	6	2	150	158	148	164	170	790	158	22
	7	3	145	156	153	155	150	759	152	11

续表

日期		样本编号	检验结果					合计Σ_x	平均值$\overline{X}$	极差R
月	日		X_1	X_2	X_3	X_4	X_5			
8	8	4	157	154	148	147	154	760	152	10
	9	5	155	152	153	156	150	766	153	6
	10	6	163	154	153	149	156	775	155	14
	11	7	150	157	148	154	146	755	151	11
	12	8	148	146	152	162	165	773	155	19
	13	9	166	145	150	152	158	771	154	21
	14	10	162	166	152	149	153	782	156	17
	15	11	151	154	145	154	158	762	152	13
	16	12	148	152	158	160	158	776	155	12
	17	13	154	165	163	151	149	782	156	16
	18	14	158	156	148	165	164	791	158	17
	19	15	154	155	147	165	160	781	156	18
	20	16	162	166	148	150	157	783	157	18
	21	17	152	157	148	155	165	777	155	17
	22	18	170	165	166	152	155	808	162	18
	23	19	156	145	165	154	155	775	155	20
	24	20	165	167	156	145	153	786	157	22
	$\overline{X}=(X_1+X_2+X_3+X_4+X_5)/5$							合计	3 103	321
	$R=X_{max}-X_{min}$							平均	$\overline{\overline{x}}=155$	$\overline{R}=16$

（1）根据资料，$\overline{X}$ 图的中心线，上下控制线分别为：

$$\mathrm{CL}=\overline{\overline{X}}=\sum_{i=1}^{k}\overline{X}_i/K=3\ 103/20=155$$

因为 $\overline{R}=16$，所以 $\mathrm{UCL}=\overline{\overline{X}}+A_2\overline{R}=155+0.577\times16=164.23$

$$\mathrm{LCL}=\overline{\overline{X}}-A_2\overline{R}=150-0.577\times16=140.77$$

而 R 图的中心线，控制上下限分别为：

$$\mathrm{CL}=\overline{R}=16$$

$$\mathrm{UCL}=D_4\overline{R}=2.115\times16=33.84$$

$$\mathrm{LCL}=D_3\overline{R}\text{（不存在）}$$

（2）根据以上数据作图并打点，作图（见图 5-4 及图 5-5）。

2. 控制图的观察分析

通过对控制图的观察分析，可判断工序是否处于稳定状态。若不稳定，应查明原因，消

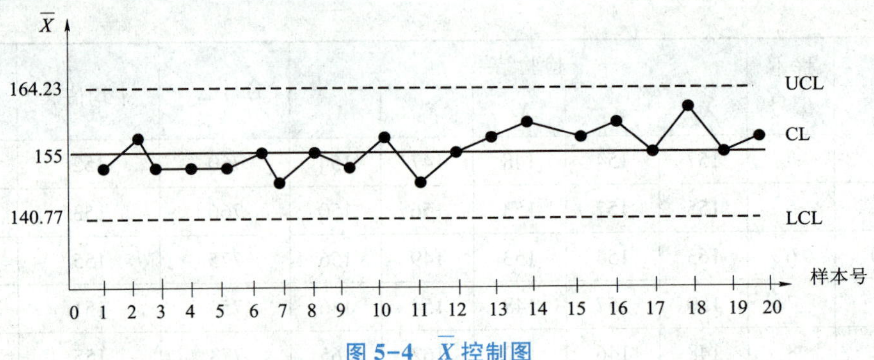

图 5-4　$\overline{X}$ 控制图

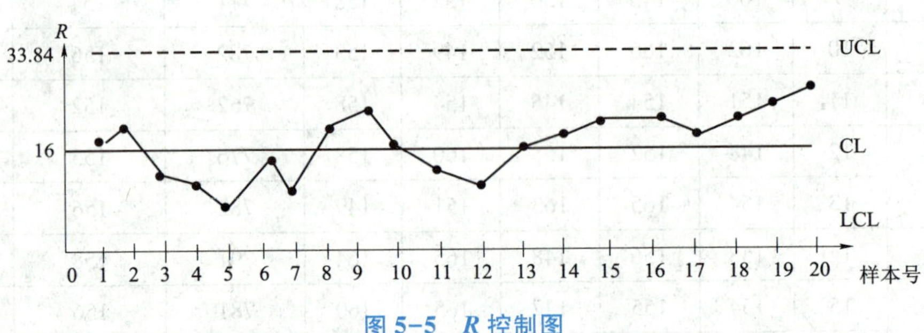

图 5-5　*R* 控制图

除不稳定因素，重新收集预备数据，直至得到稳定状态下分析用的控制图。控制图的判断，一般是依据数理统计中的“小概率事件”的原理。

通常控制图上的点反映着生产过程的稳定程度，工序处于控制状态时，图上的点就随机地分布在中心线的两侧附近，离开中心线，越接近上下控制界限，点就越少。

（1）控制图的判稳准则。

① 分析用控制图判稳准则（见表 5-10）。

表 5-10　分析用控制图判稳准则

准则	具体描述
准则 1：绝大多数数据点在控制界限内	1. 连续 25 点没有一点在控制界限外
	2. 连续 35 点中最多只有一点在控制界限外
	3. 连续 100 点中最多只有两点在控制界限外
准则 2：数据点排列无右边的 1～8 种异常现象	1. 连续 7 点或更多点在中心线同一侧
	2. 连续 7 点或更多点单调上升或下降
	3. 连续 11 点中至少有 10 点在中心线同一侧
	4. 连续 14 点中至少有 12 点在中心线同一侧
	5. 连续 17 点中至少有 14 点在中心线同一侧
	6. 连续 20 点中至少有 16 点在中心线同一侧
	7. 连续 3 点中至少有 2 点落在 2σ 与 3σ 界限之间
	8. 连续 7 点中至少有 3 点落在 2σ 与 3σ 界限之间

② 控制用控制图的判稳准则。控制中的数据点同时满足下面规则，则认为生产过程处于统计控制状态。

准则 1：每一个数据点均落在控制界限内；

准则 2：控制界限内数据点排列无异常情况（参见表 5-10 分析用控制图准则 2）。

（2）控制图的判异准则。控制图的判异准则应结合控制图的判稳准则，稳则不异，异则不稳。控制图的判异准则一般采用以下判断方法。

① 点超出控制界限就判异。

② 界内点排列不随机就判异。

案 例

判异例 1（图 5-6）

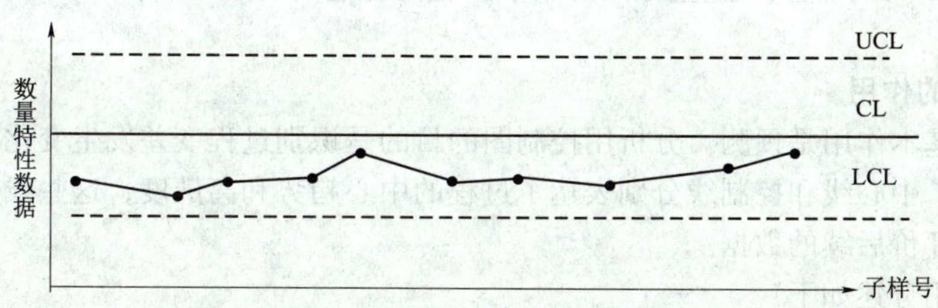

图 5-6 连续 9 点落在中心线同一侧判异

案 例

判异例 2（图 5-7）

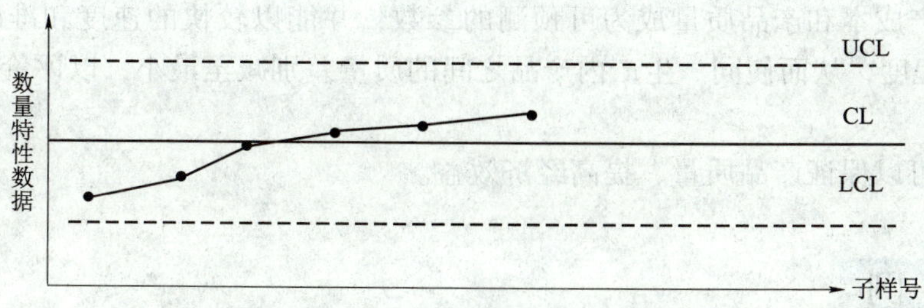

图 5-7 连续 6 点递增或递减判异

案 例

判异例3（图5-8）

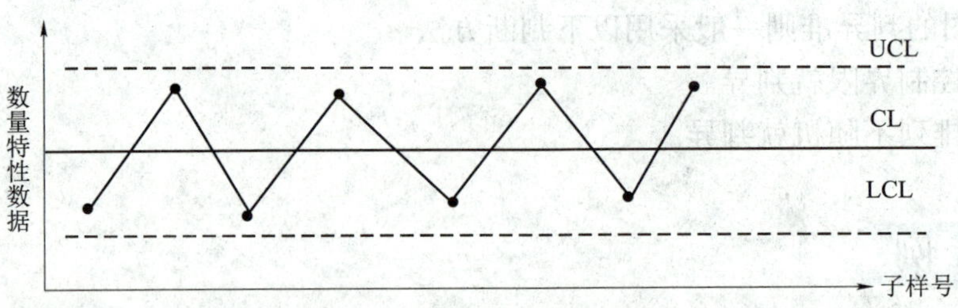

图5-8 连续8点在中心线两侧，但无一在CL线附近判异

若点出界或界内点排列不随机，应执行“查出异因，采取措施，保证消除，不再出现，纳入标准”这20个字，立即追查原因并采取措施防止它再次出现，真正贯彻实施预防原则的作用。

3. 控制图的作用

控制图的基本作用是预测。分析用控制图的目的是识别过程变差发生变化或均值位置发生变化的证据。中心线和控制线分别表达了过程的中心趋势和离散度，这些线是根据历史数据获得，用以评价后续的数据。

其具体作用分述如下：

（1）能及时发现生产过程中的异常现象和缓慢变异，预防不合格品发生，从而降低生产费用，提高生产效率。

（2）能有效地分析、判断生产过程中生产质量的稳定性，从而可降低检验、测试的费用，包括通过供货方制造过程中有效的控制图记录证据，购买方可免除进货检验，同时仍能在较高程度上保证进货质量。

（3）可查明设备和工艺手段的实际精度，以便做出正确的技术决定。

（4）为真正地制定生产目标和规格界限，特别是配合零部件的最优化确立了可靠的基础，也为改变未能符合经济性的规格标准提供了依据。

（5）使生产成本和产品质量成为可预测的参数，并能以较快的速度和准确性测量出系统误差的影响程度，从而使同一生产内产品之间的质量差别减至最小，以评价、保证和提高产品质量。

（6）最终可以保证产品质量，提高经济效益。

案 例

控制图的预防作用

某工人应用控制图对生产过程监控，在控制图中发现连续6个点逐渐上升，整体控制图

有逐渐上升的趋势。该工人迅速分析产生这种异常的原因，及时找出问题，保证产品尺寸没有超差。

在该案例中，通过控制图的应用，当异常因素刚一露出苗头，在还没有造成不合格品之前就能及时被发现。在产品尺寸逐渐变大的这种趋势造成不合格品之前就采取措施，并加以消除，起到预防的作用。

以前该工人在加工产品过程中，只检验产品是否在规定范围内，没有想到产品的数据也能反馈问题。以后，该工人更多地把控制图应用到生产中。当控制图显示异常时，该工人贯彻“查出异因，采取措施，保证消除，不再出现，纳入标准”原则，及时消除每一个异因，把它们纳入标准规范中，使它们不再出现，既起到预防的作用，又逐渐保证了加工过程的稳定。由于异常因素是有限个的，逐个地消除，逐渐保证了加工工序过程的稳定，产品合格率有了很大的提高，提高了生产质量，该工人也获得了厂方的奖励。

4. 控制图的使用方法

根据控制图进行质量控制，可按下列步骤进行。

（1）确定控制项目和控制点进行工序控制最重要的是选择控制项目。产品生产的过程是由多道工序构成的，实际工作中不可能、也不必要对所有工序同时进行严格的质量控制。

例如，对那些产量不大、质量要求不高的工序，或加工过程中的质量问题已能充分掌握，对下道工序不会产生不良影响的工序，就可以作为次要工序，暂不进行严格的质量控制。但是，对那些技术复杂、加工精度要求又较高的工序，有可能同时控制工序的几个项目。这些需要重点控制的项目（质量特性、关键部位或薄弱环节）称为控制点。确定控制点的原则是：

① 产品的性能、精度、寿命、可靠性、安全性等，以及对它们有直接影响的零部件的关键质量特性及影响这些特性的支配性工序要素。

② 工序本身有特殊要求，对下道工序有影响的质量特性，以及影响这些特性的工序支配性要素。

③ 工序质量不稳定，出现不合格品多的质量特性，或其他支配性工序要素。

④ 用户反馈回来的意见较多的工序。

（2）选定控制图由于使用目的不同，对于不同控制项目或不同质量特性，应选用不同类型的控制图。

（3）确定样本组作控制图时，应将产品分成若干样本组。样本组大小的确定，应从技术、控制图的类别、需要控制质量特性值的时间间隔及经济性等方面来考虑。

（4）确定的抽样方法不同，控制图所反映出来的质量特性变化的意义就有所不同。因此，必须注意工序控制的变化情况，采取合适的抽样方法。

（5）收集预备数据作分析用。控制图必须采取近期生产中的数据或重新采取数据，一般需 20～25 组数据，每组数据的多少由控制图种类和其经济性来决定，根据预备数据作分析用控制图。

（6）稳定状态的判断用预备数据作出了分析用控制图后，就要观察工序是否处于控制状态。也就是讨论工序是否有异常发生。这时，要讨论以下两种情况。

① 未发生异常情况。如果未发生异常情况，就需要进行下一步骤，即同标准对比。

② 发生了异常情况。这时就要调查其原因，采取措施，消除异常。如果点的分布状态有缺陷，就要改变分布状态，这样的做法要经过几次反复，一直到消除了异常的点，点全部处于控制状态为止。如果无法查出产生控制界限外点及点的分布方式有缺陷的原因时，也要按其控制界限的原形进行下一步，即同标准对比。

（7）同标准对比。如果对工序不稳定的因素采取措施，使之稳定后，就要在稳定的状态下，调查产品是否满足标准，使之控制状态标准化。利用分析用控制图的全部数据作直方图，将直方图同标准对比。如满足标准，即可进行下一步；如不满足标准，要采取措施进行处理，以消除异常原因达到标准。假如考虑技术经济条件，不便采取措施，可考虑修订标准，对没有满足标准的已生产出来的产品，要进行全数检查和批量处理。

（8）进行日常控制。作控制用的控制图经过上述步骤后，当工序处于稳定状态时，就要在分析用的控制图上延长控制界限，按每天的数据打点，若看到控制图在控制时有异常情况，就要立即追查原因，采取措施，并保留记录。

（9）控制界限的再计算。如果工序能继续处于控制状态，质量水平就能提高，这时要定期地评价控制界限。当操作者、原材料、机器设备、操作方法发生变化时，要重新进行计算。

第五节 质量管理中的常用工具

在质量管理的过程中，无论是分析问题还是实施改进措施，正确地使用质量管理的工具和方法都会起到事半功倍的效果。在质量管理的发展过程中，经过世界各国长期的实践，产生并总结出许多成熟的工具和方法，典型的有质量管理的新、旧（老）七种工具等。

新、旧七种工具都是由日本人总结出来的，日本人在旧七种工具推行并获得成功之后，又于 1979 年提出新七种工具。之所以称之为“七种工具”，是因为日本古代武士在出阵作战时，经常携带七种武器，所谓七种工具就是沿用了七种武器之说。

质量管理旧七种工具是指检查表、分层法、排列图、因果图、直方图、控制图、散布图。新七种工具是指头脑风暴法、箭线图、PDPC 法、矩阵图、树图、亲和图、关联图。

一、直方图法简介

1. 直方图的定义

直方图是根据数据的分布规律，用一系列宽度相等、高度不等的矩形绘出的图形，有时又称为质量分布图。

直方图能够显示质量数据波动分布的规律，用来推断整个生产过程是否正常，对工序或批量产品的质量水平及其均匀程度进行分析，在实际生产中有广泛的应用。直方图只能显示收集数据这一阶段过程的集中趋势及离散程度，而不能通过所收集的数据来证明过程是稳定

的。但如果直方图显示的图形是不稳定的，那么该过程极可能是不稳定的。

2. 直方图的绘制

绘制直方图可分为以下几下步骤。

（1）收集数据。收集 N 个数据，N 应不小于 50，最好在 100 以上。

（2）绘频数表。

① 找出数据中最大值 XL 和最小值 XS，求出极差 R。

$$极差\ R=XL-XS$$

② 根据数据个数，确定分组数 K。

分组数可以按照经验公式 $K=1+3.322\lg n$ 确定，数据多，多分组；数据少，少分组。一般 N 在 50～100 时，取 6～10；N 在 100～250 时，取 7～12。为使用方便，常取 $K=10$。

③ 确定组距 h，组距即组与组之间的间隔，等于极差除以组数。

$$h=(XL-XS)/K=R/K$$

④ 确定各组边界值。首先确定第一组下限值，应注意使最小值 XS 包含在第一组中，且使数据观测值不落在上、下限上。

第一组的上下限值为

$$\left(x_{\min}-\frac{h}{2}\right)\sim\left(x_{\min}+\frac{h}{2}\right)$$

⑤ 依次加入组距 h，求得各组的上、下限值。第一组的上限值为第二组的下限值，第二组的下限值加上 h 为第二组的上限值，依次类推，直到最大值的组数。

⑥ 统计频数，编制频数分布表。

（3）绘直方图。以分组号为横坐标，以频数为高度作纵坐标，画出一系列矩形，这样得到的图形为频数（或频率）直方图。

案　例

直方图的制作

生产某种电阻，要求电阻 R 为 30.0 Ω±1.0 Ω，试绘制直方图。

（1）收集数据（见表 5-11）。

表 5-11　50 个电阻样本数值

R 值	1	2	3	4	5	6	7	8	9	10
1	29.2	29.3	29.4	30.9	29.8	30.2	30	30.4	30.6	29.8
2	29.6	30.2	30.8	29.6	29.7	29.6	29.6	29.9	29.7	29.9
3	29.9	30.1	30	30	29.9	30	29.7	30.1	29.1	29.8
4	30.2	29.5	30.4	30.3	29.2	30.4	30.1	30.4	30.3	30.3
5	30.5	30.8	30.7	30.6	30.5	29.1	30.3	30.1	30.1	29.3

（2）制作频数表。

① 找出数据中最大值 XL、最小值 XS 和极差 R。

$XL=30.9$，$XS=29.1$，$R=XL-XS=1.8$

② 确定数据的大致分组数 K。按照经验公式 $K=1+3.322\lg n$ 确定，或按经验选取，本例分组数取 $K=6$。

③ 确定分组组距 h。

$$h=R/K=0.3$$

④ 计算各组上下限。

第一组 下限 29.1−0.3/2=28.95；　　上限 28.95+0.3=29.25

第二组 下限 29.25；　　上限 29.25+0.3=29.55

第三组 下限 29.55；　　上限 29.55+0.3=29.85

第四组 下限 29.85；　　上限 29.85+0.3=30.15

第五组 下限 30.15；　　上限 30.15+0.3=30.45

第六组 下限 30.45；　　上限 30.45+0.3=30.75

第七组 下限 30.75；　　上限 30.75+0.3=31.05

⑤ 绘制频数分布表（见表 5-12）。

表 5-12　频数分布表

组序	组界值	组中心值 b_i	频数 f_i	频率 p_i
1	28.95～29.25	29.1	4	0.08
2	29.25～29.55	29.4	4	0.08
3	29.55～29.85	29.7	10	0.2
4	29.85～30.15	30	13	0.26
5	30.15～30.45	30.3	11	0.22
6	30.45～30.75	30.6	5	0.1
7	30.75～31.05	30.9	3	0.06
合计			50	100%

表中组中心值 b_i=（第 i 组下限值+第 i 组上限值）/2，频数 f_i 就是 n 个数据落入第 i 组的数据个数，而频率 $p_i=f_i/n$。各组频数填好以后检查一下总数是否与数据总数相符，避免重复或遗漏。

⑥ 绘制直方图。以频数（或频率）为纵坐标，数据观测值为横坐标，以组距为底边，数据观测值落入各组的频数 f_i（或频率 p_i）为高，画出一系列矩形，这样得到的图形为频数（或频率）直方图（如图 5-9 所示）。

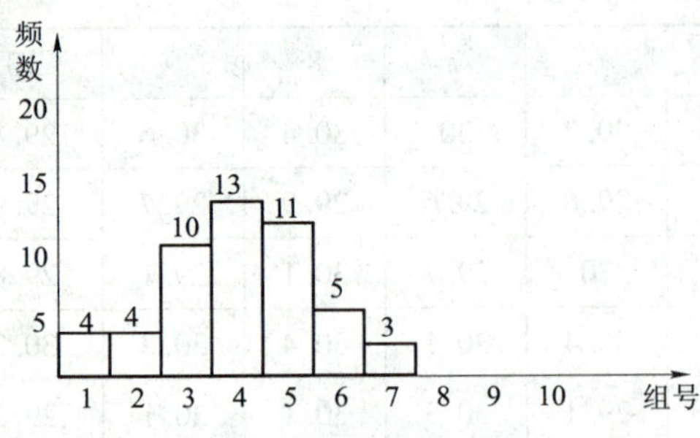

图 5-9　直方图的绘制

3. 直方图的类型（如图 5-10 所示）

（1）正常型（对称型）。正常型直方图具有"中间高，两边低，左右对称"的特征，它的形状像"山"字。数据的平均值与最大值和最小值的中间值相同或接近，平均值附近的数据频数最多，频数在中间值向两边缓慢下降，并且以平均值左右对称。这时生产过程是稳定的，工序处于稳定状态，工序加工能力充足。这种形状是最常见的，其他都属非正常型。

（2）偏态型。数据的平均值位于中间值的左侧（或右侧），从左至右（或从右至左），数据分布的频数增加后突然减少，形状不对称。产生的原因是：

① 一些形位公差要求的特性值是偏向分布。

② 加工者担心出现不合格品，在加工孔时往往偏小，加工轴时往往偏大造成的。

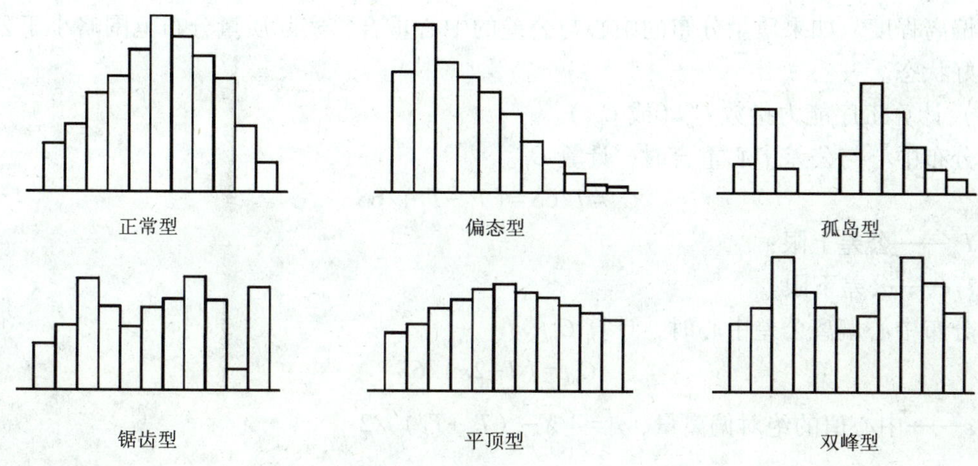

图 5-10　不同形状的直方图

（3）孤岛型。在正常型的直方图的一侧有一个"小岛"。出现这种情况是由于测量有误或生产中出现异常造成的，原因可能是一时原材料发生变化，或者一段时间内设备发生故障，或者短时间内由不熟练的工人替班等。

（4）锯齿型。锯齿型直方图的形状凹凸相隔，像梳子被折断齿一样，使图形呈锯齿状参差不齐。出现锯齿型直方图，多数是由于测量方法或读数存在问题，或处理数据时分组不适当等原因造成，应重新收集和整理数据。例如做频数分布表时，如分组过多，会出现此种形状。

（5）平顶型。平顶型直方图的图形无凸出顶峰，当几种平均值不同的分布混在一起，或某种要素缓慢变化时（如刀具磨损），常出现这种形状。

（6）双峰型。双峰型直方图的图形有两个顶峰，靠近直方图中间值的频数较少。当有两种不同的平均值相差大的分布混在一起时，常出现这种形状，这是由于观测的数值来自两个总体、两种分布。生产中极可能是由于把不同加工者或不同材料、不同加工方法、不同设备生产的两批产品混在一起形成的。例如将两个工人或两台机床等加工的相同规格的产品混在一起就造成了这种图形。

4. 直方图的观察分析

产品质量特性值的分布，一般都是服从正态分布或近似正态分布。当产品质量特性值的分布不具有正态特性时，生产过程往往是不稳定的，或使生产工序的加工能力不足。因而，根据产品质量特性值所做出的直方图的形状，可以推测生产过程是否处于稳定状态，或工序能力是否充足，由此可对产品的质量状况做出初步的判断。

（1）图形分析。通过观察直方图的整体形状，判别它是正常型的还是异常型的，是哪一种异常型，然后分析产生的原因，采取相应的对策。

正常型直方图是符合正态分布的图形；异常型直方图是不符合正态分布特点的图形，如锯齿型、偏态型、孤岛型、双峰型和平顶型。

（2）公差（即技术标准）比较分析（见表 5-13）。可在直方图上画出公差界限，观察质量分布是否符合公差界限的要求，观察直方图中质量分布范围，观察质量分布中心与公差中心的偏离程度。如果质量分布的中心与公差的中心重合，实际质量分布范围略小于公差界限为良好状态。

（3）计算工序能力指数 C_p（或 C_{pk}）。

当分布中心与公差中心重合时，计算 C_p。

$$C_p = T/6S = (T_u - T_L)/6S$$

式中：T_u——公差上限；

T_L——公差下限。

当分布中心偏离公差中心时，计算 C_{pk}。

$$C_{pk} = (T - 2\varepsilon)/6S$$

式中：ε——中心值的绝对偏离量，$\varepsilon = |\overline{X} - (T_u + T_L)/2|$

表 5-13 不同直方图的公差比较分析

常见类型	图例	特征	调整要点
无富余型	T_L M $\bar{x}$ T_U	数据接近尺寸公差界限，直方图基本能满足公差要求，但不充分	如果质量波动会出现不合格产品。应采取措施，减少标准偏差 S 值
能力富余型	T_L M $\bar{x}$ T_U	当 T_L 和 T_U 远离直方图时，工序能力过剩（不远离则正常，工序状况不需要调整）	工序能力出现过剩，经济性差，可考虑改变工艺，放宽加工精度或减少检验频次，以降低成本

续表

常见类型	图例	特征	调整要点
能力不足型	T_L M $\bar{x}$ T_U	直方图图形形状正常，部分数据超出两边公差界限，导致分散度过大，说明标准方差太大	已出现不合格品，应多方面采取措施，针对人员、方法等去追查原因，设法使产品的变异缩小，另外可减少标准偏差 S 或放宽过严的公差范围
整体偏移型	T_L M $\bar{x}$ T_U	整体数据偏移，导致部分质量数据值超出界限，表示平均位置有偏差	针对固定的设备、机器等去追查原因，找出问题，及时调整工艺，消除系统误差，使偶然性误差波动小于规定范围，使平均值接近规格的中间值
综合型	T_L M $\bar{x}$ T_U	数据中心偏移，部分尺寸超出两边的尺寸公差界限	调整时既要使平均值接近规格的中间值，又要提高工序的能力

计算出工序能力指数后，根据工序能力指数值进行判断，判断工序能力是否足够（见本章第三节关于工序能力指数的内容），采取相应措施进行处理。

二、散布图法简介

1. 散布图的定义

散布图是表达两个相关变量之间关系的图表（如图 5-11 所示）。把每一对（x，y）看成是直角坐标系中的一个点，在图中标出 n 个点，所得到的图形称为散布图（又称散点图、相关图）。在散布图中，成对的数据形成点子云，通过对其观察分析，研究点子云的分布状态，便可推断出成对数据之间的相关程度，它是一种解决现实中具有相关性问题的方法。如人体的体重与身高、数学成绩与物理成绩之间的关系都可以通过散布图来研究。

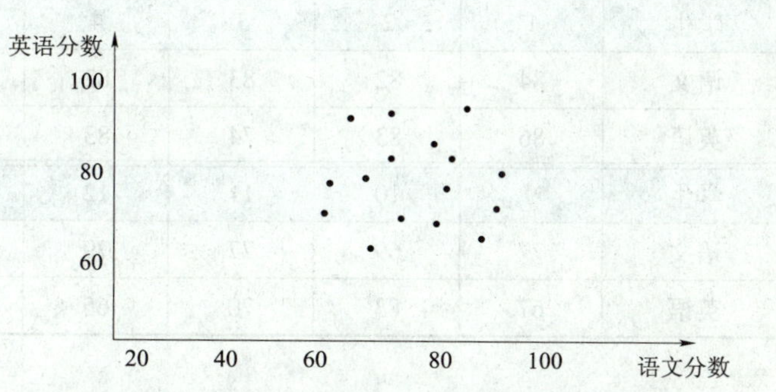

图 5-11 语文分数与英语分数关联示意图

当不知道两个因素之间的关系或两个因素之间关系在认识上比较模糊，而需要对这两个因素之间的关系进行调查和确认时，可以通过散布图来确认二者之间的关系。这实际上是一种实验的方法。例如小孩的年龄和体重有一定的关系，只能大概说年龄越大，体重越重。我

们可以通过绘散布图进行统计分析来得出一个小孩年龄与体重之间的大致关系：小孩体重＝2×年龄+7（kg）。

如果两个数据之间的相关度很大，那么可以通过对一个变量的控制来间接控制另外一个变量，如圆的周长 $L=2\pi R$，通过控制 R 的变化来控制 L 的变化。

2. 散布图的绘制

（1）确定研究对象，提出可能相关的事物。研究对象的选定，可以是原因与结果之间的关系，也可以是结果与结果之间的关系，还可以是原因与原因之间的关系。

（2）收集数据。一般需要收集成对的数据 30 组以上。

（3）画出横坐标 x 与纵坐标 y，添上特性值标度。一般横坐标表示原因，纵坐标表示结果。划分坐标间距时应使 x 最小值至 x 最大值的距离，大致等于 y 最小值至 y 最大值的距离，可以避免因散布图图形有异而导致错误的判断。

（4）根据数据画出坐标点。按 x 与 y 的数据分别在横、纵坐标上取对应值。二点数据在同一点时，点上二重圈记号，三点数据在同一点时，点上三重圈记号，其他同理可得。

（5）记入必要的事项。

案　例

科目关联问题

有些同学认为：英语与语文一样以背诵为主，语文成绩好的同学，他的英语成绩也应该不错。现以某班学生语文成绩和英语成绩为采集数据（见表 5-14），用散布图来分析语文与英语学习之间的关联情况。

表 5-14　语文与英语学习成绩数据表

学生	1	2	3	4	5	6	7	8
语文	84	82	83	82	70	75	84	75
英语	86	83	74	83	82	75	62	72
学生	9	10	11	12	13	14	15	16
语文	77	69	77	79	68	83	72	76
英语	67	83	70	65	68	73	64	68

（1）绘制散布图（如图 5-12 所示）

（2）分析判断：由图表分析可知，语文与英语成绩的排列为散乱型，两者间无直接关联，故英语的学习成绩与语文学习成绩间无关联关系。

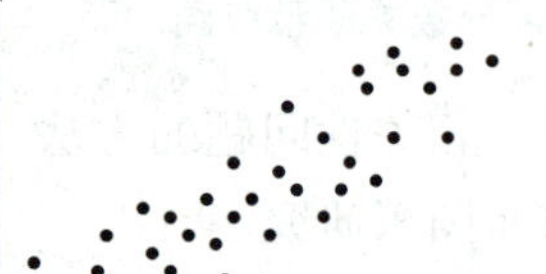

图 5-12　正相关

3. 散布图的类型

（1）正相关（如图 5-13 所示）。当 x 增大时，y 也随之增

大，称为正相关，此时，只要控制住 x，那么 y 也就被控制住了。

某材料的硬度与脆性相关图（如图 5-13 所示）

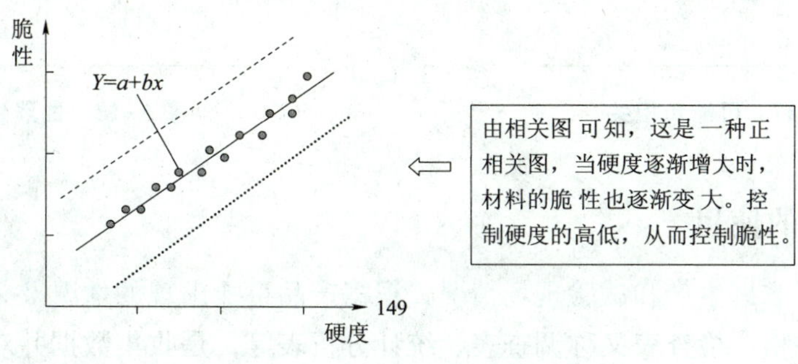

图 5-13　硬度与脆性相关图

（2）可能正相关（如图 5-14 所示）。当 x 增大时，y 也随之增大，但增大的幅度不明显，称为可能正相关，此时虽然点分布在一条直线附近，但 y 的变化除了因素 x 外可能还有其他因素影响。

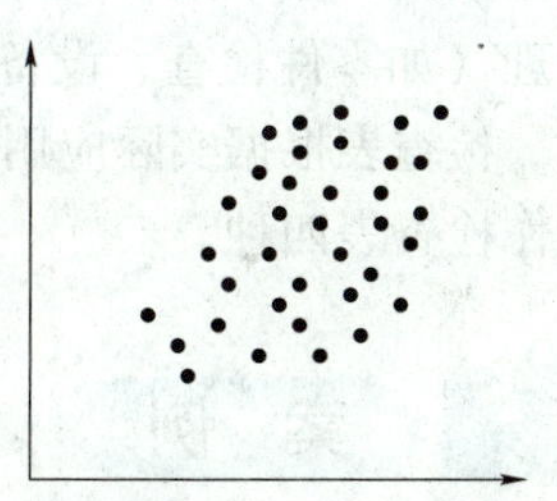

图 5-14　可能正相关

（3）无相关（如图 5-15 所示）。当 x 与 y 之间看不出有任何相关关系时，称为无相关，说明两因素互不相关。

（4）负相关（如图 5-16 所示）。当 x 增大时，y 反而减小，这种情况称为负相关。此时，可以通过控制 x 的变化从而控制 y 的变化。

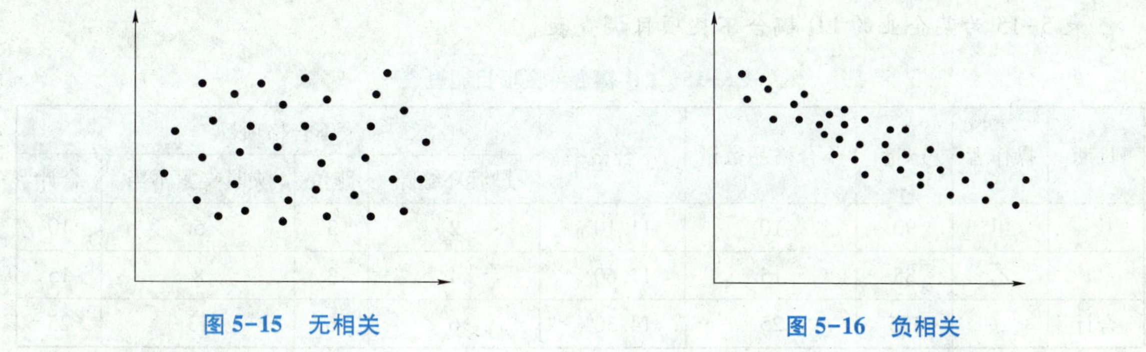

图 5-15　无相关　　图 5-16　负相关

（5）可能负相关（如图 5-17 所示）。当 x 增大时，y 反而减小，但幅度不明显，称为可能负相关。

（6）曲线相关（如图 5-18 所示）。x、y 之间可用曲线方程进行拟合，根据两变量之间

的曲线关系，可以通过调整 x 从而实现对 y 的控制。

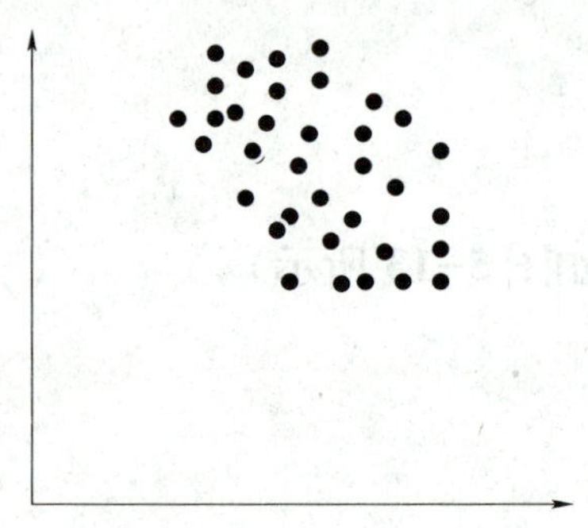

图 5-17　可能负相关

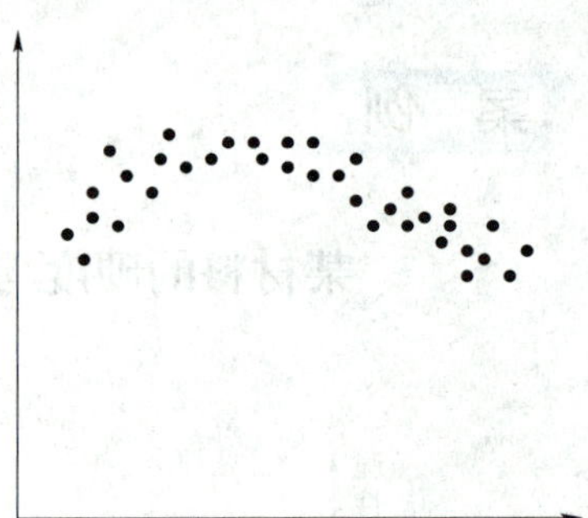

图 5-18　曲线相关

三、检查表的使用

检查表是为了掌握生产和试验现场情况，根据产品可能出现的情况及分类而设计出的数据规范化的记录表格。检查表又称调查表、统计分析表等，是收集数据并对数据进行粗略整理的有效工具。检查产品时只需在相应分类栏中做出标记，然后进行统计分析即可。

检查表是质量检验中最简单，也是使用得最多的手法之一，主要用于记录信息（记录原始数据，便于报告）、用于调查（如用于原因调查、纠正措施有效性的调查）、用于日常管理（如零件检查、设备检查、安全检查）等，可根据不同问题的具体情况进行改进。

检查表根据实际应用可分为不合格项目的检查表、工序分布检查表、缺陷位置检查表和操作检查表四种。

案　例

LD 耦合不良项目调查表

表 5-15 为某企业的 LD 耦合不良项目调查表。

表 5-15　LD 耦合不良项目调查表

日期	操作者	产量	不合格品数量	不合格率	不合格项目			
					过渡环缝隙	跑位	夹具夹紧不当	合计
	甲	90	10	11.10%	2	3	5	10
	乙	85	15	17.60%	4	3	8	15
合计		175	25	14.30%	6	6	13	25

从表 5-15 中可以看出，夹具夹紧不当的问题比较突出，乙的这种情况更为严重。从总体上来看，甲的质量优于乙。

质量检查表

表 5-16 为某电器公司焊接工序的质量检查表。通过检查，能检验出工序正常与否，可作为进一步分析的数据。在制定该表时，要注意全面，如编号、时间、检查人等要在表中体现，以避免出现问题后，相互推卸责任。

表 5-16　质量控制检查表

编号：　　　　检查时间：________年____月____日____时____分至____时____分

序号	工序	检查项目	检查结果		异常说明
			正常	异常	
1	5	插头槽径大			
2	5	插头假焊			
3	5	插头焊化			
4	5	插头内有焊锡			
5	5	绝缘不良			
6	5	芯线未露			
7	5	其他			
备注					

检查人：　　　　质量管理部经理：

四、其他常用工具

1. 分层法

分层法是指将多种多样的资料，按目的需要分成不同的类别，使之方便分析。

分层法主要是把杂乱无章和错综复杂的资料和意见加以归类汇总，使之能够更确切地反映客观现实。

用分层法分析某一产品不合格的主要因素

用两台机器由四个人加工某种产品，产品的质量与操作人员和机器都有关系。按分层法绘制不同操作人员使用不同机器产品的检查表（见表 5-17）。

表 5-17 分层检查表

原因		合格品数/件	不合格品数/件	不合格率/%
操作人员	小李	32	6	16
	小王	4	20	83
	小孙	19	7	27
	小陈	35	4	10
机器	机器 1	48	28	37
	机器 2	42	9	18

通过观察可知，产品不合格时，人的主要因素是小王同志，机器的主要因素是机器 1，克服这两个因素产生的问题，可减少不合格产品的数量。

如果进一步分层，可以得到更为详细的不合格数（也可分析合格数）分层图表（见表 5-18）。

表 5-18 详细的分层检查表

机器 / 不合格数 / 操作人员	机器 1	机器 2	总计
小李	3	3	6
小王	19	1	20
小孙	2	5	7
小陈	4	0	4
总计	28	9	37

通过观察可知，小李在两台机器上的不合格率相同且较多。小孙在机器 1 上出现的不合格品数较少，小王和小陈在机器 2 上出现的不合格品数较少。生产中，应在机器 1 上采用小孙的加工方法，在机器 2 上采用小王和小陈的加工方法，这样可以尽可能地降低产品的不合格率。

2. 排列图

排列图是由两个纵坐标、一个横坐标、几个按高低顺序依次排列的长方形和一条累计百分数曲线组成，又可称为帕累托（巴雷特）图、主次图、ABC 分析图法。排列图可分析出问题的主要原因及次要原因。

1897 年，意大利经济学家帕累托通过对社会财富的分布研究发现：社会大部分财富掌握在少数人手里，全社会税额的 80% 是由 20% 的人缴纳的，这就是经济学中的帕累托（或称 80/20）原则。后来朱兰博士将这种思想应用于质量管理领域，将“关键的少数”和“次

要的多数”理念通过图表来表述，这就形成了排列图。

排列图的使用一

某电冰箱制造公司正为该厂生产的冰箱内壳质量不好而大伤脑筋，厂长在会上大发雷霆，因此车间主任决定采用排列图查找其原因。

解决办法：

(1) 调查本年度几个月的产品生产质量情况，根据出现的不合格品制作了统计表（见表 5-19）。

表 5-19　不合格品质量情况数据表

内容	废品数/件	不合格率/%	累积频率/%
裂痕	185	45. 6	45. 6
气泡	92	22. 7	68. 2
不平	68	16. 7	85. 0
色斑	46	11. 3	96. 3
其他	15	3. 7	100. 0
合计	406	100	

(2) 制作排列图（如图 5-19 所示）。

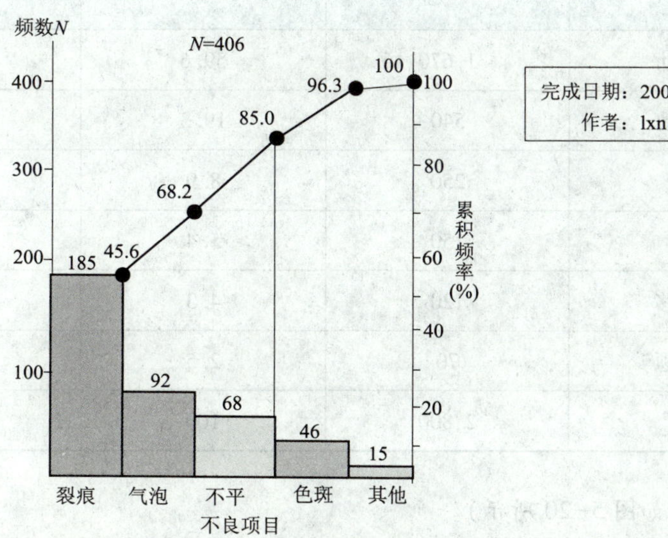

图 5-19　公司冰箱内壳质量情况的排列图

排列图表明：冰箱内壳质量问题的主要因素是裂痕和气泡，一旦这些问题得到解决，大部分质量问题即可消除。所以车间组织人员进一步研讨产生裂痕与气泡的原因，使产品质量有了较大的改进。

其中：不合格率=废品数/废品总数

累积频率=(本项目废品数+前几项废品数)/废品总数

例如：气泡不合格率=92/406=22.7%，累积频率=(92+185)/406=68.2%

排列图主要用来寻找影响产品质量的主要（关键）因素，可把所有影响因素分为A、B、C三大类。A类是主要因素，一般指累计百分比在0%～80%的因素；B类是次要因素，累计百分比在80%～90%的因素；C类是累计百分比在90%～100%的因素。生产中应对A类因素进行重点控制和改进。

案例

排列图的使用二

某灯泡厂对本季度一批日光灯管的质量进行检查，发现质量问题如下：起跳慢250支，寿命短150支，发光跳动1 670支，灯脚松动540支，亮度不够120支，其他问题70支。请画出缺陷项目统计表，并在此基础上画出排列图，指出主要质量问题是什么。

解答：(1) 绘制缺陷项目统计表（见表5-20）。

表5-20 缺陷项目统计表

序号	项目	频数/支	不合格率/%	累积频率/%
1	发光跳动	1 670	59.6	59.6
2	灯脚松动	540	19.3	78.9
3	起跳慢	250	8.9	87.8
4	寿命短	150	5.4	93.2
5	亮度不够	120	4.3	97.5
6	其他问题	70	2.5	100
合计		2 800	100	

(2) 制作排列图（如图5-20所示）。

(3) 从图上可以看出，存在的主要问题是发光跳动，其次是灯脚松动，这两项占全部缺陷的75%，应作为质量改进的主要对象。

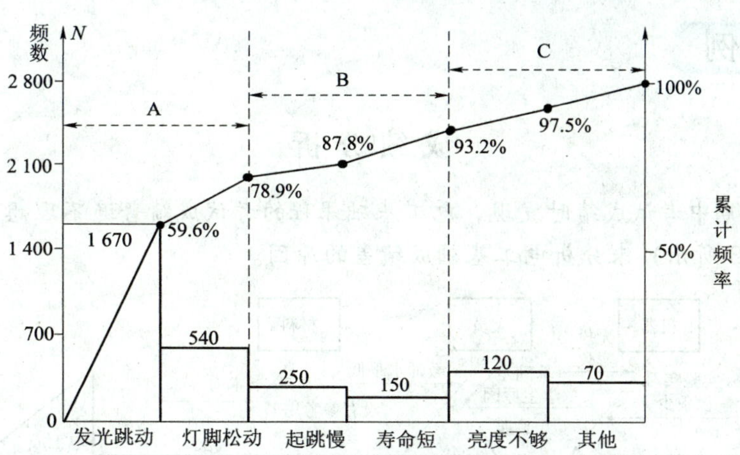

图 5-20　日光灯不合格项目排列图

3. 因果分析图

因果分析图也叫特性因素图、鱼刺图、石川图，是整理和分析影响质量（结果）因素的一种工具。

因果分析图的基本格式为由特性（鱼头）、原因（鱼骨）、枝干（鱼刺）三部分构成（如图 5-21 所示）。从形式上讲，“鱼头”是需要解决的问题，“主鱼骨”是可能发生原因的主要类别，“小鱼骨”以及“鱼刺”是各类更深层次的原因。通过整合这三个部分，就可以系统地展示“问题—原因”的分析思路，从而挖掘出关键原因，并加以解决。

在实际分析中，首先应找出影响质量问题的大原因，然后寻找到大原因背后的中原因，再从中原因找到小原因和更小的原因，最终查明直接原因。

因果联系是世界万物之间普遍联系的一个方面。某个（或某些）事物或现象会引起另一个（或另一些）事物或现象，这时我们就说前者是原因，后者是结果。任何一件事都有前因后果，只有分析事物的因果关系，才能对事情做出正确的判断和推理。

用因果分析图（鱼骨图）分析问题的因果关系，能指出可能引起问题出现的原因，通过识别症状、分析原因、寻找措施来使问题得到解决。质量管理中，鱼骨图可用 4M1E 和一个测量环节来予以分析（如图 5-22 所示）。

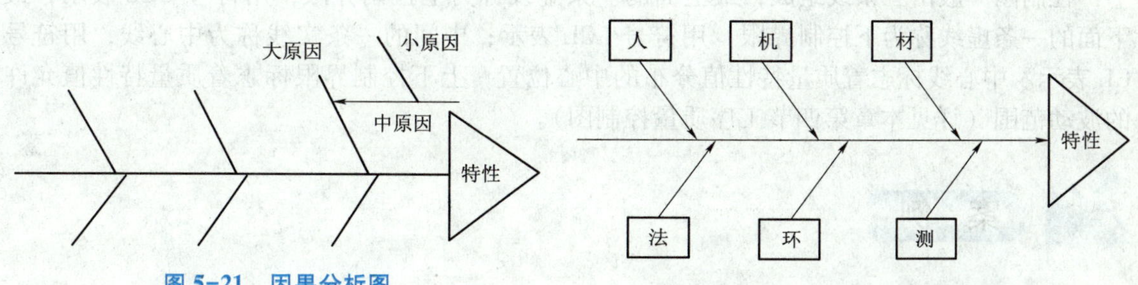

图 5-21　因果分析图

图 5-22　工厂中常用因果分析图的形式

成绩分析

老师在分析期中考试成绩时发现，电工基础课程的考试成绩普遍不理想，拟用因果分析图法（如图 5-23 所示）来分析电工基础成绩差的原因。

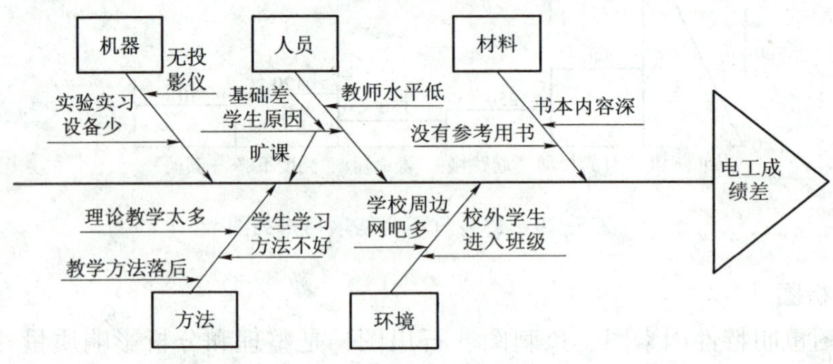

图 5-23　电工成绩差因果分析图

通过以上因果分析图可以看出，影响电工成绩的各个方面的因素，在此基础上，还可以进一步查看有无遗漏的影响因素，也可以进一步细化，找出更为详细的影响因素。

4. 控制图

控制图又称为管制图，它是在直角坐标系内画有控制界限，描述生产过程中产品质量波动状态的图形（如图 5-24 所示）。它是一种有控制界限的图，控制图中的一些异常信号可以提醒我们过程是否发生了变化，用来区分引起质量波动的原因是偶然的还是系统的，判断生产过程是否处于受控状态，及时做出改进，避免制造出不合格品。

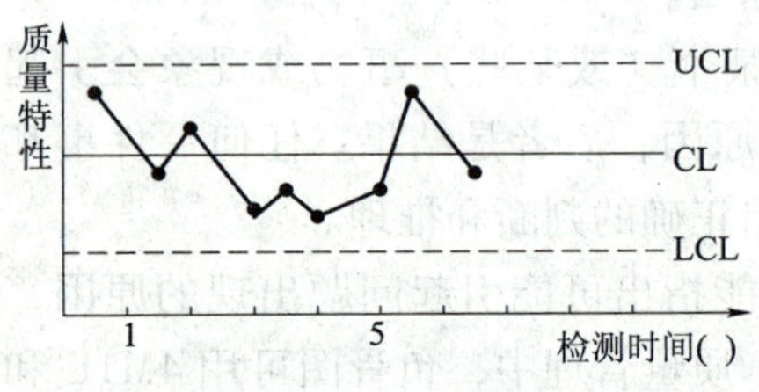

图 5-24　控制图

控制图画在平面直角坐标系中，横坐标表示检测时间，纵坐标表示测得的数据特性值。

控制图一般由三条线组成，最上面的一条虚线称为上控制界限，用符号 UCL 表示；最下面的一条虚线称为下控制界限，用符号 LCL 表示；中间的一条实线称为中心线，用符号 CL 表示。中心线标志着质量特性值分布的中心位置，上下控制界限标志着质量特性值允许的波动范围（详见本章第四节工序质量控制图）。

控制图的预防作用

某工人应用控制图对生产过程进行监控，在控制图中发现连续 7 个点逐渐上升，整体控

制图有逐渐上升的趋势。该工人迅速分析产生这种异常的原因，及时找出问题，保证产品尺寸没有超差。

以前该工人在加工产品过程中，只检验产品是否在规定范围内，没有想到产品的数据也能反馈问题。以后，该工人更多地把控制图应用到生产中。当控制图显示异常时，该工人贯彻“查出异因，采取措施，保证消除，不再出现，纳入标准”的原则，及时消除每一个异因，把它们纳入到标准规范中，使它们不再出现，既起到预防的作用，又逐渐保证了加工过程的稳定。由于异常因素是有限的，逐个的消除，逐渐保证了加工工序过程的稳定，产品合格率有了很大的提高，生产质量也得到了提高，该工人也获得了厂方的奖励。

5. 关联图法

关联图法，是指用连线图来表示事物相互关系的一种方法，它也称关系图法。如图5-25所示，图中的A、B、C、D、E、F、G各因素之间有一定的因果关系。其中因素B受到因素A、C、E的影响，它本身又影响到因素F，而因素F又影响着因素C和G……这样，找出各因素之间的因果关系，便于统观全局、分析研究以及拟定出解决问题的措施和计划。

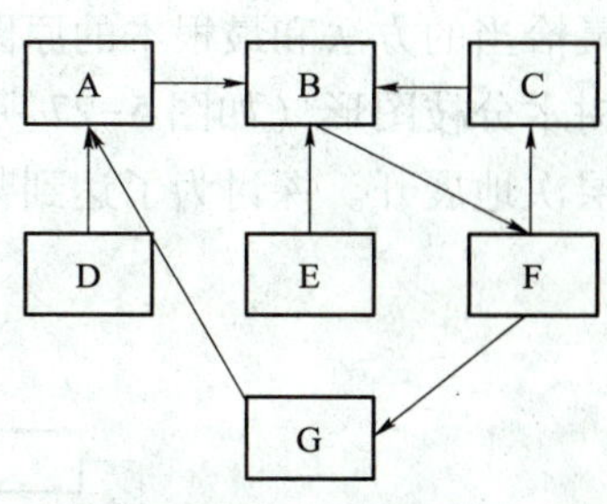

图5-25　关联图示例

关联图的实际应用

某车间照明耗电量大，QC小组针对此情况运用关联图进行原因分析，如图5-26所示。

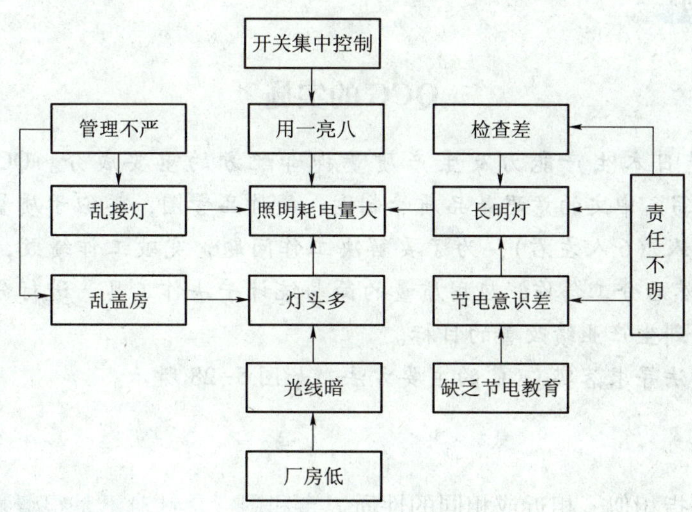

图5-26　关联图应用

通过关联图分析，找出了导致“照明耗电量大”的主要原因是乱接灯、灯头多、用一

亮八、长明灯。而分析这些主要原因又可以发现，导致长明灯的原因主要是责任不明，缺乏节电教育；导致灯头多的原因是管理不严、厂房低；开关集中控制是导致用一亮八的主要问题。只要针对这些问题制定切实的措施，就可以解决照明耗电量大的问题。

6. 系统图法

当某一目的较难达成，一时又想不出较好的方法，或当某一结果令人失望，却又找不到根本原因时，建议应用质量新七种工具之一的系统图，通过系统图，会让人豁然开朗，使原来复杂的问题简单化，使模糊不明的问题也逐渐找到了原因。

系统图就是为了达成目标或解决问题，以目的—方法或结果—原因层层展开分析，以寻找最恰当的方法和最根本的原因。系统图目前在企业界被广泛应用，一般采用树状结构，利用树木分枝图形（如图 5-27 所示），由左至右，从树干、大枝、中枝、小枝，乃至于细枝，有层次地展开。探讨为了达到某种目的或目标，以追求最佳的管理手段或策略。

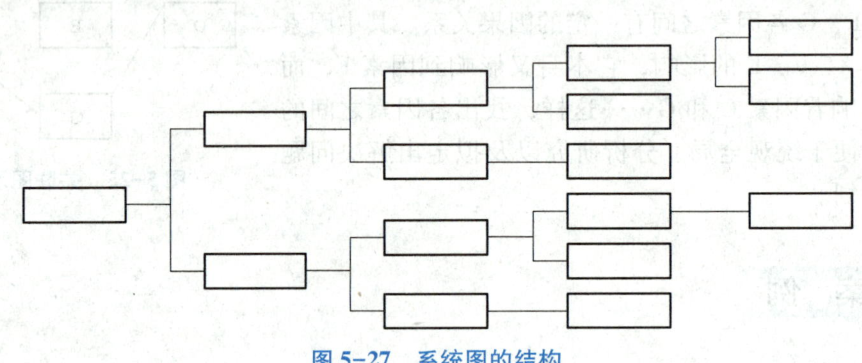

图 5-27　系统图的结构

QCC 的实施

QCC 被认为是日本生产能力及生产质量神奇配方的重要成分。QCC 是英文 Quality Control Circle 的缩写，中文的意思是品质管制圈，简称品管圈，类似于质量管理小组。它由同一个工作场所的人（6 人左右），为了要解决工作问题，突破工作绩效，自发地组成一个小团体（圈圈），然后分工合作，应用质量的简易统计手法作工具，进行分析，解决工作场所的障碍问题以达到生产业绩改善的目标。

现使用系统图法寻求落实 QCC 的主要方法，如图 5-28 所示。

7. 亲和图法

所谓亲和，是指相似、相近或相同的性质。亲和图，是针对不是很清楚的问题，应用头脑风暴法提出意见，依其相互间的关系，加以归纳，综合找出问题点，使问题明确化。亲和图法是由日本学者川喜田二郎教授所发明推广的，因为他的英文姓名缩写为 KJ，故亲和图

又称为KJ图。

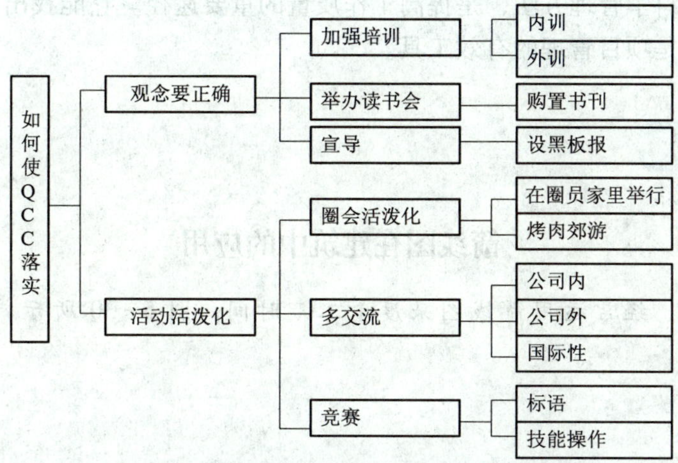

图5-28　使用系统图法寻求落实QCC的主要方法示意图

如何降低订货错误率

为防止订货错误，QC小组采用头脑风暴法，群策群力，每个小组成员提出两条以上意见，写在卡片上，最后寻找亲近分类，制作了订货错误率亲和图法（如图5-29所示），清晰地表达出如何降低订货错误率的措施和方法。

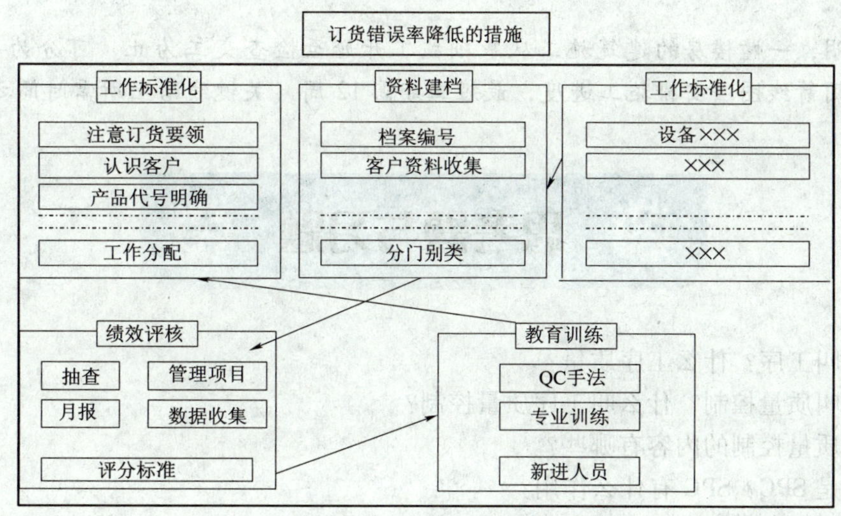

图5-29　降低订货错误率的亲和图

8. 箭线图法

箭线图法又称矢线图法或网络图法，它是把推进计划所必需的各项工作，按其时间顺序

和从属关系用网络形式表示出来的一种技术。箭线图是安排和编制最佳日程计划、有效地实施进度管理的一种科学管理方法，是提高工作质量的重要途径。它能找出影响工程进度的关键和非关键因素，是项目管理的有效工具。

案　例

箭线图在建筑中的应用

在建筑工程中，经常运用箭线图来度量工期时间，图 5-30 所示就是一幢楼房的箭线图。

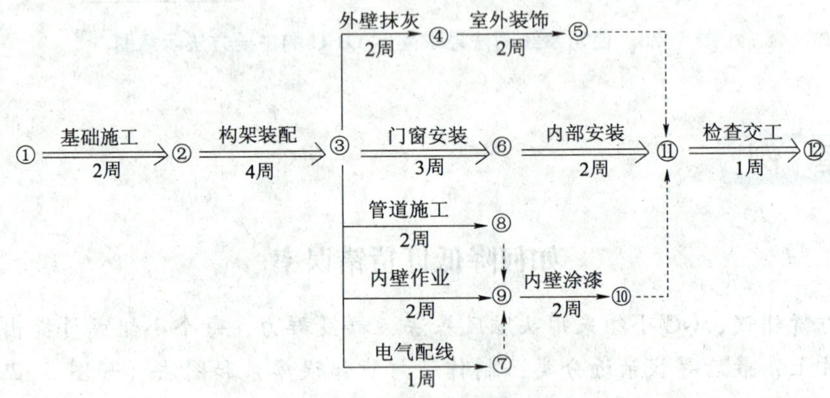

图 5-30　建筑中的箭线图

该例表明，一幢楼房的建筑施工从基础施工开始至检查交工为止，可分为 11 项作业。该项工程运用箭线图法安排施工进度，最短工期需 12 周（关键线路上所需时间之和）。

思考题与习题

1. 什么叫工序？什么工序质量？
2. 什么叫质量控制？什么叫工序质量控制？
3. 工序质量控制的内容有哪些？
4. 什么是 SPC？SPC 有什么作用？
5. 什么是工序能力？什么是工序能力指数？工序能力指数是如何计算的？
6. 什么是控制图？控制图分为哪几类？控制图有什么作用？
7. 控制图的判稳准则和判异准则是什么？
8. 某厂加工一种零件尺寸为 $\phi 115^{+0.03}_{-0.01}$，通过随机抽样测得样本标准差为 $S=0.005\,59$。

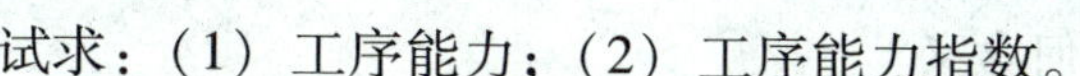

试求：(1) 工序能力；(2) 工序能力指数。

9. 加工某产品的外径，外径尺寸要求为 $\phi 20\ \text{mm} \pm 0.023\ \text{mm}$，随机抽样后计算样本特性值为 $\overline{X} = 20\ \text{mm}$，标准偏差 $S = 0.006\ \text{mm}$，求工序能力指数。

10. 某工序加工螺栓外径的尺寸标准最大值和最小值分别为 20.023 和 19.977，从加工的产品中，随机抽样后计算出的样本特性值为：平均值为 19.997，标准偏差为 0.007。求工序能力指数，并判断工序状态。

11. 某企业对所生产的电子元件进行控制，每小时抽样一次，每次抽样 6 件，共抽样 25 次。经测量知道，样本平均数总和 $\sum x = 305.8\ \text{mm}$，样本极差总和 $\sum R = 70$。试计算 $\overline{X}$-R 控制图的中心线和上下控制界限值。(注：当样本量 $n = 6$ 时，A2 = 0.483，D3 = 0，D4 = 2.004)

12. 质量旧七种工具和新七种工具分别指哪些？

13. 什么是直方图？直方图有什么作用？

14. 什么是散布图？散布图有什么作用？

15. 什么是检查表？检查表有哪些类型？

16. 某电子厂生产线生产某种产品，收集数据 100 个，试做出其直方图，并就图形进行分析。

尺寸	1	2	3	4	5	6	7	8	9	10
1	447	419	419	429	428	440	415	435	427	423
2	432	437	411	442	412	435	430	444	437	445
3	444	431	416	442	445	411	412	432	426	426
4	435	425	411	450	436	438	433	411	420	437
5	420	434	444	438	425	433	426	438	435	432
6	428	431	422	437	425	407	438	435	431	412
7	444	425	437	432	440	431	440	412	420	427
8	440	424	419	412	424	423	441	429	435	438
9	431	432	447	438	450	418	440	448	427	440
10	418	422	414	430	419	432	437	420	447	431

17. 某音响生产厂家采取一系列措施来控制和提高音响效果。为分析不合格产品产生的原因，对不合格产品按工序进行检查统计，下表是 2005 年不合格品数据，请据此做出排列图并进行分析。

不合格原因	高频音质不佳	信号不佳	接合不佳	灵敏度不佳	外观不佳	音质不佳	总计
不合格件数	19	14	10	7	3	2	55

18. 因果分析图由哪几部分组成？各部分有何含义？

19. 什么是控制图？控制图有什么作用？

20. 什么是关联图法？关联图有什么作用？

21. 什么是系统图法？什么是亲和图法？什么是箭线图法？

第六章 质量检验基础

第一节 质量检验概述

检验就是通过观察和判断，适当时结合测量、试验所进行的符合性评价。检验是质量控制的一个关键环节，通过检验可以分离并剔出不合格品，对生产过程及时做出数据分析，可以及时预测不合格品的产生，以避免损失。

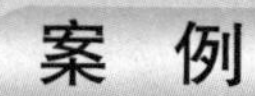

案 例

奔驰成功的原因

人们在审视一辆汽车时，往往只注意它的外观、性能，却很少留意它的座椅。尽管这是一个特别不引人注意的地方，但奔驰人还是没有放过它。奔驰车座椅的面料大都是用新西兰进口的羊毛纺织而成，其粗细度必须控制在 23 至 25 微米。细的用于高档车，柔软舒适；粗的用于中档车，结实耐用。纺织时还要根据需要掺进从中国进口的真丝和从印度进口的羊绒。至于用来制作皮革座椅的面料，他们到世界各地考察后，认为还是南德地区的最好，于是专门在那里设立了供应点。为了保证皮革的质量，甚至向供应商提出不能让牛受到外伤和生寄生虫的要求。一张 6 平方米的牛皮也只用一半，太薄或太厚的都不用。

为了保证生产出高质量的产品，1939 年，奔驰成立了世界上第一家汽车安全工程部，

由著名的“安全之父”巴仁尼先生主持。1959 年，奔驰开始进行整车撞击试验，当时是用两根弹簧，如今已完全实现了电子化。每年大约进行 7 000 多次模拟撞击，100 余次真车撞击，35 年来共撞坏了 4 000 多辆车，每次撞击大约要花几万马克。

此外，还有一组数据可以说明奔驰人的认真：每 10 名奔驰员工中就有 1 名负责安全检查；每一台发动机都要经过 42 道检验关；在国内有近 2 000 个维修站，在国外的 170 多个国家和地区设有近 4 000 个维修站；每年接受职业培训的人数保持在 6 000 人左右；质量检查小组每半个月会对各个单位进行抽查；每年用于职工合理化建议的奖金高达 1 000 万马克……

一、质量检验的概念和作用

1. 质量检验的概念

对产品的一个或多个质量特性进行观察、试验、测量，并将结果和规定的质量要求进行比较，以确定每项质量特性合格情况的技术性检查活动就称为质量检验。

2. 质量检验的作用

质量检验具有鉴别、把关、预防、报告等作用。

（1）鉴别作用。质量检验活动就是依据产品规范要求，按规定的检验程序和方法对受检产品进行质量特性度量，将度量结果与产品规范要求进行比较，从而判定受检物是否合格。正确地对产品进行检查，是质量检验的基础，也是质量检验的基本要求。

（2）把关作用。在工序中进行质量检验，可防止把不合格产品带入下道工序；产品生成后的质量检验，可剔出不合格产品，保证受检物整体的合格率。这种层层把关的检验，可以保证“不合格材料不投产、不合格零件不转序、不合格产品不出厂”，保证产品最终的质量功能和要求。

（3）预防作用。现代质量检验不单纯是事后“把关”，还同时起到预防的作用。检验的预防作用主要反映在四个方面：

① 对生产中的首件产品进行检验，从而预防批量产品质量问题的发生；

② 及时对工序中的零件巡视抽检，以防止出现大量的质量问题；

③ 通过对工序中的零件检验数据分析，找出影响零件质量的因素，控制零件质量。对这种影响因素，一般按照 4M1E 进行分析。

④ 当终检发现质量问题时，及时采取措施并予以改进，防止质量问题的再次发生。

（4）报告作用。报告的作用就是向质量管理部门提供质量检验数据及检验报告，为他们进行质量分析提供第一手的质量数据信息，以便及时得到质量反馈信息，对质量管理采取纠正措施。

质量检验报告的主要内容包括：

① 原材料、外购件、外协件进货验收的质量情况和合格率；

② 过程检验、成品检验的合格率、返修率、报废率和等级率，以及相应的废品损失金额；

③ 按产品组成部分（如零、部件）或作业单位划分统计的合格率、返修率、报废率及相应废品损失金额；

④ 产品报废原因的分析；

⑤ 重大质量问题的调查、分析和处理意见；

⑥ 其他内容。

二、质量检验的方式

1. 按检验的形式划分

（1）全数检验。全数检验是指对一批待检产品进行全体检验的一种方式。用这种方式进行检验，产品质量比较可靠，同时能够提供较全面的质量信息。如果希望通过检查得到百分之百的合格品，唯一可行的办法就是进行全检。这种检验方式会受到检验人员长期重复检验的疲劳、工作枯燥、检验人员检验技术水平的限制以及检验工具的迅速磨损等因素影响，可能导致较大的漏检率和错检率。据国外统计，这种漏检率和错检率有时可能会达到10%～15%。

全数检验能保证产品质量，但它不是一种科学的方法，而且实际检验中有时是不能执行的。例如当检验具有破坏性时，全数检验就不适用，如照相机的耐久性试验，就不能采用全数检验。

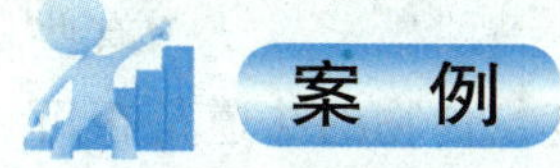

重要的全数检验

1986年1月28日，美国第二架航天飞机“挑战者”号在进行第10次飞行时，从发射架上升空70多秒后发生爆炸，价值12亿美元的航天飞机化作碎片，坠入大西洋，7名机组人员全部遇难，造成了世界航天史上最大的惨剧。这场牺牲了七名宇航员的美国历史上最大的航天灾难，仅仅因为一颗小小的不耐高空低温的螺丝！而像这样的小零件在整个航天飞机上有250万个，只要其中一个出现问题，都可能造成机毁人亡的事故。对于航天、航空等重要的工作场合，产品中如有少量的不合格品，就可能产生致命性影响，一定要实行全数检验。

（2）抽样检验。抽样检验是指根据数理统计原理所预先制定的抽样方案，从交验的一批产品中，随机抽取部分样品进行检验，根据检验结果，按照规定的判断准则，判定整批产品是否合格，并决定是接收还是拒收该批产品的一种检验方式。只要使用抽样检验方式，漏检绝对不可避免。

抽样检验与全面检验的不同之处在于，全面检验需对整批产品逐个进行检验，而抽样检验则是根据样本中的产品的检验结果来推断整批产品的质量，明显地减小了工作量。如果推断结果认为该批产品符合预先规定的合格标准，就予以接收，否则就拒收。在破坏性试验（如检验产品的寿命）以及散装产品（如矿产品、粮食）和连续产品（如棉布、电线）等检验中，也都只能采用抽样检验。例如生产商检验灯泡的使用寿命，就只能采用抽样检验的方法。

案 例

检验的形式

在敌我交战的过程中，如果一批炮弹总是打出去不爆炸或干脆打不出去，那么后果会怎样呢？不用猜，这一定影响士气，吃败仗，气急败坏的指挥官也会追查影响炮弹品质的原因。如何对炮弹的品质进行把握和评估，以求改进现有炮弹品质不佳的状况呢？通过深入的分析，军工厂只有在炮弹出厂前对产品进行试用（检验），才能对产品的品质有把握和进行改进。

对策一，采用全数检验；对策二，采用抽样检验。

但由于炮弹本身的特殊性，采用全检在时间、成本和事实上都是不允许的。采用抽检，虽然还会存在一定的风险，但可以提高出厂产品的品质，在时间和成本允许的范围内，可以为品质改进提供依据和信息。

（3）免检。免检指如果可以得到有资格的单位进行检验过的可靠性资料，就可以不需要检验。

2. 按质量特性值划分

（1）计数检验。计数值是那些只能取几个值（也可能少到只有两个）或分类数的测量结果（有时是数字有时是说明）。计数检验就是采用计数值进行检验的一种检验方式。有些质量特性本身很难用数值表示，如产品的外形是否美观、钢筋的笔直度、食物的味道是否可口、产品污点、产品中的气泡等，它们只能通过感官判断是否合格。对这一类质量特性，只能采用计数检验的方法。

计数检验包括计件检验和计点检验，只记录不合格数（或点），不记录检测后的具体测量数值。

还有另一类质量特性，如产品的不合格品数、产品的尺寸等虽然也可以用数值表示，也可以测量，但在大批量生产中，为了提高效率、节约人力和费用，常常只用“过端”和“不过端”的卡规检查是否在上下公差范围以内，也就是只区分合格与不合格品，而不测量实际的尺寸大小。例如测量孔用的塞规，有大端直径与小端直径，如果小端直径能塞入孔内，而大端直径不能塞到孔内，说明孔径符合要求，则加工零件是合格品，反之，加工零件为不合格品。再如球轴承的直径是否合格也可用卡规检查，这类数值都可以测量，但在实际生产中，不需要测量和记录具体的数值，对它们也只进行计数检验。

（2）计量检验。计量检验就是测量和记录质量特性的数值，并将此数值与标准值进行对比，判断是否合格。计量值为连续分布的一定范围内的数值体系，是由诸如尺子或千分尺这样的连续刻度工具上获得的测量结果。如长度公差 100 mm ± 0. 2 mm，该尺寸范围为 99. 8～100. 2 mm。再如一根钢筋的直径、一种漆的涂层厚度、一个注塑模具的温度、一台旋转机械的转动速度、一个铸件的重量等都为计量数值。在工业生产中有很多这样的数据，所以这种检验应用量大并且被广泛使用。

3. 按检验的地点划分

（1）固定检验。所谓的固定检验，指在生产车间内设立固定的检验站进行质量检验的一种方式。这种检验站属于专用的，并构成生产线的有机组成部分，只固定用于某种质量特性值的检验。例如硬度的检验，可设置专门用于硬度检验的车间；再如汽车的性能检测，也应设置专用的检测车间。

（2）流动检验。流动检验即临床检查，是由检验人员到工作地区进行检查的检验方式。

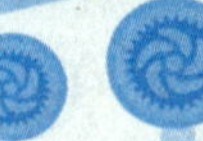

4. 按时间和目的划分

（1）验收性质的检验。验收性质的检验是指为了判断产品是否合格，从而决定是否接收该批或该件产品的检验方式。验收检查是广泛存在的形式，如原材料、外协件、外购件的进厂检验，半成品入库前的检验，产成品出厂前检验，都属于验收检验。

（2）监督性质的检验。监督性质的检验是指为了控制生产过程的状态，检查生产过程是否处于稳定状态的检验方式。这种检验的目的不是为了判定产品是否合格，而是决定接收还是拒收该批产品，从而对生产过程实施的监控。所以，这种检验也称为过程检查，可以预防大批不合格品的产生。例如生产过程中的巡回检验，使用控制图时的定时检验，都属于这类检验。其抽查的结果只是作为一个监控和反映生产过程状态的信号，以便决定是继续生产，还是要对生产过程采取纠正调整的措施。

三、质量检验的基本类型

在实际的质量检验活动中，质量检验可分为进料检验、工序检验、成品检验三种基本类型。检验的重点应控制在生产过程的检验，在产品生产过程中加强质量监控，出现问题时及时解决，最大限度地减少废次品的产生，降低生产成本。

1. 进料检验

稳定的供料厂商及高品质的原材料是保证做出高品质产品的必备条件，保证原材料的质量是保证产品质量的关键。进料检验是质量控制的第一关，检验手段及立场直接影响到后工序的批量投产，如果前面没能有效地检验到物料的缺陷，对后续的影响是巨大的。

进料检验时首先要确定检验标准，要求准确化、完善化，应适应本公司产品的需要，使检验工作做到有据可依，有据必依，不致发生过多的产品质量分歧。检验工作遵循“优先处理急用物料，当日物料当日检验完和针对不稳定厂商物料加严抽检”的原则，要有效地保证原材料的质量及生产作业的顺畅。

进料检验包括三个方面：

（1）库检：原材料品名、规格、型号、数量等是否符合实际，一般由仓管人员完成。

（2）质检：检验原材料物理、化学等特性是否符合相应原材料检验规定，一般采用抽检方式。

（3）试检：取小批量试样进行生产，检查生产结果是否符合要求。

案　例

某公司进料检验规程中的某些规定

（1）目的。对原材料、外购件进货检验过程实施控制，确保采购产品的质量符合要求。

（2）职责。

① 采购部门负责进货产品的送检工作。

a. 采购人员负责下达《原材料清单》；

b. 采购部根据各部门反映的信息对供应商进行考评。

② 仓储部门负责对进货产品进行登记入库。

③ 生产技术部门负责提供进货产品的检验和试验依据。

④ 质检部检验员根据《请验单》负责进货产品的检验和试验，并对质量问题进行仲裁。

(3) 钢铁、钢材、铝材类的进货检验标准（见表 6-1）。

表 6-1 钢铁、钢材、铝材类的进货检验标准

项次	检验项目		检验依据	检验方式	样本数/批	不良判定		
						CR	MA	MI
1	外观	刮伤	无刮伤	目视	ANSI/ASQC Standard Ⅱ级水准/10 卷抽 1 卷，每卷至少需拉开 50～100 cm 长度			◎
		纹理	样品对比	目视				◎
		变形	片料变形 不可超过 0.2 mm	目视/高度尺				◎
		氧化/生锈	无氧化、生锈	目视				◎
		杂色	无杂色	目视				◎
		黑点	无黑点	目视				◎
2	尺寸		承认书	卡尺/千分尺/治具（铝板）	3 卷/5PCS		◎	
3	硬度值		承认书	送实验室测试	100 mm/IPCS		◎	
4	性能测试	折弯试验	无表面裂痕现象	送实验室测试	100 mm		◎	
5	环境管制物质测试		测试结果符合 HLSG5-Q00034 要求	送实验室测试	100 g	◎		
6	包装检验	包装方式	依包装规范要求	目视	全检			◎
		产品标签	依包装规范要求	目视				◎
		环保标示	依包装规范要求	目视			◎	
		包装指示	料号/数量/ 日期/合格章等	目视				◎

2. 工序检验

(1) 工序检验的概念。工序检验是指在某工序加工完成以后进行的检验。产品质量的好坏，是做出来的，而不是检验出来的，但是必要的工序过程检验是不可缺少的。在工序生产过程中，每道工序都应制定相应的检验标准，并严格执行，应设有工序检验记录。采取自检、互检、专检相结合的原则，按技术文件要求，检验在制产品的质量特性以防止出现批量不合格，避免不合格品流入下道工序。检验员应做到首件检验、中间巡检和末件检验；操作者应做到首件送检、质量自检和互检。后道工序必须检查前道工序的产品质量，发现问题应及时处理，决不能让不合格产品流入下道工序。

工序检验

表6-2为某公司产品质量检验记录空表，主要用来检验工序中出现的产品不合格情况。

表6-2 产品质量检验记录表

单位： 月份： 第 页

日期	产品名称	批号	产量	成形不良			加工不良							良品数	不良数	不良率

（2）工序过程检验的方式。

① 自检。自检就是操作者对自己生产的产品自己进行测量检验的方式。

操作者对自己加工的产品先实行自检，检验合格后方可发至下道工序。这样做，可提高产品流转合格率和减轻质检员的工作量。自检容易受到操作者实际测量技能水平或其他因素的影响，不易管理和控制，产品质量时常出现不合格现象。

② 互检。每个操作者有时都会有一种错误心态，认为自己的检验方式、手段等一定合理，自己检验的项目一定合格。所以有必要实行互检。互检是指操作者之间对加工产品按照技术标准和文件要求进行的相互检验，以达到互相监督的作用。互检有利于保证加工质量，防止疏忽大意而造成批量废品，但互检也会引起包庇、吵执等造成品质异常的现象。

互检的形式多样，如本班组操作者之间互检、上下道工序之间交接检验、班组长（班组质量员）对本班组操作工人加工产品进行抽检等。

在下道工序操作人员对上道员工的产品进行检验时，可以不予接收上道工序的不良品。

③ 巡检。巡检是指检验员在生产现场，按照一定的时间间隔或加工产品的数量间隔对有关工序的产品质量进行检验的方式。例如检验员对不稳定的工序，在该批量的生产过程中进行的定时抽样检验就是巡检。

④ 首检。首检是指对供应单位的样品进行检验的方式。在生产开始时或工序因素调整后，对制造的第一件或前几件产品进行检验，这样可以观察生产工艺及生产过程是否合乎设计规范要求，以便进一步生产或进行改善。在任何设备或制造工序发生变化以及每个工作班次开始加工之前，都要严格进行首件检验。

⑤ 末检。末检是指对一批产品中最后制造的产品进行检验，从而有利于全面掌握产品的质量情况。

⑥ 专检。专检是指专职检验人员对产品质量进行专门的把关检验。

专检是现代化大生产劳动分工的客观要求，它是互检和自检不能取代的。这是由于在现代生产中，检验已成为专门的工种和技术，而专职检验人员无论是对产品的技术要求、工艺知识还是检验技能，都比操作者精通，所用检验测量仪也比较精密，检验结果通常更可靠，检验效率也相对较高；其次，由于有时操作者有严格的生产定额，所以容易产生错检和漏检。ISO 9000 族国际标准也把质量管理体系、过程和产品的测量作为企业中一种重要的质量保证基本要求，对质量检验提出了严格的要求和规定。

一般来说，关键工序、质控点也可设专检工人进行检验，而生产过程中的一般工序则以操作者自检、互检为主。

案 例

某厂硬度检验工序要求

(1) 热处理零件均应根据图纸要求和工艺进行硬度检验或抽检。图纸只注明单一硬度值时，一般硬度公差为 HB±15HRC。

(2) 一般正火、退火、调质零件用布氏硬度计检查，淬火零件用洛氏硬度计或里氏硬度计检查。

(3) 淬火零件用硬度计法检查时，可用肖式硬度计检查或按工艺规程用锉刀与标准试块进行比较来检查。但用锉刀检查时，必须注意锉折痕的位置，应不影响零件的最后精度。

(4) 硬度检查的位置应根据工艺文件或由质检人员确定。在零件的淬火部位检查硬度应不少于 1～3 处，每处不少于 3 点。

(5) 检查硬度时，应将零件表面清理干净并去除氧化皮。

3. 成品检验

成品检验又称最终检验或出厂检验。

成品检验是产品质量检验的最后一道关口，对完工后的成品质量进行检验，其目的在于保证不合格的成品不出厂、不入库，以确保用户利益和企业自身的信誉。所以，成品出厂前必须进行全面的质量检验，验收合格后，方可出厂，并做好记录以便查看。

成品检验可分为成品包装检验、成品标识检验、成品外观检验、成品功能性能检验。

(1) 成品包装检验。成品包装检验主要检验其包装是否牢固，是否符合运输要求等。

(2) 成品标识检验。成品标识检验主要检验其商标、批号是否正确。

(3) 成品外观检验。成品外观检验主要察看其外观是否被损、开裂、划伤等。

(4) 成品功能性能检验。成品功能性能检验就是根据技术标准、产品图样、作业（工艺）规程或订货合同的规定，采用相应的检测方法观察、试验、测量产品的质量特性，判定产品质量是否符合规定的要求。

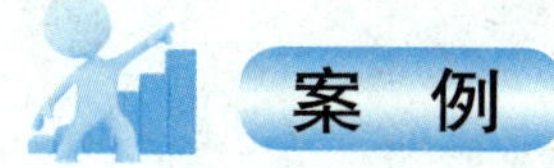

成品检验记录表

表6-3是一种常见的空白成品检验表。当机器装配结束后，可以对照表单中相关的内容对成品进行检验，判断产品质量是否符合规定的要求。

表 6-3　成品检验记录表

月　　日　　　　　　　　　　　　　　　　　　　　　　　　　　页数：

<table>
<tr><td colspan="2">制造单号</td><td colspan="3"></td><td colspan="3">产品名称</td><td colspan="3"></td><td colspan="3">目标产量</td><td colspan="2"></td><td colspan="3">本日产量</td><td colspan="3"></td></tr>
<tr><td rowspan="2">抽样</td><td colspan="6">外观检查</td><td colspan="6">试验检验</td><td colspan="6">检验包装</td><td rowspan="2">及格</td><td rowspan="2">待改善</td><td rowspan="2">不及格</td></tr>
<tr><td>色泽</td><td>清洁</td><td></td><td></td><td></td><td></td><td></td><td></td><td></td><td></td><td></td><td></td><td>外观</td><td>内容</td><td>松脱</td><td></td><td></td><td></td></tr>
<tr><td>1</td><td></td><td></td><td></td><td></td><td></td><td></td><td></td><td></td><td></td><td></td><td></td><td></td><td></td><td></td><td></td><td></td><td></td><td></td><td></td><td></td><td></td></tr>
<tr><td>2</td><td></td><td></td><td></td><td></td><td></td><td></td><td></td><td></td><td></td><td></td><td></td><td></td><td></td><td></td><td></td><td></td><td></td><td></td><td></td><td></td><td></td></tr>
<tr><td>3</td><td></td><td></td><td></td><td></td><td></td><td></td><td></td><td></td><td></td><td></td><td></td><td></td><td></td><td></td><td></td><td></td><td></td><td></td><td></td><td></td><td></td></tr>
<tr><td>4</td><td></td><td></td><td></td><td></td><td></td><td></td><td></td><td></td><td></td><td></td><td></td><td></td><td></td><td></td><td></td><td></td><td></td><td></td><td></td><td></td><td></td></tr>
<tr><td>5</td><td></td><td></td><td></td><td></td><td></td><td></td><td></td><td></td><td></td><td></td><td></td><td></td><td></td><td></td><td></td><td></td><td></td><td></td><td></td><td></td><td></td></tr>
<tr><td>6</td><td></td><td></td><td></td><td></td><td></td><td></td><td></td><td></td><td></td><td></td><td></td><td></td><td></td><td></td><td></td><td></td><td></td><td></td><td></td><td></td><td></td></tr>
<tr><td>7</td><td></td><td></td><td></td><td></td><td></td><td></td><td></td><td></td><td></td><td></td><td></td><td></td><td></td><td></td><td></td><td></td><td></td><td></td><td></td><td></td><td></td></tr>
<tr><td>8</td><td></td><td></td><td></td><td></td><td></td><td></td><td></td><td></td><td></td><td></td><td></td><td></td><td></td><td></td><td></td><td></td><td></td><td></td><td></td><td></td><td></td></tr>
</table>

四、质量检验计划

1. 质量检验计划的作用

检验计划是企业对质量检验工作进行系统筹划与安排的主要质量文件，它主要规定了检验工作中的措施、资源和活动。

产品的制造过程，涉及多部门、多工种、多人员、多工序、多材料、多设备，在这些方面都要求检验活动和生产作业过程密切协调和紧密衔接，需要编制检验计划来予以保证。不同的部门、不同的工种、不同的产品的质量要求也不一样，质量检验文件就成为质量产品保证的信息载体。可以说，没有质量检验计划，就没有统一的质量要求，也就不会形成所需的产品质量。

2. 质量检验计划的内容

质量检验部门根据生产作业组织的技术、生产、计划等部门的有关计划及产品的不同情况来编制检验计划，其主要内容有：

（1）编制检验流程图。检验流程图主要表述检验活动流程、检验站点设置、检验方式

和方法及其相互关系。

（2）编制产品的质量特性分析表。制订产品不合格严重性分级表。

（3）编制检验规程及检验手册，如检验指导书、细则或检验卡片等。

（4）编制测量工具、仪器设备明细表，提出补充仪器设备及测量工具的计划。

（5）确定检验人员的组织形式、培训计划和资格认定方式等。

（6）其他事项的安排。

五、质量检验的步骤

质量检验是一个过程，一般包括以下步骤。

1. 检验准备

熟悉和掌握质量标准、检验方法，并将其作为测量和试验、比较和判定的依据。根据产品技术标准明确检验项目和各个项目的质量要求。在抽样检验的情况下，还要明确采用什么样的抽样方案，使检验员和操作者明确什么是合格品或合格批，什么是不合格品或不合格批，明确掌握产品合格与否的判定依据。

2. 检验

采用一般量具或使用机械、电子仪器设备，规定适当的方法和手段，对产品的特性进行测量，得出一批具体的数据或结果。

3. 记录

对测量的条件、测量得到的量值和观察得到的技术状态用规范化的格式和要求予以记载或描述，作为客观的质量证据保存下来。质量检验记录是证实产品质量的证据，因此数据要客观、真实，字迹要清晰、整齐，不能随意涂改，需要更改的要按规定程序和要求办理。质量检验记录不仅要记录检验数据，还要记录检验日期、班次，由检验人员签名，便于质量追溯，明确质量责任。

4. 比较判断

把测试得到的数据同标准和规定的质量要求相比较，确定是否符合质量要求。根据比较的结果，判断单个产品或批量产品是否合格。

5. 处置

记录所得到的数据，对合格品及不合格品做出相应的处理。

（1）对合格品准予放行，并及时转入下一工序或准予入库、交付销售或使用。对不合格品，按其程度分别做出返修、返工、让步接收或报废处置。

（2）对批量产品，根据产品批质量情况和检验判定结果分别做出接收、拒收、复检处置。

6. 反馈

把测量或试验的数据做好记录、整理、统计、计算和分析，按一定的程序和方法，把判定结果反馈给有关部门，以便促使其改进质量。

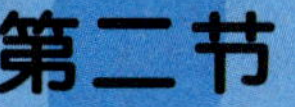

第二节　质量检验的主要管理制度

质量检验在企业生产中的重要性，是不言而喻的。质量检验是工业生产的耳目，是企业管理科学化、现代化的基础工作之一。有经验的企业家认为，没有质量检验的生产好像是瞎子走路，因为无法掌握生产过程的状态，必将使生产失去必要的控制和调节。在一些工业发达的国家，计量和质量检验是企业的一项专有技术，是企业的核心机密。质量检验也是企业最重要的信息源，企业的许多信息都是直接或间接地通过质量检验来获得的。首先是质量指标，没有检验的结果和数据，就无法计算，如合格率、返修率、返工率、废品率、降等率等都是如此。而所有这些指标，都同企业的经济效益密切相关，是计算企业经济效益的依据和重要基础。此外，质量检验的结果还是设计工作、工艺工作、操作水平、文明生产乃至整个企业管理水平的综合反映。

一、常用质量检验管理制度

加强企业的检验组织和管理工作是十分重要的。我国通过学习国外的经验和进行长期的实践，已经积累了一套行之有效的质量检验的管理原则和制度，简述如下：

1. 三检制

所谓三检制就是操作者的自检、工人之间的互检和专职检验人员的专检相结合的一种检验制度。这三种检验制度的结合有利于调动广大员工参与质量检验的积极性，增强员工对质量检验的责任感，它是我国企业长期检验工作的经验总结，是行之有效的。

应当指出，ISO 9000 系列国际标准把质量体系的“最终检验和试验”作为企业中一种重要的质量保证模式，对质量检验提出了严格的要求和规定。

目前，我国已等同采用该标准，必须严肃对待，严格执行。今后，是否重视质量检验，实际上是一个是否重视质量的试金石。没有质量标准，没有质量检验机构和质量检测手段的产品，就不能允许正式投产。

2. 重点工序双岗制

重点工序可以是关键零部件或关键部位的工序，可以是作为下道工序或后续工序加工基准的工序，也可以是工序过程的参数或结果无记录、不能保留客观证据、事后无法检验查证的工序。对这些工序实行双岗制，是指操作者在进行重点工序加工时，还同时应有检验人员在场，必要时应有技术负责人或用户的验收代表在场，监视工序必须按规定的程序和要求进行。例如，使用正确的工夹量具、正确的安装定位、正确的操作顺序和加工用量。工序完成后，操作者、检验员或技术负责人和用户验收代表，应立即在工艺文件上签名，并尽可能将情况记录存档，以示负责并方便以后查询。

3. 留名制

留名制是一种重要的技术责任制，是指在生产过程中，从原材料进厂到成品入库和出

厂，每完成一道工序，改变产品的一种状态，包括进行检验和交接、存放和运输，责任者都应该在工艺文件上签名，以示负责。特别是在成品出厂检验单上，检验员必须签名或加盖印章。操作者签名表示按规定要求完成了这套工序，检验者签名，表示该工序达到了规定的质量标准，签名后的记录文件应妥善保存，以便以后参考。

4. 质量复查制

我国有些生产重要产品（特别是军工产品）的企业，在产品检验入库后，为了保证交付产品的质量或参加试验的产品稳妥可靠，不带隐患，在出厂前要请与产品有关的设计、生产、试验及技术部门的人员进行复查。检查图纸和技术文件是否有错，查看检查结果是否正确，查有关技术或质量问题的处理是否合适。这种做法，对于质量体系还不够健全的企业来说，是十分有效的。

5. 追溯制

我国大中型企业都很重视产品的追溯性管理，甚至实行跟踪管理制度。在生产过程中，每完成一个工序或一项工作，都要记录其检验结果及存在的问题，记录操作者及检验者的姓名、时间、地点及情况分析，在适当的产品部位做出相应的质量状态标志。这些记录与带标志的产品同步流转。产品标志和留名制都是可追溯性的依据，在必要时，可弄清责任者的姓名、时间和地点。职责分明，查处有据，可以大大增强职工的责任感。产品出厂时还同时附有跟踪卡，随产品一起流通，以便用户能将产品在使用时所出现的问题，及时反馈给生产者，这是企业进行质量改进的重要依据。

追溯制有三种管理办法：

（1）批次管理法。根据零件、材料或特种工艺过程分别组成批次，记录批次号或序号，以及相应的工艺状态。在加工和组装过程中，要将批次号依次传递或存档。

（2）日期管理法。对于生产过程具有连续性、工艺稳定、价格较低的产品，可采用记录日期的方法来追溯质量状态。

（3）连续序号管理法。这种方法就是根据记录的连续序号来追溯产品的质量档案。

二、质量统计分析和质量指标

1. 质量统计分析

质量的统计分析是质量报告和信息反馈的基础，也是进行质量考核的依据。根据上级要求和企业的质量状况，质量检验科可提出质量考核指标建议，上级考核指标亦可由上级直接规定。车间生产计划部门应按月提供完成工时、产品数量、品种规格、零部件半成品完成数量等统计资料；质量检验部门负责质量检验结果及数据的统计、汇总，并按期向厂部和上级主管部门上报质量月报、季报和年报。质量检验部门还要提供其他各种质量情况的统计资料，质量统计资料一定要数据准确，分类整理，按规定项目和格式填写。

2. 质量指标

质量指标可以分为两类：一类是上级管理部门对企业考核的质量指标；另一类是企业自行考核的质量指标。

（1）上级规定的考核指标。

① 品种抽查合格率。品种抽查合格率是从已经检查合格入库的产品中随机抽出若干件，

以品种为单位进行合格率的计算。其公式为：

$$品种抽查合格率=\frac{合格品种数}{考核品种总数}\times100\%$$

合格品种数是指抽查合格率达到规定指标的品种，产品成品抽查合格率达到100%时，才算合格品种。按年度考核时，某一品种四个季度抽查全部合格，或三个季度抽查合格（其中必须包括第四季度），才能称为合格品种。

② 成品抽查合格率。其计算公式为：

$$成品抽查合格率=\frac{合格品数(台、套、件)}{产品抽查总数(台、套、件)}\times100\%$$

抽查时亦应从已经检查合格并入库的成品中随机抽取。

③ 品种一等品率。其计算公式为：

$$品种一等品率=\frac{一等品品种数}{考核品种种数}\times100\%$$

④ 成品一等品率。其计算公式为：

$$成品一等品率=\frac{一等品数(台、套、件)}{成品总数(台、套、件)}\times100\%$$

成品一等品率一般作为上级主管部门对企业考核的重要指标，它是按日常检查统计的累计数字计算的，因此，每一种产品检验后，都应将合格品与一等品分别记录并统计。

⑤ 主要零件的主要项目合格率。其计算公式为：

$$主要零件的主要项目合格率\frac{主要项目合格数(项)}{主要检验项目总数(项)}\times100\%$$

当企业有铸造车间时，还要加上废品率指标，其计算公式为：

$$铸造件废品率=\frac{铸造废品件(吨)}{合格铸造件(吨)+废品铸造件(吨)}\times100\%$$

（2）企业自行考核的质量指标。企业可根据本企业的实际情况，除考核上级规定的质量指标外，还可以增加一些质量考核指标，来考核企业或车间的质量情况。常用的指标有：

① 成品装配的一次合格率。其计算公式为：

$$成品装配的一次合格率=\frac{第一次检查产品合格数(台、件)}{第一次送检产品总数(台、件)}\times100\%$$

第一次检查产品合格数，即从全部合格品数中减去返修后达到合格的产品数。

② 机械加工废品率。其计算公式为：

$$机械加工废品率=\frac{机械加工废品工时}{机械加工合格品工时+机械加工废品工时}\times100\%$$

③ 返修率。其计算公式为：

$$返修率=\frac{计划期限内返修产品数(台、套、件)}{计划期限内生产产品总数(台、套、件)}\times100\%$$

三、质量检验的考核

1. 检验误差及其分类

在质量检验中，由于主、客观因素的影响，产生检验误差是很难避免的，甚至是经常发生的。据国外资料介绍，检验员对缺陷的漏检率有时可以高达15%～20%。

我国许多企业对检验人员的检验误差，还没有引起足够的重视，甚至缺乏“检验误差”的概念，迷信于100%检验的可靠性。认为只要通过检验合格的产品，一定就是百分之百的合格品，实际上这是不符合事实的，因为这里面还存在检验误差。检验误差可以分为以下几类：

（1）技术性误差。技术性误差是指检验人员缺乏检验技能所造成的误差。例如，未经培训的新上岗检验员，最容易发生这种误差。这往往是由于缺乏必要的工艺知识，检验技术不熟练，没掌握检测工具或仪器的正确使用方法，或在视力上有生理缺陷（如近视、视力不足或色盲），也可能由于缺乏检验经验等原因所造成的。

（2）情绪性误差。情绪性误差是指由于检验员马虎大意、工作不细心造成的检验误差。如检验人员思想不集中、心情紧张、家庭不和、有烦心事，或由于工资奖金等问题而闹情绪，或生产任务紧、时间急等原因引起情绪波动所造成的检验误差。

（3）程序性误差是指由于生产不均衡、加班突击及管理混乱所造成的误差。如生产不均衡，月初松、月末紧，加班加点，精力不够，加之待检产品过于集中，存放混乱，标志不清，或工艺、图纸有临时改变，而检验人员又不知道等原因造成的检验误差。

（4）明知故犯误差。由于检验人员动机不良造成的检验误差。如有意报复，迫于生产部门的压力，工检关系不和，或为了多拿奖金等原因所造成，少数情况下可能是有意破坏。

2. 检验误差的指标及考核方法

（1）检验误差的两个主要指标。无论哪类原因造成的误差，都可概括为以下两类：

① 漏检。漏检就是有的不合格品没有被检查出来，当成了合格品，这当然会使用户遭受损失。这里所指的用户是广义的，下道工序也可以认为是上道工序的用户。

② 错检。错检就是把合格品当成了不合格品，在检验员检查出来不合格品中还有的是合格品，这当然会使生产者遭受损失。

（2）测定和评价检验误差的方法。

① 重复检查。由检验人员对自己检查过的产品再检查一到二次，查明合格品中有多少不合格品，及不合格品中有多少合格品。

② 复核检查。由技术水平较高的检验人员或技术人员，复核检验已检查过的一批合格品和不合格品。

③ 改变检验条件。为了了解检验是否正确，当检验员检查完一批产品后，可以用精度更高的检测手段进行重检，以发现由检测工具造成的检验误差。

④ 建立标准品。用标准品进行比较，以便发现被检查过的产品所存在的缺陷或误差。

（3）考核。目前各企业对检验人员工作质量的考核方法各不相同，还没有统一的计算公式。由于考核同奖金挂钩，而各个工厂的情况又互不相同，所以要采用统一的考核制度，比较困难。但在考核中有些问题是共同性的，必须加以明确。

第一，质量检验部门和人员不能承包企业或车间的产品质量指标，尽管检验工作对提高质量有促进作用。但产品质量好坏主要决定于生产部门的工作质量和控制能力。检验人员的主要职能是把关，是把已经发生的不合格品从合格品中挑出来，并予以剔除。剔除越干净越好，漏检越少，检查人员的工作质量就越高。如果把产品质量由检验人员承包下来，就无益于检验人员自己考核自己，这是对质量检验职能的误解和歪曲，必将导致产品质量管理走入歧途，其后患将是无穷的，这种承包显然是不可取的。

第二，关于检验人员和操作人员的责任界限问题。生产中常常碰到一种容易引起争议的责任界限，如某工序的检验人员，由于工作中的疏忽大意，或是失职，或是属于抽样检查中不可避免的误判风险，造成流到下一工序的一批半成品需要返工或报废。如何区分检验人员和操作人员的责任呢？这种责任的区分要分析具体的情况，当工艺非常明确，无其他不正常客观原因时，工人生产了不良品，操作者应负主要责任，检验人员应承担失职责任；如工序操作要求不够明确，工人经检验人员认可后进行生产时，造成了不良品的产生，而检验人员又漏检，从而造成了损失，检验人员应承担主要责任。但当工序采用抽样检验方案，由于客观上必然存在不可避免的误判风险，而检验方法又正确时，虽然造成返工或报废，其主要责任应由生产工人承担，而不应追究检验人员的责任。但对工人的考核扣分应给予适当的考虑。

我国企业中考核检验人员的办法大多是采用百分计奖制。例如，规定工作质量 30 分；工作量 20 分；出勤 20 分；文明安全工作 15 分；爱护量具、工具 10 分，其他 5 分。而对其中每一项又规定了具体的扣分办法。

“海恩法则”

“海恩法则”是一个关于飞行安全的重要理论，是由德国人帕布斯·海恩提出的。在对多起航空事故的分析中，海恩发现，每一次事故总有一些征兆表现出来，但是人们要么没有注意去发现，要么即使发现了也没有引起足够的重视，从而导致事故的发生。同样是检查飞机发动机的扇叶，有的机械师走马观花，有的机械师却能看出扇叶上的一个细小的裂纹。据此，他总结出一条规律，即“在每起严重事故的背后，必然有 29 次轻微事故和 300 起未遂先兆以及 1 000 起事故隐患”。海恩强调两点：一是事故的发生是量积累的结果；二是再好的技术，再完美的规章，在实际操作层面，也无法取代人自身的素质和责任心。后来人们把海恩的发现称为“海恩法则”。

“海恩法则”多被用于企业的生产管理中。“海恩法则”对于企业来说是一种警示，它说明任何一起事故都是有原因的，并且是有征兆的，它同时说明生产质量是可以控制的，事故是可以避免的，越是在生产任务艰巨的情况下，越要重视细节管理，产品生产工作一定要从严、从细，千万不得马虎。

第三节 不同类别的产品质量检验

一、机械产品的质量检验

1. 机械产品的特点

机械产品是工业产品的基础，其产品的用途极为广泛，涉及钢铁、机电、交通、运输、电工、电子、轻工、食品、石化、能源、采矿、冶炼、建材、建筑、环保、医药、卫生、航空、航天、海洋、军工和农业等各行各业、各项领域。

机械产品无论其尺寸形状、结构如何变化，都是由若干分散的、不具有独立使用功能的制造单元（零件）组成具有某种或某项局部功能的组件（部件）或具有综合性能的组装整体（整机）。由于机械产品用途千差万别，其结构性能就各不相同。

机械产品的特点有：

（1）机械产品的最基本单元就是零件，零件一般都由原材料制成，材料的微观组成（成分）及各项性能（物理、化学和机械性能）就是零件重要的内在质量要求。

（2）机械整机产品是由若干单元（零件）有机集合组成宏观的结构形态，一般可分为固定部分和可拆部分。零件和整机的固定部分是不可拆卸的；整机的可拆部分可采用适当的方法，将整体分解为局部或由局部装配组合为整体。

（3）机械整机产品又可分为固定件和运动件（运动部分），机械的使用功能是通过运动部分在直线、平面、空间的运动实现的。

（4）机械产品一般都要通过不同的方式、方法传递载荷。其零件无论大小和形状都要承受一定的外力，因此要有适当的强度和刚度等性能要求。

2. 机械产品的主要技术性能要求

（1）零件。

①金属材料的化学成分（金属元素含量及非金属夹杂物含量）；

②金属材料的显微组织；

③主要的结构型式尺寸，几何参数、形状与位置公差及表面粗糙度；

④材料（金属和非金属）的机械力学性能；

⑤部件和整机性能对零件的特殊要求，如互换性、耐磨性、耐腐蚀性、耐老化性等。

（2）部件和整机。

①运动部分（件）的灵活性（转动、滑动、摆动、震动），固定部分（件）连接的牢固性；

②配合部件的互换性；

③外观质量及结构主要的规格尺寸；

④输入输出功率、速度、扭矩、动静平衡及完成各种不同作业的功能、技术性能和适

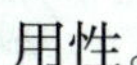

用性。

蜗轮减速机中蜗杆轴的质量要求

蜗轮减速机蜗杆轴的技术要求应达到图样要求或下述质检标准：

（1）轴颈不应有划痕、碰伤、毛刺等缺陷；

（2）蜗轮减速机轴颈的圆柱度为0.02mm；

（3）蜗杆的直线度为0.04mm/m；

（4）安装轴承处的轴颈粗糙度为$Ra0.8$，安装密封件的轴颈粗糙度为$Ra1.6$；

（5）键槽磨损后，在结构及强度允许的情况下，可在原键槽120°位置上另铣键槽；

（6）轴严重磨损或有裂纹则不能继续使用；

（7）蜗杆齿的技术要求与蜗轮相同。

3. 机械产品的检验、试验方法

（1）机械零件检验。

① 化学分析：同流程性材料。

② 物理试验：

a. 机械性能试验：硬度、拉伸试验、压缩试验、扭转试验、弯曲试验、冲击试验、疲劳试验等；

b. 无损探伤：射线探伤、超声探伤、磁粉探伤、渗透探伤、涡流探伤等；

c. 金相显微组织检验：利用金相显微镜进行检验。

③ 几何量测量：尺寸精度及形状与位置公差的测量。

（2）产品性能试验。

产品性能试验是按规定程序和要求对产品的基本功能和各种使用条件下的适应性及其能力进行检查和测量，以评价产品性能满足规定要求的程度。

不同的产品其性能要求是不同的，试验的内容、要求和方法也不相同。就机械产品而言，产品性能试验主要包括：

① 功能试验：对产品的基本功能和使用性能通过试验取得资料。如汽车的速度、载重量、油耗率；机车的牵引功率、速度、油耗量、制动力和距离、运行平稳性和稳定性等。

② 结构力学试验：结构力学试验一般用于承受动、静载荷的产品，进行机械力学性能试验。试验时模拟外界受力的状态进行静力和动力等试验，试验时，往往加载到规定的载荷值、加载时间或直至结构破坏以测定其内部应力和结构的强度，验证产品设计及参数计算的正确性。

③ 空转试验：产品在无负载的条件下，按照试验规定要求（时间、速度、位移、温度、压力等）检查、测试和评定各运动部分工作的灵活性、平稳性、准确性、可靠性、安全性，检查其控制、驱动、冷却、测量等系统的工作情况。

④ 负载试验：按照试验规范所规定的试验方法，在加载条件下测试、评定产品的各项

性能参数；检查各运动部分的可靠性、安全性；检查控制、驱动、冷却、测量各系统的工作状况。

⑤ 人体适应性试验：任何机械产品的使用和运转都会产生对人体的影响和人身安全的问题，因此人体适应性试验是考察机械对人体的影响及人体对机械运转影响的耐受程度和感知的舒适程度。如机械的加速度、振动、冲击、噪声、隔热等方面的性能。

⑥ 安全性、可靠性和耐久性试验：安全性对于机械产品特别是对于转动机械和道路行驶、轨道交通机械十分重要，保证机械正常运行时不发生危及人身安全和机械破坏。安全性试验是测量机械行驶时不发生倾覆、脱轨等的技术临界条件，可靠性和耐久性试验是按规定的时间和试验的程序、方法考验机械在长期的实际使用条件下运行，其工作状况、性能变化、故障情况及磨耗和损坏情况。

⑦ 环境条件试验：这是一种针对各种机械产品的不同使用环境条件的试验方法，主要在模拟或局部模拟环境条件下进行产品性能对环境的适应性、持续性及稳定性试验。

铸件的检测

铸件的检测内容包括：

(1) 铸造缺陷：气孔、收缩、缩松、夹渣、砂眼、裂纹、冷隔、披缝、毛刺、粘砂、胀砂、浇不足、损伤、尺寸偏差、变形、错箱、错芯、偏芯、抬箱等。

(2) 铸件的检验内容：包括铸造工序检验（无国家标准）、铸件成品检验。

① 铸造工序的检验项：造型材料的检验；模型的检验；造型、型芯的检验；合箱的检验；浇注的检验；清理的检验。

② 铸件成品检验项：相关技术条件的检验、表面质量检验、几何尺寸检验等项内容。

a. 相关技术条件的检验。包括铸件化学成分、机械性能等检验内容。

b. 表面质量检验。主要对其外观铸造缺陷（如有无砂眼、沙孔、疏松、有无浇不足、铸造裂纹等）的检验，以及毛坯加工余量是否满足加工要求的检验。

c. 铸件成品几何尺寸检验。主要是采用划线法检查毛坯的加工余量是否足够；另外用毛坯的参考基准面（也称工艺基准面）作为毛坯的检验基准面进行检验。

二、电工电子产品质量检验

1. 电工电子产品的特点

电工电子产品广泛应用于工业、农业、交通、冶金、电力等国民经济各个部门各行业，以及国防和人民日常生活。

可以毫不夸张地说，电工电子产品的质量和技术水平是当代高新技术的集中反映。没有电工电子产品，国民经济的各个部门就无法正常运转，就没有强大的现代化国防和人们正在享受的现代物质文明。

(1) 电工电子产品都必须利用电能，而电能的来源广泛，可来自火力发电、水力发电、

风力发电、化学能转换等，电能的输送和分配也非常方便，对环境不产生污染或很少污染，使用、操作简便。这些优点为电工电子产品的广泛运用奠定了基础。

(2) 电工电子产品的安全性直接涉及人身安全和产品的正常可靠使用，因此，电工电子产品在结构上都必须考虑电气绝缘，带电部分对机壳和地或高电压部分与低压部分之间要达到规定的绝缘强度要求。

(3) 电工电子产品都有不同结构的电路组成产品的核心部分。

(4) 电工电子产品中大量使用绝缘材料、导电材料、磁性材料和基础的元器件，这些材料、器件的质量是电工电子产品性能和质量的基本保证。

(5) 电工电子产品的性能和使用都会不同程度的受各种环境条件的影响。

2. 电工电子产品的主要技术要求

(1) 电气绝缘强度：电工电子产品要满足与其工作电压和应用领域相对应的电气绝缘要求，电气绝缘要求既是产品本身安全可靠工作的需要，更是人身安全的保障。

(2) 电压：电压是电工电子产品的一项重要技术指标。工作电压、输入电压、输出电压等从不同的方面描述电工电子产品对电压的要求；电气绝缘强度要求就取决于电工电子产品电压的高低。

(3) 电流：电工电子产品的电流大，则电流通路（导线）的截面积就大；电流大，损耗也大；在一定的电压下，电流大，需要的电能越大，或者输出电能越大。电流是与电工电子产品耗材、能量和损耗等密切相关的一项技术指标。

(4) 功率：描述电工电子产品需要电能的大小（输入功率），或输出能量的大小（输出功率）。

(5) 频率：电工电子产品工作的电压都有一定的频率（直流为0Hz 频率），不能任意改变。

(6) 温升：电工电子产品长时间工作时，由于本身的电损耗，会发热，产生一定的温升。温升指标要满足规定的要求。

(7) 工作性能：电工电子产品要完成规定的功能，并达到要求的性能。

(8) 电磁兼容性（EMC）：电工电子产品工作时处在一定的电磁环境中，本身会不可避免地受到来自周围电气产品电磁干扰的影响，电工电子产品要有一定的抗电磁干扰的能力；另外，电工电子产品本身在工作时，也会对外界产生电磁干扰，这种干扰要在一定的限值之内。

(9) 工作环境条件：电工电子产品对工作环境条件有一定的要求。工作环境条件包括温度、湿度、气压、振动、大气污染等。

断路器的额定极限短路分断能力

断路器一般具有两个反映断路器短路分断能力的参数：额定极限短路分断能力与额定运行短路分断能力。

其中，额定极限短路分断能力指在一定的试验参数（电压、短路电流、功率因数）条件下，能够接通、分断的短路电流。其试验具体方法是把线路的电流调整到预期的短路电流值（例如380V，50kA）而试验按钮未合，被试断路器处于合闸位置，按下试验按钮，断路器通过50kA短路电流，断路器立即开断（断路器应完好，且能再合闸）。经间歇时间 t 后，此时线路仍处于热备状态，断路器再进行一次接通（接通试验是考核断路器在峰值电流下的电动和热稳定性）。此程序即为断路器能完全分断，则其极限短路分断能力合格（试检后要验证脱扣特性和工频耐压）。

3. 电工电子产品检验的主要内容和检验方法

通常我们用试验的方法来考核电工电子产品性能的好坏。试验形式一般分为型式试验及例行试验。

（1）型式试验。型式试验用于考核指定产品的设计是否符合有关产品标准和验证产品是否满足设计要求。

试验可以包括以下考核内容：

① 结构要求。

② 性能要求。工作极限值、温升、绝缘性能、工作性能、振动与冲击、电磁兼容性、噪声、气候试验。

（2）例行试验。例行试验是对批量制作完成的每件产品进行的交付试验，以确定其是否符合有关标准中产品交付的要求。试验可以包括以下考核内容：

① 外观；② 运行情况；③ 介电性能；④ 调整、整定及校正；⑤ 气动设备的气密性；⑥ 液压设备的密封性；⑦ 电阻或阻抗测量。

除以上两种试验外，还有抽样试验及研究性试验。

如果产品的结构和性能进行了重大的改进，必须制作样机进行型式试验。

如果相关产品标准中规定，且工程和统计分析表明产品质量稳定，产品生产批量又很大时，可以不对每台产品进行例行试验，可进行抽样试验，但抽样试验应包括与例行试验相同的一组试验。

研究性试验是用于考核设备特殊性能与特性的选择性试验，由产品生产者或与生产者、顾客协商确定。

电工电子产品的检验内容包括结构要求和性能要求两个方面。

（1）结构要求。

可从外观检查、绝缘电阻和耐压试验三个方面来考核，以确保产品的结构可以满足规定要求。

（2）性能要求。

① 工作限值。该试验应在产品使用（或应能正常工作）条件时的最低和最高环境温度下进行，以考核产品的正常工作能力。

② 温升试验。温升试验分为环境空气温度测量、部件温度测量、部件温升；主电路温升、控制电路温升、电磁线圈温升、辅助电路温升。不同的电路，不同的绝缘等级温升的规定值是不同的。

③ 绝缘性能试验。根据被试产品规定的额定工作电压，确定绝缘电阻阻值及额定冲击耐受电压的等级。

④ 工作性能试验。根据有关产品标准中的规定，对被试产品的工作性能需进行逐项试验，包括限流、过流保护、电压波动、压力保护等试验。

⑤ 振动和冲击试验。振动和冲击试验，首先在同一个方向进行增强随机振动量级的模拟长寿命试验，其次做冲击试验，最后做功能性随机振动试验。一个方向完成后，再在其他方向进行试验。

⑥ 电磁兼容性试验。电磁兼容性试验应按产品类别、使用场所、安装位置等综合考虑，来确定试验项目、试验等级和性能评定。一般有浪涌、静电放电、电快速瞬变脉冲群、射频电磁场辐射抗扰度、射频场感应的传导骚扰抗扰度、电磁辐射骚扰和电源端骚扰电压等试验。

⑦ 噪声试验。应按产品标准或相关标准进行试验。

⑧ 气候试验。必要时，应进行低温、干热、湿热、盐雾等一系列试验测试，以检验产品适应环境条件的能力。

国家标准 GB/T 2421、GB/T 2422、GB/T 2423. 1-51 全面、系统规定了电工电子产品的环境条件的试验方法。

案　例

某企业电视机的电性能检验流程

一、仪器及工具

1. 射频电视信号（1 路）　2. 消磁器（1 把）　3. 生产用的遥控器（1 只）　4. 橡皮槌（1 把）

二、操作步骤

1. 插入接收射频信号线。

2. 接收“格子”信号，检查图像几何失真和会聚。

(1) 图像几何失真不大于 3% 非线性失真：水平小于 10%，垂直小于 8%。

(2) 检查会聚要求：A 区不大于 0.4%（2.4 mm），B 区不大于 0.8%（4.8 mm）。

3. 检查图像重显率

接收“菲利蒲测试卡”信号，检查图像重显率，要求水平方向为 92%，垂直方向为 92%。

4. 接收“P 卡”信号检查白平衡

按工厂遥控器“图像效果选择”键，使电视机分别处于“标准”“艳丽”“柔和”“个人”，在整个亮度变化过程中图像的底色应基本一致。

5. 检查色纯（红场信号）

观察整个图像应无明显色斑，如有不明显的色斑，以消磁器消磁后能去除的，则应关机片刻后再开机观察色斑是否重新出现。

6. 检查聚焦，整幅图像处于最清晰状态。

7. 检查遥控各功能，应动作正常，遥控检查关机色斑。

8. 检查遥控开关机功能。用橡皮槌敲击主板框架3次，图像无抖动或异常。

9. 按V+或V-键，伴音变化正常，无失真，无蜂音，无交流音、噪声，音量小时无输出。

三、拔下信号线，检测合格的机子流入下道工序，并在工艺流程卡对应项目上打“√”。若不合格，在工艺流程卡对应项目上填写故障现象。

三、流程性材料的质量检验

1. 流程性材料产品的特点

在社会生产、服务和生活的各项活动中随时、随处可以看到、遇到、用到流程性材料，它和我们日常生活、工作、学习及衣、食、住、行的关系极为密切。流程性材料诸如：固态有纸张、纺织品、电线电缆、金属、非金属的板材、线材、冰、面粉、糖、盐等；液态有涂料、蒸馏水、成品燃料油等；气态有氮、氧、天然气等气体。

流程性材料有以下特点：

（1）流程性材料可以是固态，也可以是液态和气态。在一定条件下（如温度、压力、时间）三种形态可相互转化。固态可转换为液态、气态，反之亦然。

（2）流程性材料通常为有形产品（与软件、服务相比较），但是许多流程性材料（常温时为气态、液态和颗粒状的固态）形态有不确定性和随遇性，随其存放、盛纳的容器和包装物及堆放场所（散状固态）而定。

（3）流程性材料具有整体的均匀性，其整体中任一微小单元或整体分割后各单元仍是相同的物质，并且其性质不变。

（4）流程性材料具有自然的连续性，无法进行计数，只能进行计量。

（5）流程性材料其产品形成过程一般也是连续实现的，在一定批量投料完成之前，一般不能或不易中途停顿中止生产。产品形成后一旦出现性能不合格很难纠正（返工、返修）。

2. 流程性材料产品的主要性能

（1）外观：色泽、形态。

（2）物理性能：密度（体密度、面密度、线密度）、黏度（黏度系数）、粒度、熔点、沸点、凝固点、燃点、闪点、热传导性能（比热、热导率、线胀系数）、电传导性能（电阻率、电导率、电阻温度系数）、磁性能（磁感应强度、磁场强度、矫顽力、铁损）。

（3）化学性能：耐腐蚀性、抗氧化性、化学稳定性。

（4）力学性能：强度、弹性、塑性、韧性、硬度、疲劳、耐磨性等。

3. 流程性材料的检验方法

（1）流程性材料检验的特点由于流程性材料的多样性，其产品各自性能要求千差万别，因此它们的检验方法和检测使用的仪器、设备也各不相同，无法笼统地回答什么是流程性材料的检验方法。但与机械及电工产品相比较又有其特点：

① 流程性材料整体均匀性的特点决定了流程性材料可通过对其微小单元（部分）实行检验得到整体的性能。

② 流程性材料技术性能较多地涉及外观、物理性能、化学性能、力学性能，有的还有电性能等几方面。因此决定了较多采用的检验方法有物理性能试验、化学分析和力学性能试验方法，通常称为理化检验。

③ 流程性材料的一些检验需要特殊制备试样（件）、粉碎物或试剂和标准物质。

④ 许多流程性材料同一试样（件）或试验物品因检验、试验使用和消耗无法实现检验的重复性。欲重复试验一般需要重新取样，制备试样（件）。

因此取样时一般都留有备用品，以便检验失效或需要复检时使用。

⑤ 有些流程性材料无法在产品形成过程中进行中间生成物的检测，只能在产品实现后对其实行检验，因此，产品的质量控制主要通过对原材料的质量要求和产品形成过程的过程参数（工艺参数）实行严格控制来实现。

对这类产品而言，过程的监视和检查、验证更显得十分重要，如许多化工产品都是通过反应釜或筒罐中的物理化学反应的作用生成的，有些中间生成物还具有不可接触性，因此无法实现过程检测。

⑥ 为了保证同一种流程性材料性能的一致性，国家及各行业不仅制订了相应的产品技术标准统一材料技术性能的要求，而且还对技术条件中的性能要求规定了检验或试验方法，制定了国家或行业统一的试验方法标准，供生产组织中的质量检验和试验人员使用，作为检验的具体操作的技术依据。

（2）流程性材料常用的检验方法。

① 感官检验法。

通过人体器官的感觉定性检查和判断产品质量的方法。

如啤酒的色泽、泡沫、味道、醇香气味；纺织品的色泽、条干、花型、疵点等；流程性材料常用的感官检验主要是视觉、嗅觉、味觉、触觉检验。

② 物理检验法。

a. 度量衡检验法：几何形状及尺寸精度、质量、密度、粒度、黏度等。

b. 光学检验法：利用光学原理采用各种光学仪器检测材料的物理、化学性能及组分。

c. 电性能检验法：利用电工原理采用电工、电子仪器检测材料的各项电性能和电参数。

d. 机械性能试验法：利用物理力学原理对材料的力学和机械性能进行检测。这是金属和非金属材料最常用最基本的检验方法，如拉伸强度、疲劳强度、硬度等。

e. 无损检测：在不损坏被检材料的前提下，对材料表面或内部的缺陷、性能、状态、结构进行检测，主要有射线、超声波、磁粉、渗透、涡流等探伤方法。

③ 化学检验。

a. 化学分析：化学分析是通过已知的、定量完成的化学反应完成检测。

重量分析法：是根据化学反应生成物的重量求出被测组分含量的方法。

滴定分析法：是在被测组分溶液中，滴入某种已知准确浓度的试剂（称标准物质），根据反应完全时所消耗标准溶液的体积，计算出被测组分含量的方法。

b. 仪器分析：仪器分析是借助特殊的光电仪器通过测量试样的光学性质（如吸光度、混浊度）、电化学性质（如电流、电位、电导）等物理、化学性质，得到待测组分含量的方法。常用的仪器分析法有光学分析法、色谱分析法、电化分析法。

润滑油的质量检验

当前市场上大量的假冒伪劣润滑油屡禁不止。假冒伪劣产品会对机动车造成极大的危害。现介绍一些润滑油质量的简单检验方法：

一、杂质。把润滑油装入试管中，观察有无悬浮的颗粒状杂质。黏度大的润滑油因颜色深，透明度差，悬浮的杂质不易被发现、这时可把这种润滑油用汽油或柴油稀释后再进行观察。

二、黏度。将经化验合乎质量标准的润滑油装在试管中，并用软木塞及蜡封口、不要装满，要留5毫米左右高度的空间。把所要检验的润滑油装在另一试管中，所用试管的规格和装油量的多少应与前一试管相同，也用软木塞及蜡封口，同时将两支试管倒置过来，观察气泡的上升速度。如果比标准润滑油中气泡上升速度快，说明这种油的黏度偏低。反之，黏度偏高。

三、润滑性能。润滑油润滑性能的好坏与润滑油的黏度有关。通常说没有黏度或黏度降低了，指的是润滑油的润滑性能变差了。润滑油的润滑性能降低以后，附着性或黏着性也相应变坏，这样就不能形成有足够强度的油膜，也就起不到良好的润滑作用。润滑油性能优劣的检验：将沾有润滑油的拇指和食指相互摩擦，如有黏稠的感觉。可以断定这种润滑油还有较好的润滑性能。如有发涩的感觉，可以断定这种润滑油已失去了应有的润滑性能。

四、水分。将润滑油装入试管里，观察它的透明度。如果不是清澈透明，而是呈现混浊状，就可以初步判定润滑油中含有水分，要想确定油中到底是否含有水分，有两种可靠的方法：

1. 将待检油品倒进试管中，油量为试管容积的三分之二。用软木塞及蜡将试管口封死后，放在酒精灯上加热。如有气泡出现，同时发出“啪”、“啪”的响声，并且在油面以上的试管壁上凝结有水珠，就可说明油中有水分存在。

2. 将无水硫酸钢（白色粉末）放进装有润滑油的试管中，如硫酸铜由白色变为蓝色，这也能证明油中有水分存在。这两种方法不能给出所含水分的多少，只能根据润滑油在加热过程中冒泡的多少和所加硫酸铜的多少凭经验来估计。

四、环境条件试验

无论哪一类产品，为了确保其本身的性能特别是在实际使用中的正常工作，往往要对它们进行全部或部分的环境条件试验。现简要介绍如下：

1. 环境试验的概念和作用

“环境试验”是将产品或材料暴露到自然或人工环境中按规定条件进行试验，从而对它们在实际中可能遇到的储存、运输和使用条件下的性能做出评价。

2. 环境试验方法

环境试验有自然暴露实验、现场试验和人工模拟试验三类。前二类试验所需费用高，耗

时也较长，试验的重复性和规律性也较差，但是试验中所发现的问题能比较真实地反映实际使用状态，因此这两种试验是人工模拟试验的基础。在质量检验中广泛应用人工模拟环境试验。为使试验结果具有可比性和再现性，现在产品的基本环境试验方法已经标准化。环境试验的常用方法如下：

（1）高低温试验：用来考核或确定产品在高、低温环境条件下储存和（或）使用的适应性。

（2）温度冲击试验：确定产品在一次或连续多次温度变化条件下的适应性及结构的承受能力。

（3）湿热试验：主要用于确定产品对湿热的适应性（不论是否出现凝露），特别是产品的电气性能和机械性能的变化情况；也可用于检查试验样品耐受某些腐蚀的能力。

① 恒定湿热试验：一般用于受潮机理以吸附或吸收作用为主、只有渗透（或扩散）而无呼吸作用的产品，目的是评价这些产品在高温高湿条件下能否保持其所要求的电性能和机械性能，或密封绝缘材料等能否起到足够的防护作用。

② 交变湿热试验：这是一种加速环境试验，用于确定产品在温度循环变化的湿热环境中并通常在其表面上产生凝露时的使用和储存的适应性。

它是利用产品随温度、湿度改变而产生的呼吸作用以改变产品内部的湿度，受试产品在交变湿热试验箱内依次进行升温、高温、降温、低温四个阶段试验而构成一次循环，并按技术条件规定进行若干次循环的试验。

③ 常温湿热试验：产品一般在常规温度和相对湿度较高的条件下进行试验。

（4）防腐试验：检查产品对含盐水分或工业大气腐蚀的抵抗能力，广泛用于电工电子、轻工、金属材料等产品。防腐试验分为大气暴露腐蚀试验和人工加速腐蚀试验。为了缩短试验周期，多采用人工加速腐蚀试验，其中应用较多的有中性盐雾等试验。盐雾试验主要用于测定防护装饰性镀层在盐雾环境中的抗蚀性能，评价各种镀层的质量优劣。

（5）霉菌试验：产品长时间在温湿度较高的环境下储存和使用，表面均可能有霉菌生长，其菌丝易于吸收潮湿气体，分泌有机酸性物质，使产品的绝缘性能遭到破坏，强度下降，光学玻璃的光学性能下降，加速金属零件的腐蚀，恶化产品外观，有时还伴有令人厌恶的霉味。为此，要进行产品的霉菌试验以评价长霉范围或长霉对产品的性能和使用情况的影响。

（6）密封试验：确定产品防尘、防气体、液体渗漏的密封能力。密封可理解为产品外壳的一种防护能力。国际上电工电子产品外壳防护能力有二类：第一类是防固体微粒的（如防尘）；第二类是防液体、气体的。防尘试验是检查产品在风沙、灰尘环境中防尘结构的密封性能和工作可靠性。气体、液体密封试验是检查产品在恶劣工作条件下防止气、液渗漏的能力。

（7）振动试验：检查产品对正弦振动或随机振动的适应性以及评价其结构的完好性。试验时将产品固定在振动的试验台上，使其在三个互相垂直的轴向依次振动。

（8）老化试验：考核高分子材料制品抵抗环境条件影响的能力。根据环境条件的不同，有大气老化试验、热老化试验、臭氧老化试验等。

① 大气老化试验是将试样置于室外大气环境下暴露，一定时间内经受多种因素的综合

作用后，观察试样的性能变化，评价其耐候性。试验应在露天的暴露场地内进行，该暴露场地的环境应能代表某类气候特征的最严酷条件或近似于实际应用的条件。

② 热老化试验是将试样放在热老化试验箱内保持一定时间，取出试样在规定环境条件下放置后测定其性能，并与试验前的性能进行比较。

(9) 运输包装试验：凡进入流通领域的产品大都涉及运输包装问题，尤其是各类精密机电、仪器仪表、家用电器、化工、农副产品、药品、食品等产品的运输包装更为重要。运输包装试验是评定包装件承受动压力、冲击、振动、摩擦、温度和湿度变化的能力及包装对内装物保护能力的综合试验。

3. 通过环境试验的基本条件

环境条件试验后一般在符合下列要求时可认定其通过。

(1) 产品的技术性能符合技术标准或试验的作业指导性文件规定要求，产品功能正常，无任何故障和缺陷。电气产品及组件绝缘性能正常。

(2) 产品及可解体组成部分检查不应有脱落、松动、裂纹、折断、损伤、变形、非正常磨损及其他不应有的缺陷。

(3) 产品组成部分外观检查，金属件表面涂层不出现剥离、起泡、锈蚀、变色等；非金属件表面不出现膨胀、起泡、开裂、脱落、麻斑等；橡胶制品无软化、黏结、老化、龟裂等。环境试验对产品有极大的损坏和破坏作用，一般试验后的产品不能直接使用，需要按规定的程序进行处置、整修并经检验合格后才能交付使用。

第四节　抽样检验基础知识

在生活中，抽样检验与我们时时相连。当我们买糖果时，有时要先尝一块，这就是抽样检验。买水果时，例如买葡萄，有时也要先尝一下，这也是抽样检验。抽样检验的目的，就是从一个产品的情况推断出其他同类产品的情况。

抽样检验的研究起始于 20 世纪 20 年代，那时就开始了利用数理统计方法制定抽样检查表的研究。1944 年，道奇和罗米格发表了合著《一次和二次抽样检查表》，这套抽样检查表目前在国际上仍被广泛地应用。1974 年，ISO 发布了“计数抽样检查程序表”（ISO 2859—1974）。我国也在 ISO 标准的基础上建立了抽样检验国家标准 GB 2828—87 “逐批检查计数抽样程序及抽样表”。此外，我国于 1991 年发布了 GB/T 13262— 91 “不合格品率的计算标准型一次抽样检查及抽样表（适用于孤立批的检查）” 等国家标准。

一、抽样检验的基本知识

1. 产品抽样检验的基本术语

(1) 单位产品。单位产品是为了实施抽样检查而对产品进行划分的基本单位，如一批灯泡中的每一个灯泡都称为一个单位产品。有些时候必须人为规定，如一米布、一匹布等。

（2）批。相同条件下制造出来的一定数量的产品，称为“批”。

（3）批量和样本大小。批量是指批中包含的单位产品个数，通常用英文大写字母N表示。例如一批塑胶料由一千袋组成，我们说这批塑胶料的批量为1 000袋；一批同类零件如电路板有8 000只，批量就为8 000只；对于500双袜子来讲，一个单位产品只可能是一双而绝不可能是一只，批量就是500双。样本大小是指随机抽取的样本中单位产品的个数，以n表示。如从1 000袋塑胶料中抽取出500袋，这500袋则构成一个样本；从8 000只电路板中随机抽取200只，这200只就可构成一个样本。

（4）一批产品的不合格品率。一批产品的不合格品率是指批产品中不合格个数与批产品的总数的比值，用P表示。

$$P=\frac{D}{N}\times100\%$$

式中：D——批产品中不合格品的个数；

N——批产品的总数。

例如一批产品有200只，其中不合格产品有10只，那么这批产品的不合格率为5%。

（5）总体不合格率。总体不合格率是指总体产品中不合格个数与总体产品数的比值，即

$$P=\frac{C}{N}\times100\%$$

式中：P——总体不合格率；

C——总产品中的不合格数；

N——产品的总数。

2. 抽样检验的方法

抽样检验的方法很多，常用的抽样方法有以下几种。

（1）简单随机抽样法。简单随机抽样法，又称纯随机抽样，它是按随机原则直接从总体N个单位中抽取n个单位作样本。随机抽样法就是任意抽取的意思，好比从一副打乱的牌中任意抽取N张。这种抽样方式抽取的数据是任意的，能使总体中的每一个单位有同等被抽中的机会。这种方式也是抽样中最基本的，也是最简单的方式，抽样数据误差小，但抽样手续比较繁杂。

（2）系统抽样法。系统抽样法又叫做等距抽样法或机械抽样法。这种抽样方法操作简便，数据按一定规律抽取，实施时出现差错的可能性较小，但抽样数据容易产生较大的偏差。

案 例

系统抽样样本制定

为了了解参加某次数学竞赛的1 000名学生的成绩，打算抽取一个容量为50的样本，现用系统抽样法实现抽样样本制定。抽样方法如下：

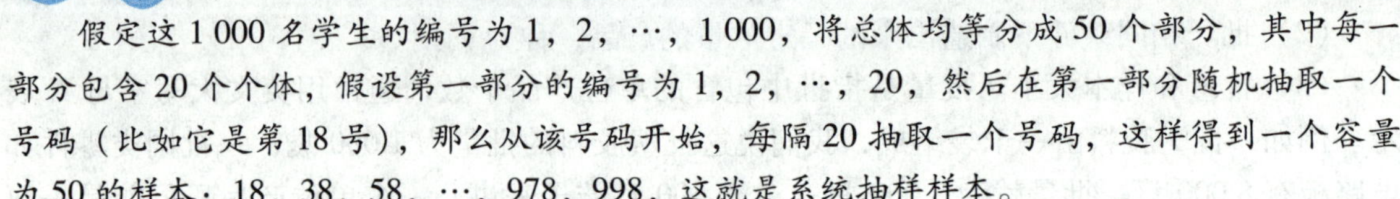

假定这1 000名学生的编号为1，2，…，1 000，将总体均等分成50个部分，其中每一部分包含20个个体，假设第一部分的编号为1，2，…，20，然后在第一部分随机抽取一个号码（比如它是第18号），那么从该号码开始，每隔20抽取一个号码，这样得到一个容量为50的样本：18，38，58，…，978，998，这就是系统抽样样本。

（3）分层抽样法。分层抽样法是从一个可以分成不同子总体（或称为层）的总体中，按规定的比例从不同层中随机抽取样品（个体）的方法。这种抽样方法中样本的代表性比较好，抽样误差比较小。抽样手续相对较繁杂。

分层抽样样本制定

某学校有在编人员160人，其中行政人员16人，教师112人，后勤人员32人，教育部门为了了解学校机构的改革意见，要从中抽取一个容量为20的样本，应选用何种方法抽取呢?

因为机构改革关系到各层人的不同利益，故采用分层抽样方法较为妥当。因行政人员和后勤人员较少，可将他们分别按1～16编号与1～32编号，然后采取抽签法分别抽取2人和4人。对112名教师采用001，002，…，112编号，然后用随机法抽取14人。这样一共得到2+4+14=20（人）的样本。

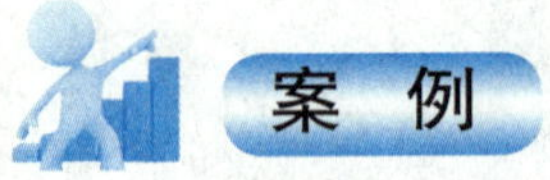

抽样方法的综合运用

某批零件共160个，其中，一级品有48个，二级品有64个，三级品32个，等外品16个，从中抽取一个容量为20的样本。现分别采用简单随机抽样、系统抽样和分层抽样法抽取。

（1）简单随机抽样法：采取抽签法，将160个零件按1～160编号，相应地制作了160个号签，从中随机抽取20个。

（2）系统抽样法：将160个零件从1～160编上号，按编号顺序分成20组，每组8个，先在第1组用抽签法抽得号（5），则在其余组中分别抽取第（5）号。

（3）分层抽样法：按比例，分别在一级品、二级品、三级品、等外品中抽取6（个）、8（个）、4（个）、2（个），合计20个。

3. 抽样检验的应用场合

抽样检验一般应用于以下场合。

（1）破坏性检查验收，如产品的可靠性检验、产品寿命检验、材料的疲劳性检验、零件的强度检验等。

（2）产品数量很多，质量要求又不很高时，如螺母、螺钉、销钉、垫圈等。

（3）测量对象是流程性材料，如钢水、铁水化验，整卷钢板的检验等。

（4）希望节省检验费用时。

（5）检验的项目较多时。

二、抽样检验方案与随机抽样

对提交检验的产品批实施抽样验收，通常必须先制定一个合理的抽样方案。

抽样检验方案是指规定从一批应检验的产品中抽取样本的次数、样本的大小和接收数、拒收数判断规则等并符合抽样检验程序技术规范的一个具体方案。

1. 抽样方案的基本类型

根据对交验批最多可以作几次抽样才能做出合格与否的判定这一标准，抽样方案可以分为一次抽样方案、二次抽样方案和多次抽样方案。

一次抽样是指从批中只抽取一个样本的抽样方式。

二次抽样是指最多从批中抽取二个样本，最终对批做出接收或拒收判定的一种抽样方式。二次抽样需根据第一个样本提供的信息，决定是否抽取第二个样本。

多次抽样是可能需要抽取两个以上具有同等大小的样本，最终才能对批做出接收与否的判定。是否需要第 i 次抽样要根据前次（i-1 次）抽样结果而定。多次抽样操作复杂，需做专门训练。ISO 2859 的多次抽样多达 7 次，GB 2898—87 为 5 次。因此，通常采用一次或二次抽样方案。

2. 常用的抽样方案

（1）计数抽样方案。检验批中每个个体记录有无某种属性，计算共有多少个体有（或无）这种属性，或者计算每个个体中的缺陷数的抽样检验方案称为计数抽样方案。

案　例

PC 抽样方案

某 TVP 采购的 PC 在出厂的检验过程中采用 ISO 2859 标准，规定检验水平为Ⅱ，AQL=1.5。现对不同的批量给予不同的抽样方案，见表 6-4。样本大小参照国家相关标准。

表 6-4　PC 抽样方案表

检查项目	批量范围（N）	样本大小（n）	判定数	
			A_C	R_e
外观及电气要求	300	50	2	3
	500	80	3	4
	2 000	125	5	6

其中：A_c 为合格判定数；R_e 为不合格判定数；n 为样本件数。

批量为 2 000 的方案所代表的是：从 2 000 个产品中随机抽取 125 个产品为样本进行检验，若不合格品数 $d \leq A_c=5$，则判定产品符合要求可以接收；若不合格品数 $d \geq R_e=6$，则判定产品不符合要求可以拒收。

ISO 抽样方案示例

表 6-5 为 ISO 2859 中特殊检查水平 S-1 时通用的一种抽样方案，对不同的批量，采用不同的抽样数和不同的合格检验标准。

表 6-5　ISO 2859 特殊检查水平 S-1 正常检查一次的抽样方案

批量大小 N	合格质量水平（AQL）					
	4.0			6.5		
	样本大小	A_C	R_e	样本大小	A_C	R_e
1～50	2	0	1	2	0	1
51～500	3	0	1	3	0	1
501～35 000	5	0	1	5	1	2
35 001 以上	8	1	2	8	2	3

（2）计量抽样方案。对于检验批中的每个个体，测量其某个定量的质量特性的抽样检验方案称为计量抽样方案。

计量抽样方案与计数抽样方案的不同处可参考表 6-6。

表 6-6　计数抽样方案与计量抽样方案对比表

分类 项目	计数抽样方案	计量抽样方案
抽样计划	每一个品种的产品需制订一个抽样计划，抽样时间随机化	每一个质量特性，需制订一个抽样计划。特性值应属于常态分配，抽样时间随机化
样本数	要得到同等判断能力时，所需样本数多，不易实现品质改善，不易发现检验器具错误；检验个数相同时，判断能力低	得到同等判断能力时，所需样本数少，能改善品质，能发现检验器具错误；检验个数相同时，判断能力高
检验记录	检验记录利用程度低	检验记录的数据能提供参考依据，可反馈改进工序能力
应用范围	适用于破坏性的检验或样本贵重的产品检验	应用于各种产品的抽样场合
拒收判定	样本中不合格品数超过允许不合格品数时，则拒收	批产品中不合格率超过允许不合格率时，则拒收

3. 计数型抽样方案的使用

抽样方案的使用方法非常简单，主要采用规定的检验判断步骤。

（1）产品批质量的一次抽样验收判断过程（如图 6-1 所示）。

这是从批中只抽取一个样本的抽样方式。图中 n 为样本大小，d 为样本中测得的不合格品数，c 为合格判定数。例如 100 个样本中，抽样检验后，不合格品数不大于 5，这一批就接收，否则就拒收。5 就是合格判定数，它是接收还是拒收该批产品的界限。

（2）二次抽样方案的使用。

① 计数型二次抽样方案的参数。批量为 N，如塑料制品 1 000 只，样本 n_1，如抽取 100 只，第一次抽样批量最大接收不合格品数 A_{c1}，如 $A_{c1}=3$，第一次抽样批量最小拒收不合格品数 R_{e1}，如 $R_{e1}=5$。样本 n_2，第二次抽样批量最大接收不合格品数 A_{c2}，第二次抽样批量最小拒收不合格品数 R_{e2}。

② 产品批质量的二次抽样验收判断过程（如图 6-2 所示）。

③ 计数二次抽样方案的判定。第一次抽样过程中，当样本中不合格品数 $d \leqslant A_{c1}$，说明抽样检验产品合格，100 只中不合格品不超过 3 件时，说明被抽样检验的样本合格，批产品也就合格。当 $d \geqslant R_{e1}$ 时，说明样本 100 只产品中不合格品超过 5 件，说明被抽样检验的样本不合格，这批产品也就不合格。当 $A_{c1}<d_1<R_{e1}$ 时，如样本中出现刚好 4 件不合格品时，说明情况不定，需继续抽检，进行第二次抽样检验。第二次抽样检验时先确定样本 n_2，再依据产品批质量的二次抽样验收标准判断样本合格与否。

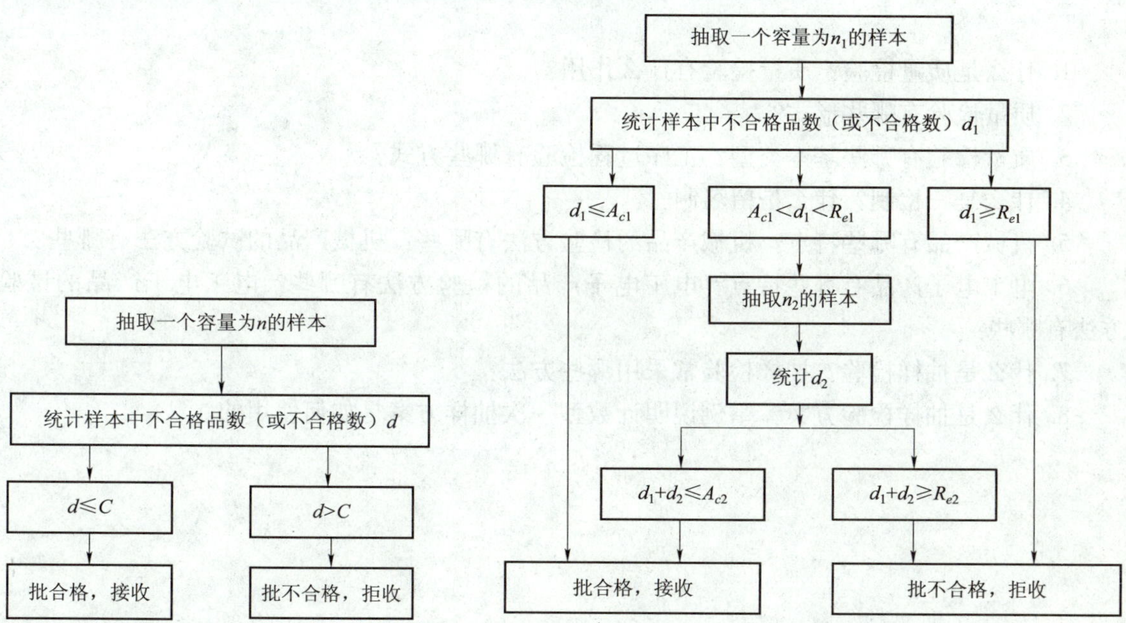

图 6-1　一次抽样验收判断过程

图 6-2　二次抽样验收判断过程

4. 计数型抽样方案的表示

各种抽样方案的表示并不完全相同，视具体情况而定。一般在计数抽检中，以三个参数表征方案：样本大小 n、合格判定数 Ac（或 c）和不合格判定数 R_e。

当$N<10n$时，可采用一次抽样，用N、n、A_c、R_e表示一个抽样方案，记做（N，n，A_c，R_e），n、A_c、R_e在实际应用中是用数理统计理论设计出来的，在抽样检验方案中都有明确的规定。但在一次抽检方案中，由于$R_e=A_c+1$，所以一般仅用（n/c）符号表示，简写为（n，c）。

当$N\geqslant 10n$时，可采用多次抽样。如二次抽样方案，可包括五个参数（N，n_1，n_2，C_1，C_2）。n_1为抽取的第一个样本大小，n_2为抽取的第二个样本大小。设d_1为第一次抽检不合格数，d_2为第二次抽检不合格数。如第一次抽检（抽检量为n_1），$d_1\leqslant C_1$，则合格；如$C_1<d_1\leqslant C_2$，则进行二次抽样。如$d_1+d_2<c_2$，则为合格，$d_1+d_2>c_2$，则为不合格。有时二次抽样方案还可用N、n_1、n_2、A_{c1}、A_{c2}、R_{e1}、R_{e2}表示一个抽样方案，记做（N，n_1，n_2，A_{c1}，A_{c2}，R_{e1}，R_{e2}）。

抽样方案不是人为规定的，抽样方案是根据对总体的质量要求，用数理统计理论设计出来的。对总体的质量要求不同，对样本的要求也就必然不同，抽样方案也不同。例如要求总体不合格品率不超过万分之一或要求总体不合格品率不超过百分之一，这两种要求所用的抽样方案必然不同。

思考题与习题

1. 什么是质量检验？质量检验有什么作用？
2. 质量检验有哪些形式？
3. 质量检验有哪些基本类型？工序过程检验有哪些方式？
4. 什么是三检制？什么是留名制？
5. 机械产品有哪些特点？机械产品的检验方法有哪些？机械产品的试验方法有哪些？
6. 电工电子产品有哪些特点？电工电子产品的检验方法有哪些？电工电子产品的试验方法有哪些？
7. 什么是抽样检验？抽样检验常采用哪些方法？
8. 什么是抽样检验方案？举例说明计数型一次抽样方案是如何使用的。

第七章 先进质量管理方法

第一节 顾客满意度指数

顾客满意度指数（Customer Satisfaction Index，CSI）理论是20世纪90年代管理科学领域的重要发展之一。目前，顾客满意度理论和方法已经风靡全球。2000版ISO 9000族标准更是将“以顾客为关注焦点”作为质量管理八项原则之首。在我国以及欧美等国家和地区的质量奖评审标准中，都将顾客满意纳入评审的重要内容和必要条件。顾客满意度测评作为导入顾客满意度理念的一种手段，越来越为国内企业所接受，并且一些企业在提高顾客满意度指数的途径方面也作了一些有益的探索。

一、顾客满意度指数

1. 顾客满意度指数的概念

顾客满意是指顾客对其要求已被满足的程度的感受。顾客满意与否是取决于顾客的价值观和期望与所接受产品或服务状况的比较。顾客的价值观决定了其期望值（认知质量），而组织提供的产品或服务形成可感知的效果（感知质量），两者对比确定了顾客是否满意。

顾客满意度指数是根据顾客对企业产品和服务质量的评价，通过建立模型计算而获得的一个指数，是一个测量顾客满意程度的经济指标。

顾客满意度指数的实际应用

上海市顾客满意度指数由上海财经大学应用统计研究中心调查、编制并发布，通过度量上海市消费者对当地出售的具有代表性的商品和服务的满意程度，从而全面反映上海市消费质量和经济运行质量水平。

调查显示，2011 年上海市顾客满意度指数为 68.89 点，超过中性值 50 点，总体而言，上海市民对所消费的产品和服务基本满意。与 2010 年上海市消费者满意度指数（66.30 点）相比，2011 年上海市消费者满意度指数上升了 2.59 点，这说明上海市民对使用的产品和服务的满意程度有较大幅度的提升。

调查结果显示，上海市民对 30 个消费品和服务项目单项满意程度有较大差别。上海市民对电冰箱的满意程度最高，满意度指数为 73.93 点，对租用住房满意程度最低，满意度指数为 60.09 点。消费者满意度指数排名前 5 项的消费品和服务项目分别为：电冰箱 73.93 点；空调 73.64 点；电视机 73.41 点；电脑 73.26 点；自备汽车 72.99 点。

顾客期望是指顾客在购买决策过程前的期望，即顾客购买前对其需求的产品寄予的期待和希望。顾客期望来自于顾客需求，不同的顾客有不同的需求，随之就会产生不同的期望。但由于人们总是本能地在事前对要求的事物寄予美好的希望和期待，因此期望往往高于需求。由顾客需求所形成的顾客期望，就会成为顾客在其购买决策过程中实际感受的一个评判依据。

人们往往认为顾客满意度就是顾客满意度指数，其实顾客满意度和顾客满意度指数是有区别的。顾客满意度是顾客对产品的满意程度的一种静态感受，而顾客满意度指数则可以是静态的，也可以是动态的。

例如，就某一特定的产品，在一次顾客满意度调查中，关心的是该时点顾客对该产品的满意程度，可以用顾客满意度测量。但是如果对于同一产品，至少连续做了两次调查后，考察顾客满意度的相对变化，实际上这才是顾客满意度指数。

日本人眼中的“顾客”

在日本，顾客的“客”是“庙中迎接神灵”之意，也就是说神灵降临家中，神圣而严肃，这就是“客”的由来。顾客的字面含义即习惯性的购买者，指经常习惯性地购买企业的产品和服务的人。在日本，一般将顾客分为以下几种类型：

① 忠诚顾客：作为本企业迷，是品牌和企业形象的忠诚信奉者。忠诚顾客的特点是：经常性重复购买；惠顾企业提供的各种产品或服务系列；顾客成为企业的免费推销员，常常

发挥口碑效应；对其他竞争者的促销活动具有免疫力。

② 经常顾客：频繁购买本企业产品和服务，一般购买额比较大。

③ 现有顾客：多次购买本企业产品，对企业有好感的顾客。

④ 临时顾客：偶尔购买，或者长时间内很少购买本企业产品和服务的顾客。

⑤ 潜在顾客：尚未购买，但是将来可能购买本企业产品和服务的顾客。

2. 顾客满意度指数的发展

从 20 世纪 80 年代以来，质量的概念发生了极大的变化，过去质量由生产确定，现在则改为由市场确定。在质量管理方面也产生了以顾客满意为导向的新动向。顾客满意导向的出现是市场经济高度发展的必然结果，它的出现经历了一个很长的时期。

在第二次世界大战以前，工业发达国家从经济萧条时期恢复不久，消费者的购买力还不足，在这种条件下，企业为了在竞争中取胜，就要极力提高劳动生产率，降低产品成本。当时美国福特汽车公司流水线生产方式的成功就是一个典型的例子。到了第二次世界大战之后，随着经济的发展，工业发达国家人们的购买力迅速提高，市场上的商品日益丰富，人们对商品的要求也越来越高。在这种环境下，要求企业设计和生产出多种多样的和性能优越的产品。随着经济的进一步发展，柔性生产的出现，企业界越来越认识到产品质量的好坏归根结底要由顾客来决定，而不是由标准、企业来决定。以顾客为导向（Customer Oriented）的指导思想逐渐抬头，尤其是从 20 世纪 80 年代开始，愈演愈烈。

瑞典最先于 1989 年建立起顾客满意度指数模型。之后，德国、加拿大等 20 多个国家和地区先后建立了全国或地区性的顾客满意指数模型。1989 年，美国密歇根大学商学院质量研究中心的科罗斯·费耐尔博士总结了理论研究的成果，提出把顾客期望、购买后的感知、购买的价格等方面因素组成一个计量经济学模型，即费耐尔逻辑模型。这个模型把顾客满意度的数学运算方法和顾客购买商品或服务的心理感知结合起来。以此模型运用偏微分最小二次方求解得到的指数，就是顾客满意度指数。美国顾客满意度指数（ACSI）也依据此指数而来，它是根据顾客对在美国本土购买、由美国国内企业提供或在美国市场上占有相当份额的国外企业提供的产品和服务质量的评价，通过建立模型计算而获得的一个指数，是一个测量顾客满意程度的经济指标。

1999 年 12 月，我国国务院发布了《关于进一步加强产品质量工作若干问题的规定》，第一次明确提出要研究和探索顾客满意度指数的评价方法。

由此可见，顾客满意度指数是一种宏观经济指标。

美国顾客满意度指数是对在美国可以购买到的产品与服务的顾客满意程度的一种度量。这些产品与服务是由在美国市场上占有一定份额的美国国内与国外的公司所提供的。这种指标是美国测量 200 家指定公司产品与服务的顾客满意程度的第一个跨行业基准。ACSI 涉及七大经济部类（非耐用品制造业、耐用品制造业、运输业通信业公用事业、零售业、金融业保险业、服务行业、公共事业管理政府部门）与 35 个行业（略）。ACSI 在滚动的基础上每年公布一次。

ACSI 的取值在 0～100。

1997 年 ACSI 的数据解析

表 7-1 为 1997 年美国顾客满意度指数排行榜（其他公司略）。

表 7-1　1997 年美国顾客满意度指数排行榜

排名榜	公司名称	1997 年度评分	与 1996 年对比的变化率	排名榜	公司名称	1997 年度评分	与 1996 年对比的变化率
1	Mercedes—Benz（奔驰汽车）	87	无变化	5	Mars food processing	85	-1. 2%
2	H J Beinz food processing	86	-4. 4%	6	Maytag	85	2. 4%
3	Colgate—Palm olive pet foods	85	不适用	7	Quaker Oats	85	3. 7%
4	H J Herinz pet foods	85	不适用	8	Cadillac（卡迪拉克汽车）	84	-4. 5%

1997 年的美国顾客满意度指数给了著名品牌以高分，而对于美国服务行业的可悲状态则给了低分。1997 年的第一名是奔驰汽车，这种汽车很昂贵，也包含许多容易损坏的零件，但顾客就是很喜爱这种车。1997 年最大的赢家是美国警察，由于犯罪率的降低，市区警察的 ACSI 较 1996 年增加了 6. 8%，郊区警察的 ACSI 较 1996 年增加了 6. 3%，平均增加了 6. 6% 左右。1997 年最大的输家是美国航空公司，它票价较贵而且机内过分拥挤招致许多意见，因而其 ACSI 较 1996 年降低了 14. 7%。研究工作者已经发现：在满意的顾客与超过平均水平的股票市场回报之间具有某种相关性，但也发现这种相关性有许多例外。例如，许多得分很高的名牌如 Nord-strom（排行榜第 26 名），Whir pool（排行榜第 35 名），它们的制造厂商的财务状况却不佳。还有某些航空公司、银行与公用事业，如美国西北航空公司越来越让顾客不满意，但是却在赚钱。

3. 顾客满意度指数的作用

顾客满意度指数可用来回答下列问题：

（1）对于国家出口的货物和服务而言，顾客的满意程度以及对质量的评估是提高了还是降低了？

（2）对于个别经济部类或个别产业，乃至个别公司而言，顾客的满意程度以及对质量的评估是提高了还是降低了？

因此，顾客满意度指数既可以起到宏观指导的作用，也能促进个别产品或服务的改进。

对于顾客而言，顾客满意度指数反映了顾客的呼声。对于企业而言，可以应用顾客满意度指数去评估顾客的忠诚度，可用于确定进入市场的潜在的障碍，也可以用于预测投资的回报率，还可确定顾客不满意之处。

如果将国产产品与进口产品的顾客满意度指数进行比较，则可了解国外竞争者的情况。

ACSI 是利用电话询问进行调查的，全国共抽查了 50 000 多名顾客。平均每个公司调查 250 名顾客。

ACSI 是由美国密歇根大学工商管理学院国家质量研究中心建立的。

二、顾客满意度指数模型简介

1989 年，瑞典最早起用顾客满意度指数（SCSB）。1994 年，SCSB 被引入美国并加以改造，构建了 ACSI。此后，其他一些国家也进行了有关顾客满意度指数的一些探讨，并且也建立一些不同的顾客满意度指数。

1. 瑞典顾客满意度指数模型

瑞典于 1989 年建立的国家层次上的顾客满意度指数模型是在美国密歇根大学的福内尔的指导下开发的。该模型共有 5 个结构变量：顾客期望、感知质量、顾客满意度、顾客抱怨和顾客忠诚，如图 7-1 所示。

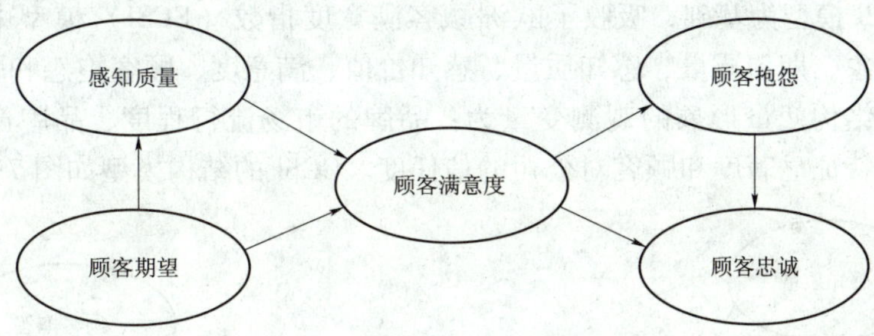

图 7-1　SCSB 模型结构

SCSB 模型是世界上第一个国家层次的顾客满意度指数模型。该模型中只有顾客期望和感知质量两个原因变量，但感知价值应当是感知质量和价格综合作用的结果。因此，SCSB 不能很好地区分高质高价的顾客满意度与低质低价产品的顾客满意度。

2. 美国顾客满意度指数模型

美国顾客满意度指数模型是以瑞典顾客满意度指数模型为基础建立的，ACSI 中增加了一个结构变量感知价值，如图 7-2 所示。

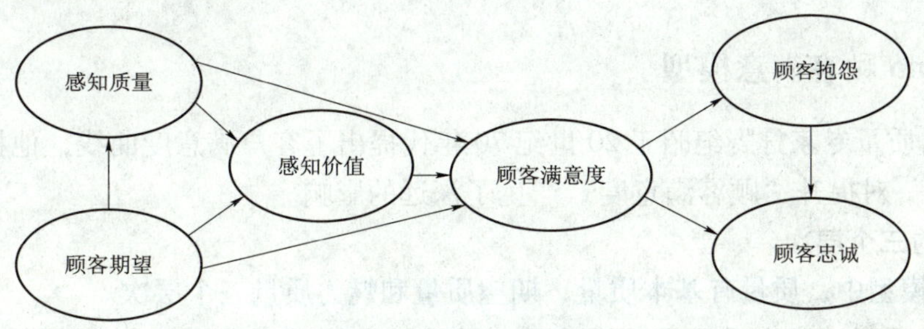

图 7-2　ACSI 模型结构

ACSI 模型认为，顾客满意的 3 个前提变量是顾客期望、感知质量和感知价值；3 个结果变量为顾客满意度、顾客抱怨和顾客忠诚。该模型假定顾客是理性的，即顾客具有从以前的消费经历中学习的能力，而且能够据此预测未来的质量和价值水平，也就是说，顾客具有足够的知识保证他们的期望能够正确地反映当前的产品和服务质量。如果产品和服务的感知质量超过顾客的期望，那么顾客就满意；如果产品和服务的感知质量没有达到顾客的期望，那么顾客就不满意。ACSI 的这些结构变量还需要通过一系列观测变量来测量。

ACSI 模型在 1998 年进行了一次调整，即将感知质量分解成产品感知质量和服务感知质量。其中产品感知质量对应 3 个观测变量：对产品质量的总体评价、对产品顾客化质量的评价、对产品可靠性的评价。服务感知质量对应 3 个观测变量：总体服务感知质量、服务顾客化感知质量、服务可靠性感知质量。

ACSI 通过增加一个结构变量——感知价值，克服并弥补了 SCSB 的不足。并且通过 1998 年的调整，进一步将感知质量分为产品感知质量和服务感知质量，以适应服务在企业营销活动中占有越来越重要的分量的趋势。

3. 中国顾客满意度指数结构模型

我国对顾客满意度指数也作了很多探讨，而且提出了很多有一定特色的顾客满意度指数结构模型。其中得到普遍认可的是清华大学提出的顾客满意度指数（CCSI）结构模型。CCSI 模型以 ACSI 模型为基础，吸收了欧洲顾客满意度指数（ECSI）模型中的结构变量形象，模型中有形象、期望质量、感知质量、感知价值、满意度、顾客抱怨和顾客忠诚 7 个结构变量。模型中结构变量形象的观测变量为：品牌的市场流行程度、品牌产品的特征显著度、产品使用者特征显著度和顾客对公司的信任度。CCSI 的结构模型如图 7-3 所示。

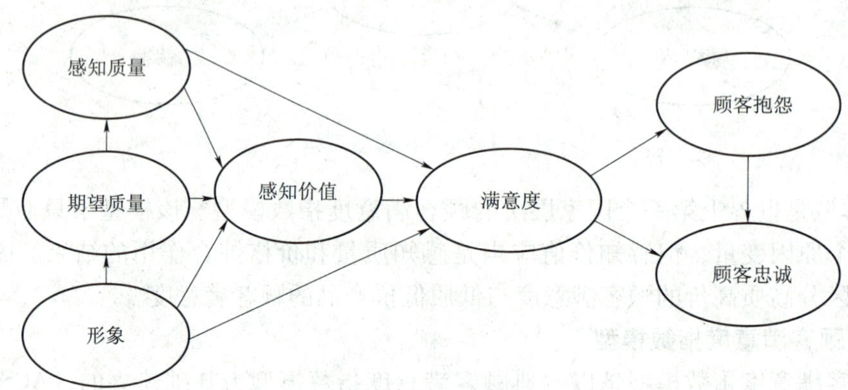

图 7-3　CCSI 结构模型

三、Kano 顾客满意模型

国际著名质量专家狩野纪昭于 20 世纪 70 年代提出了客户满意度曲线，他提出的“卡诺（Kano）模型”对提升“顾客满意度”产生了深远的影响。

1. 质量的三个层次

在 Kano 模型中，质量有基本质量、期望质量和魅力质量三个层次。

（1）基本质量。基本质量是基线质量，是最基本的需求满足，当其特性不充足（不满

足顾客需求）时，顾客很不满意；当其特性充足（满足顾客需求）时，无所谓满意不满意，顾客充其量是满意。

基本质量一般是某种产品和服务的“最低限度”。有这些质量特性客户不会觉得惊讶和奇怪，也不会觉得特别的满意或喜悦；但如果没有的话，客户就会大为恼火甚至非常愤怒。比如开车要用点火器发动，但车子发动后，客户也绝不会抚掌称庆，因为“顺利发动”的要求简直太基本了。但是，如果三番五次点不着火的话，客户一定会“火冒三丈”的。

事实上，大多数客户的抱怨往往是基本特性得不到满足而导致的。比如我们经常可以听到，一些管理信息系统在投入使用后不是打印不出来，就是数据汇总出错，一些基本的功能总是丢三落四，这样的系统对客户的伤害是最深的。

案 例

电冰箱的基本质量

在日本，电冰箱于20世纪50年代中期开始投入使用。在此之前，人们用冰盒来冷冻像饮料、啤酒之类的东西。冰盒分为上下两层：我们将冰放在上层里，把要冰镇的东西放在下层。电冰箱出现后，我们知道了用这种机器通电可以将水变成冰，但在那时电冰箱经常出毛病。许多用户的冰箱在购买后的很短时间里就会出现故障，尤其在第一年里故障出现率非常的高。因此，故障率低就成了企业的竞争优势。那么，人们是怎样判断电冰箱出现故障呢？是根据它的噪声和振动来判断出现故障吗？不，他们是根据电冰箱能否将水变成冰来判断的。那时，技术和质量控制水平很低，人们只是埋怨产品不能满足一般的基本需求：就电冰箱来说，就是能不能将水变成冰。因此，制造商的质量活动集中在降低故障出现率上，而故障是以不符合满足基本需求的规格而言的。那时称这种质量活动为质量控制，企业关心的是产品符不符合规格，而不是提高规格本身。

（2）期望质量。期望质量是质量的常见形式，也称为一元质量，当其特性不充足时，顾客很不满意，特性充足时，顾客就满意。越不充足越不满意，越充足越满意，期望质量或者叫做“多多益善特性”，这些特性越多，客户就越高兴。

期望质量一般与我们平时提的客户满意是一回事。大约在20世纪60到70年代，日本生产的许多工业产品都在基本质量这一层次上取得了显著的进步，如果产品只能满足一般需求那就不好卖了，因为消费者已经开始根据是否适合他们的需求和品位来选择产品了。产品符合质量第一层次的规格成为一种基本要求，而不再是竞争优势了。

案 例

液晶电视机

第一台电视机面世于1924年，由英国的电子工程师约翰·贝尔德发明。到1928年，美

国的RCA电视台率先播出第一套电视片《Felix The Cat》。从此，电视机开始改变了人类的生活、信息传播和思维方式，人类开始步入了电视时代。从黑白到彩色、从模拟到数字、从球面到平面，随着电视市场的饱和，电视机厂必须生产出具有竞争优势的电视机。

液晶电视机，具有时尚典雅的外观，尽善尽美的清晰画质，再现了自然、真实的生动影像。它栩栩如生的画面，让人犹如身临其境，备感生活的舒适与惬意。它的高贵典雅，成为人们希望购买的电视机品种之一，但由于其价格一直居高不下，人们只好是可望而不可即。如今，随着液晶电视机价格的急剧下跌，它成为市场主流已成定局。

(3) 魅力质量。这些质量特性往往让客户感到惊讶，可以叫做“酷毙”了。对客户而言，这些善解人意的、不同寻常的特性，往往让客户有一种由衷的喜悦和爱戴。当其特性不充足时，并且是无关紧要的特性，则顾客无所谓；当其特性充足时，顾客就十分满意。比如你买了一部手机，界面简洁好懂，各种基本功能都有了。在使用该手机过程中，发现了它有其他手机所没有的一些特性，例如具有定位系统，又可作为U盘使用，还可作为手电筒使用等，这些质量特性将会使手机具有额外的魅力。

魅力质量是指那些出乎顾客意料的质量特性，这部分质量特性会给顾客带来惊喜，令顾客感到满意。但如果没有提供这部分质量特性，顾客也不会因此而感到不满意。例如，一家绿色酒店对于住店期间顾客因减少床单、浴巾、毛巾更换而带来的节约，在结账时给予一定比例的现金返还，这对于多数顾客来说就是一个魅力服务质量。

魅力质量是质量的竞争性元素。通常有以下特点：

① 具有全新的功能，以前从未出现过；

② 性能极大提高；

③ 引进一种以前没有见过甚至没有考虑过的新机制，使顾客忠诚度得到了极大的提高；

④ 一种非常新颖的风格。

博士伦隐形眼镜的魅力质量

长久以来，“眼镜”只是人们对近视的一种理解。认为只有人近视了，才会戴眼镜。人们并不认为眼镜会影响人的仪表容貌，相反许多人还认为戴副眼镜会显得多一些书生气，给人一种很有修养和文质彬彬的感觉。当隐形眼镜开始进入中国市场时，没有多少人会立即购买，因为在许多人眼里，佩戴隐形眼镜，只是将外在眼镜去除的一个过程，就好像把眼镜摘去一样，谁也不会多考虑什么。但博士伦眼镜公司却从魅力方面入手，将大众的心带入到另一个境界。在电视广告中：在公司，一个带了眼镜的白领女孩从来没有引起人们的注意，在别人的眼里她总是那么的呆板，男士们对她也不屑一顾。某一天，她换了博士伦隐形眼镜，顿时变成了一个很有风度和魅力的白领女性，当她来到公司时，立即获得了众多男士的青睐。这就是博士伦眼镜的魅力质量的影响。广告播出后，博士伦眼镜立即名气大增，大众从对隐形眼镜的不了解，到产生了喜欢的情感，因为它不仅能使人的魅力得到提升，还保留了

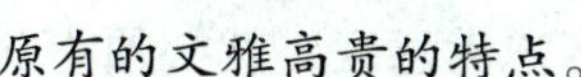
原有的文雅高贵的特点。

魅力的重要性

众所周知，原来属于高档产品的派克笔，一直是使用者身份的标志，人们购买它不仅是为了买一件书写工具，更主要是买到一种体面与形象。正因为如此，长期以来派克笔一直深受顾客喜爱，有着“钢笔之王”的美称。1982 年派克公司新任总经理詹姆斯彼特森上任，他没有把精力放在改进派克笔的款式和提高质量上，以巩固与发展已经占领的高档产品市场，而是轻率地改弦易辙，热衷于向每支售价 3 美元以下的低档笔市场进军。这一错误决策，致使派克公司原有的技术优势、产品优势、资源优势、人才优势、管理与文化优势尽失，形象与声誉严重受损。还给其竞争对手克罗斯公司等提供了趁机大举进军高档笔市场的有利机会。最终派克公司不仅未攻下低档笔市场，反而使高档笔市场的占有率下降至 17%，销量也只有克罗斯公司的一半。

2. 质量管理的三个层次

狩野纪昭将质量管理分为三个不同的层次。简单地看，质量管理的三个层次为：质量控制——质量管理——质量创造。它们的目的分别为：符合规格——顾客满意——顾客愉悦。

（1）质量控制。其讲究产品符合规格，符合性能，即满足基本质量。

（2）质量管理。其讲究顾客满意。为了让顾客满意，让顾客获得期望的质量，制造商的质量行为集中于开发满足消费者明确需求的产品，而不仅仅是产品符合基本质量的要求，这种行为可以称为质量管理。

（3）质量创造。即希望创造顾客所意想不到的质量，达到令顾客喜悦的目的。

管理者的三种部属

对于一个管理者，他可能有三种不同层次的部属。层次一：执行所负责的工作，达到最起码的要求；层次二：可以依照管理者的指示方向达成任务；层次三：经常观察老板的日常作为，即可以做到满足管理者潜在的要求，例如提前为老板安排好相关事宜。

点评：作为一个管理者，最希望的当然是拥有第三层次的员工，因为这个层次的员工是一种具有魅力质量的员工。

3. Kano 模型简介

在 Kano 模型中，狩野纪昭将质量依照顾客的感受及满足顾客需求的程度分成三种：基本质量、期望质量和魅力质量（如图 7-4 所示），并指出随时间的推移，产品或服务的魅力

质量将变为期望质量，期望质量将变成基本质量，为了维持较高的客户满意度，就必须不断地提高产品质量并不断地进行产品创新。

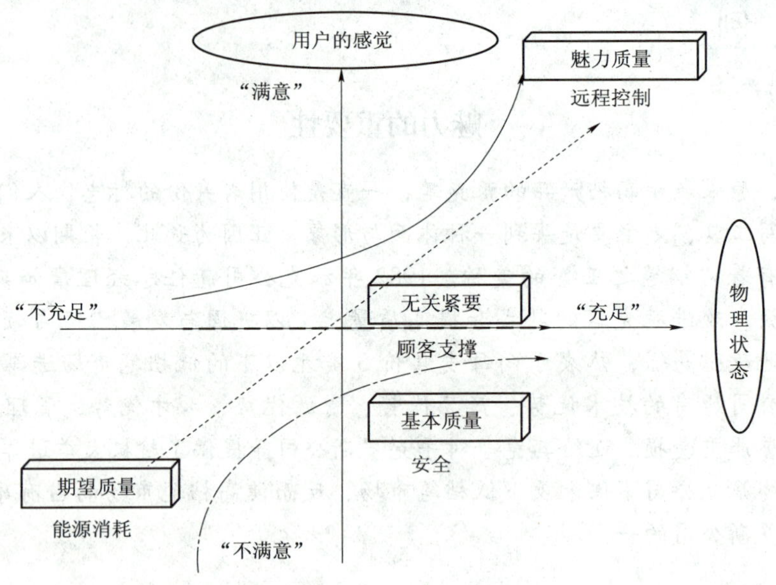

图 7-4　Kano 模型图

Kano 模型以横坐标表示质量要素的具备程度，越向右边，具备程度越高，越向左边，具备程度越欠缺；以纵坐标表示顾客的满意程度，上轴表示满意，越向上满意程度越高，下轴表示不满意，越向下表示越不满意。

24 万个秘密

三年前，韩国一家大集团的副总裁到澳大利亚出差。当他住进丽滋卡尔登饭店后，他打电话给该饭店客房服务部门，要求将浴室内原放置的润肤乳液换成另一种婴儿牌的产品，服务人员很快便满足了他的要求。

三周后，当这位副总裁住进美国新墨西哥的丽滋卡尔登饭店时，他发现浴室的架子上已摆着他所熟悉的婴儿牌乳液，一种回家的感觉在他心中油然而生。

“凭借信息技术和多一点点的用心，丽滋卡尔登饭店使‘宾至如归’不再是一个口号。”丽滋卡尔登饭店澳大利亚地区品质训练负责人琴道顿女士道出了丽滋卡尔登饭店成功的秘密。在丽滋卡尔登全球联网的电脑档案中，详细记载了超过 24 万个客户的个人资料。这是每一个顾客和丽滋卡尔登员工共同拥有的小秘密，以使顾客满意在他乡。

4. 魅力质量的生命周期

任何魅力质量经过一段时间后，将逐渐转换为期望质量，再变为基本质量。Kano 模型

三种质量的划分，为质量改进提供了方向。Kano 模型通过对顾客的不同需求进行区分处理，帮助企业找出提高企业顾客满意度的切入点，识别使顾客满意的至关重要的因素。如果是基本质量，就要保证基本质量特性符合规格（标准），实现满足顾客的基本要求，组织应集中在怎样降低故障出现率上；如果是期望质量，组织关心的就不是符不符合规格（标准）问题，而是怎样提高规格（标准）本身，不断提高质量特性，促进顾客满意度的提升；如果是魅力质量，则需要通过满足顾客的潜在需求，使产品或服务达到意想不到的新质量，组织应关注的是如何在维持前两个质量的基础上，探究顾客需求，创造新产品和增加意想不到的新质量。

案 例

质量层次的转换

狩野先生常举一个例子：

玛丽与约翰比邻而居，小时候常在一起玩，两小无猜，但对彼此并没什么特殊的感觉（无差异质量）。光阴似箭，二人已到了十七八岁的青涩年龄了，彼此爱慕，迸发出爱的火花，爱苗渐长，只要看到对方就很高兴（魅力质量）。

终于，玛丽与约翰结婚了，在有玛丽陪同并帮忙处理家事的时候，约翰就觉得很幸福，当玛丽不在或不愿帮忙处理家事的时候，约翰就显得不高兴了（期望质量）。

当日子一天一天的过去，约翰渐渐习惯于玛丽的存在，不管玛丽表现得多好，对于约翰来说这只是日常生活的一部分，也没什么稀奇了（变成是一种必要的质量即基本质量）。

第二节 六西格玛管理方法

一、六西格玛的概念

“σ”是一个希腊字母，汉译音为“西格玛”，在统计学里用来描述正态数据的离散程度。目前，在质量管理领域，用来表示质量控制水平，若控制在 3σ 水平，表示产品合格率不低于 99.73%；若控制在 6σ 水平，表示产品不合格率不超过 2 ppm（ppm 指百万分率或百万分之几），也就是每生产 100 万个产品，不合格品不超过 2 个，考虑 1.5 倍漂移，不合格率也只有 3.4 ppm，接近于零缺陷水平。也就是说，做 100 万件事情，其中只有 3.4 件是有缺陷的，这几乎趋近人类能够达到的最完美的境界。

6σ 管理法就是六西格玛管理，6σ 是一个目标，这个质量水平意味着在所有的过程和结果中，99.999 66% 是无缺陷的。

关于六西格玛管理，目前没有统一的定义，下面是一些管理专家关于六西格玛的定义。

管理专家 Ronald Snee 先生将六西格玛管理定义为“寻求同时增加顾客满意和企业经济增长的经营战略途径。”六西格玛管理专家 Tom Pyzdek 将其定义为“六西格玛管理是一种全新的管理企业的方式。六西格玛主要的不是技术项目，而是管理项目。通过设计、监督每一道生产工序和业务流程，以最少的投入和损耗赢得最大的客户满意度，从而提高企业的利润。”

我们可以把六西格玛管理定义为：“获得和保持企业在经营上的成功并将其经营业绩最大化的综合管理体系和发展战略，是使企业获得快速增长的经营方式。”

六西格玛被前通用电气公司首席执行官杰克·韦尔奇形容为“通用电气经历过的最具挑战性、最具回报潜力的活动”，也是许多一流国际企业如摩托罗拉、的州仪器、花旗银行、福特汽车、柯达等确保市场领先地位的经营管理新手法。

案 例

生活中的六西格玛

如果学校早上规定到校的时间是七点，由于各种原因的存在，真正在七点准时到达的情况是极少的。如果我们规定在七点之前到校为不迟到，一年内如果上课时间是 200 天，如果其中有 55 次超过七点到达，从质量管理的角度来说，这就是不合格的，不迟到的合格率为 72.5%，大约为 2.1 个西格玛。如果到校的准点率达到六西格玛，这意味着每一百万次到校中仅有 3.4 次超过七点到达。以每天早上一次到校计算，这相当于每 805 年才出现一次早上迟到的现象。所以六西格玛的管理几乎是完美的。

案 例

六西格玛的秘密

韦尔奇发现六西格玛，缘于一次小概率的事件。在一次打乒乓球时，他对一个精力十足、不愿服输的对手印象深刻，这个名为拉里·伯西迪的人后来成了通用电气的副董事长。1995 年，当他前往联合信号公司担任 CEO 几年后，他告诉韦尔奇，他在摩托罗拉公司的一个发现：一种名为六西格玛的工作方法，不仅能极大地减少残次产品率，更能由此进一步节约成本。

通过韦尔奇的有效推动，六西格玛从一种统计学工具变成了一门管理艺术。在通用电气，它不仅被广泛应用于生产环节，还被拓展到人力资源、市场营销等部门。其结果也足够诱人：每个黑带（六西格玛专家）可每年做 4~6 个项目，并且在每个项目中为公司节省 25 万~30 万美元。在通用电气将生产水平从 1995 年的 3.5 个西格玛提升到 1998 年的六西格玛，其收入增长了 11%，利润提高了 13%。

二、六西格玛管理的特点

1. 以顾客为关注中心

获得高的顾客满意度是企业所追求的主要目标，然而顾客只有在其需求得到充分理解并获得满足后，才会满意和忠诚。以前有很多的企业仅是一次性或短时间地收集顾客的要求或期望，而忽略了顾客的需求是动态变化的，从而达不到高的顾客满意度。

在 6σ 管理中以顾客为中心是最先被关注的事。例如 6σ 管理的绩效评估就是从顾客开始的，6σ 管理的改进程度是用其对顾客满意度和价值的影响来确定的，即一切以顾客满意和创造顾客价值为中心。

通用电气公司的冰箱

通用电气公司要求冰箱门体的两条对角线的尺寸差不能超过 2 mm，箱体的宽度也只能有 2 mm 的最大允许误差范围，且上、中、下的六个尺寸，包括前面三个和后面三个，全部要求在这个范围之内。而大多国内企业的习惯是只要平整就行，对产品外部尺寸要求不是很严格。

要求冰箱门的左边比右边要高出 1.5 mm，这主要是考虑到门体在时间久了之后会下移，可见其考虑得非常细致。国内对冰箱外观要求较高，尽量做得漂亮、豪华，但通用电气公司却对外观要求不高，因为美国人只是把它当成家庭的一个普通消费品，但对电器的安全和制冷性能却极其重视。生产的冰箱主要是按美国 UL（安全标准）来生产，这比国内标准要高得多，它要求电器产品所有能够接触到的部位都不能有尖角，不能有锋利面，包括螺钉也不能用尖的。如把冰箱底板翻过去看，国内的冰箱可能有尖角，但 UL 却不允许这样。冰箱两侧板和后板的连接，国内通常在两侧板上有一个槽，后板通常是插到这个槽里面便可，但是通用公司要求必须要打螺钉，认为这样更可靠（万一发生火灾，钢板不易产生裂口，里面保温层的明火窜不出来）。在整个生产使用过程中的每一个环节，可能会发生的任何不利事情，他们均会想到，然后在设计、生产和包装过程中，尽可能地去避免这些事情发生。对一个与冰箱没有多大关系的东西，通用公司都会注意到。比如冰箱的外包装塑料袋，要求必须打两个孔，以免塑料袋去掉后，万一被小孩拿去玩，把自己套在里面，如果不透气，易发生生命危险。除安全标准外，通用公司还要求按照 DOE 标准（能耗标准）来进行生产，国内规定在 25 ℃的环境温度、冷冻室装满试验包的情况下测试，而美国标准是在 32 ℃环境温度下空箱测试。通用电气公司要求产品的重复性和再现性要好，前者是指不同的人在检查同一台冰箱时得到同样的答案，都认为合格或不合格。后者是指同一个人，如果单独检查一台冰箱是合格的，那么把它放在一堆冰箱里，再次检查也能判断它是合格的，即要有统一的水准，以保证在评价产品时做到统一。

2. 基于数据和事实驱动的管理方法

6σ 管理把“基于事实管理”的理念提到了一个更高的层次。虽然现在很多人的注意力开始集中在诸如改进了的信息系统、知识管理等新的管理手段上，但是他们做出的许多商业决策仍然是基于一些自以为是的观点和假设上。6σ 管理一开始就澄清了什么是衡量企业业绩的尺度，然后应用统计数据和分析方法来建立对关键变量的理解和获得优化结果。

3. 聚焦于流程改进

在 6σ 管理中，流程是采取改进行动的主要对象。设计产品和服务，度量业绩，改进效率和顾客满意度，甚至经营企业等，都是流程。流程在 6σ 管理中是成功的关键。

精通流程不仅是必要的，而且是在给顾客提供价值时建立竞争优势的有效方法。一切活动都是流程，所有的流程都有变异，6σ 管理帮助人们有效减少过程的变异。

案 例

通用电气公司中的六西格玛应用

美国通用电气公司 GE 金融服务的客户告诉公司，他们常会遇到一个棘手的问题，即销售人员不能直截了当地回答客户的问题，公司决定采用六西格玛对销售人员进行管理。根据“六西格玛”的数据采集规则，每位销售人员每周要有一本详细的记录，当客户提问后，销售人员要立刻把问题记下来，然后思考是否立刻回答这些问题。经过统计发现只有 50% 的问题可以立刻回答。公司对这些数据作进一步分析，还发现什么样的问题销售人员没有准备，无法回答，因而可确定什么样的人适合这项工作，需要接受什么样的培训。实行了“六西格玛”方法管理，在处理客户的电话询问方面收到了明显的效果。韦尔奇说，过去客户有 24% 的问题是我们无法答复的，而现在每一次打电话就有 99% 的机会与一位 GE 的服务人员通话；由于电话中有 40% 的潜在生意，由此而带来的收益可达上百万美元。

4. 有预见的积极管理

“积极”是指主动地在事情发生之前进行管理，而不是被动地处理那些令人忙乱的危机，或称为“救火”。有预见的积极管理意味着应当关注那些常被忽略了的业务运作，并养成习惯；确定远大的目标并且经常加以检视；确定清晰的工作优先次序；注重预防问题而不是疲于处理已发生的危机；经常质疑做事的目的，而非不加分析地维持现状。

6σ 管理包括一系列工具和实践经验，它用动态的、即时反应的、有预见的、积极的管理方式取代那些被动的习惯，促使企业在当今追求几乎完美的质量水平而不容出错的竞争环境下能够快速的向前发展。

5. 无边界合作

“无边界”是指消除部门及上下级间的障碍，促进组织内部横向和纵向的合作。这改善了过去仅仅是由于彼此间的隔阂和企业内部部门间的竞争而损失大量金钱的状况，这种做法改进了企业内部的合作，使企业获得了许多受益的机会。而 6σ 管理扩展了这样的合作机会，当人们确认了如何使自己的职责与企业的远大前景相适应时，就会意识到并且能够衡量

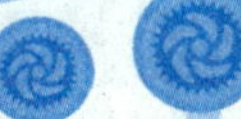

出工作流程各部分的相互依赖性。在 6σ 管理法中无边界合作并不意味着无条件的个人牺牲，这里需要确切地理解最终用户和流程中工作流向的真正需求，更重要的是，它需要用各种有关顾客和流程的知识使各方同时受益。由于 6σ 管理是建立在广泛沟通的基础上的，因此 6σ 管理法能够营造出一种真正支持团队合作的管理结构和环境。而联结这种无边界合作的“纽带”，就是那些有着强烈使命感的黑带。黑带是项目改进团队的负责人，而黑带项目往往是跨部门的。要想获得成功，就必须由黑带率领他的团队打破部门之间的障碍，通过无边界合作完成 6σ 项目。

6. 追求完美，容忍失误

为什么在追求完美的同时还要容忍失败呢？二者看上去似乎有些矛盾。从本质上讲，这两方面是互补的。作为一个以追求卓越作为目标的管理方法，6σ 管理为企业提供了一个近乎完美的努力方向。没有不执行新方法、贯彻新理念就能实施 6σ 管理的企业，而这样做总是会带来风险。在推行 6σ 管理的过程中，可能会遇到挫折和失败，企业应该积极应对挑战。

通用电气公司的六西格玛应用

通用电气公司把“六西格玛”应用于公司所经营的一切，如债务记账、信用卡处理系统、卫星时间租赁、法律合同设计等。通用电气公司借此运动基本消灭了公司每天在全球从事生产的每一个产品、每一道工序和每一笔交易的缺陷和不足。

通用电气公司的“六西格玛”项目的工作包括五项基本活动：确定、估量、分析、改进及最终控制生产或服务的工序。这些项目通常都把重点放在提高客户的生产率和减少他们的资本支出上，这同时也就提高了通用电气公司自己的业务质量、速度和效率。

通用电气公司的医疗设备系统集团、工业钻石超级磨料部、铁路火车租赁部以及塑料集团都非常具体地实施了“六西格玛”质量标准。

三、六西格玛管理三步曲

六西格玛组织、六西格玛策划和六西格玛改进被称为六西格玛管理三步曲，是实现六西格玛突破性改进的三个基本要素。

1. 六西格玛管理执行成员的组成

六西格玛项目通常是通过团队合作来完成的。六西格玛组织（OFSS）是推进六西格玛管理的基础，六西格玛管理的全面推行要求整个企业从上至下使用同样的六西格玛语言和采用同样的六西格玛工具。因此，要建立一支符合项目开展要求的六西格玛专业队伍。

六西格玛组织的人员可分为倡导者（Champion）、黑带大师（Master Black Belt）、黑带（Black Belt）、绿带（Green Belt）四个等级（如图 7-5 所示）。

倡导者由企业内部高级管理层人员组成，通常由总裁、副总裁组成，他们大多数是兼职，负责部署六西格玛的实施和全部支援工作，负责确定和选择六西格玛项目，跟踪和监督六西格玛的进展。

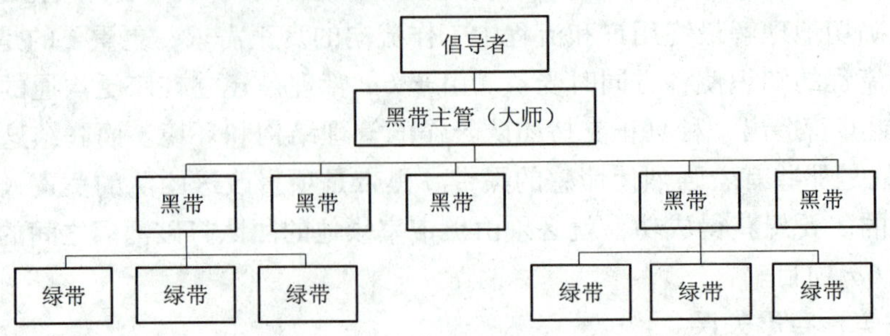

图 7-5　六西格玛组织结构

黑带大师为全职六西格玛人员，其主要工作为培训黑带和绿带人员，组织和协调项目，开展会议及培训，收集和整理信息，执行和实现由倡导者提出的“该做什么”的工作。

黑带为全职六西格玛人员，具体工作是执行和推广六西格玛，同时负责培训绿带。一般情况下，一名黑带一年要培训 100 名绿带。

绿带为六西格玛兼职人员，通常为企业各基层部门的负责人，是企业内部推行六西格玛众多底线收益项目的执行者，侧重于六西格玛在每日工作中的应用。

以上各类人员的比例一般为每 1 000 名员工中，应配备黑带大师 1 名，黑带 10 名，绿带 50～70 名。

通用电气公司的六西格玛组织结构

通用电气公司采用“六西格玛”管理就如同重新训练公司员工。它要求所有人员，包括市场营销人员和勤杂工都采用像工程师那样的思维和行为方式。所有的工序，包括电话应答或装配飞机，按照“六西格玛”要求，出现误差的可能性都要缩小到百万分之三点四以下，达到 99.999 7%的精确度。质量管理不再是那种目标不清、只是笼统地说质量有所改善的实践，而是根据顾客的要求来确定的管理活动。对顾客特别有帮助的项目就会受到高度重视。在 GE,“六西格玛”的实施由经过严格培训的，被称为“黑带大师”和“黑带”的员工来带领和指导，他们时刻活跃于各种项目中，努力消除一切误差（“黑带”这一术语借用于空手道，意味着大量的意念和实践训练）。训练“黑带”要花费四个月的时间，但要成为一名精通诸样分析工具，如 Pareto 分析图、Chi2 图、时间策划图、简化设计试验等统计工具以及一种叫做“数据统计分析”的计算机软件的“黑带大师”，得花费两年的时间。要获得正式认可的资格，“黑带大师”还必须主持二十个获得预定可节省效益的项目。在 GE 公司里，还有一支“绿带”队伍，他们业余时间参加质量控制项目，余下的时间做各自的本职工作。

2. 六西格玛管理的策划

六西格玛管理突破性改进的成功，取决于项目的选择，实施六西格玛策划，可以确保项目的正确选择。有效的策划应该选择对顾客、员工以及组织最有效益的项目直接切入。在项目执行的过程中，问题的界定往往比问题的分析更困难，因为许多项目团队经常不能确定其项目是否符合组织的关键需求。倘若不能谨慎地踏出改进项目的第一步，尽管在以后的工作中，项目团队付出再多艰辛的努力，都不一定会取得很好的效果。因此，在项目开始准备阶段，就需要花费较多的精力，认真策划，以确保六西格玛管理改进项目的成功。

六西格玛管理策划（Planning For Six Sigma，PFSS）是六西格玛管理的第一个阶段，也就是人们常说的项目界定。项目界定是识别、评价和选择正确的项目。其主要程序如图 7-6 所示。

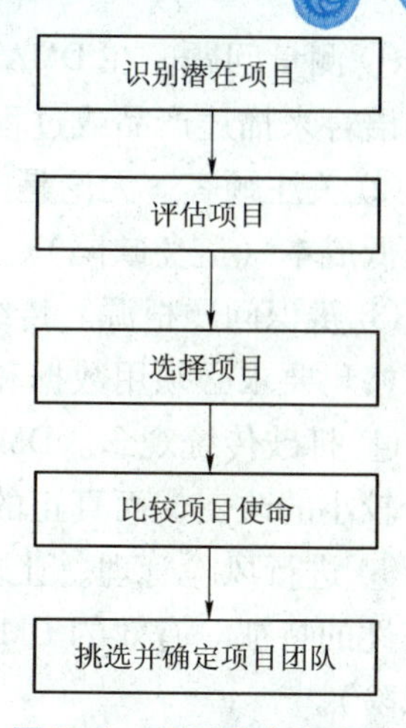

图 7-6　项目界定程序图

案　例

美的企业的六西格玛

为全面提升企业的竞争优势，美的家电制冷集团在 2004 年年会上，将 2005 年确定为公司质量年，并决定在品质方面投入 2 亿元人民币，全面引入六西格玛战略，并聘请世界著名咨询公司 SBTI 把六西格玛项目提升到公司的发展战略层面。目前美的风扇已按标准确立了包括研发、制造环节的十大“黑带”项目，并正式培训出第一批具有六西格玛专业管理资格的项目经理。

以美的为代表的中国企业引入六西格玛战略，体现了不断提升企业的综合竞争能力，升级企业的综合管理水平的愿望和决心。但专家同时警告，必须防止把六西格玛管理实施当成是又一个质量认证。六西格玛管理实施应该着眼于流程能力、产品质量或客户忠诚度的突破性提高。任何试图把六西格玛管理实施当成一个品牌、宣传或认证的手段都是浪费资源，并不会取得任何实质性的管理变革。

3. 六西格玛改进

六西格玛项目选定之后，六西格玛项目团队让不同的成员在一起合作，使所有成员能够共同完成他们所做的工作，关键是要有一个共同的方法或程序。这个共同的程序就是 DMAIC：界定（Define）、测量（Measurement）、分析（Analysis）、改进（Improvement）和控制（Control）。

依照这个过程的 5 个步骤，可以有效地实现六西格玛的突破性改进。团队的工作从一个问题的陈述到执行解决方案，这中间包括了许多活动。通过 DMAIC 过程的活动方式，团队成员可发挥最有效的作用，完成项目使命。

（1）DMAIC 的作用。DMAIC 作为解决问题的步骤，能体现六西格玛管理法的优势，其重要作用体现在以下几个方面：

① 测量问题。在 DMAIC 过程中，不仅仅是假定知道问题是什么，还必须去证明，用数据的语言来描述产品或过程业绩。

② 关注顾客。无论是内部顾客还是外部顾客，了解其需求，并在此前提下尝试在过程中降低成本（避免缺陷）。

③ 辨识问题根源。传统的改进，可能接受一个原因，但没有充分证明这个原因。现在，六西格玛要求必须用数据和事实来证明你认定的原因。

④ 打破传统观念。DMAIC 项目的解决问题的方案将不仅仅是在固有的、旧的过程中作一个较小的改变，而真正的变化和结果需要带有创新的解决方案。

⑤ 进行风险管理。让顾客满意，避免缺陷，这是六西格玛管理的理论基础，充分体现经济性的特征。有效的 DMAIC 过程，不仅能降低成本，也能够降低风险（顾客和组织的双方风险）。

⑥ 测量结果。对价格如何的解决方案最好的评判标准是财务效益。六西格玛真正结果的测量，会给各方提供更多的信任。

⑦ 持续变革。如果没有持续的变革，即使是由 DMAIC 团队做出的“最好的实践”，也可能会很快消逝。不断创新，建立众多的六西格玛项目团队是至关重要的。

（2）DMAIC 过程改进活动。六西格玛改进的方法 DMAIC 是分 5 个步骤实施的，每个步骤都有其活动的重点及经常使用的质量管理工具和技术。表 7-2 给出的是 DMAIC 过程活动的重点及其采用的工具。

表 7-2　DMAIC 过程活动的重点及其工具

阶　段	活动要点	常用工具和技术
D 界定阶段	项目启动 寻找 $Y=f(x)$	头脑风暴法、亲和图、树图、流程图、SIPOC 图、因果图、劣质成本、项目管理
M 测量阶段	确定基准 测量 Y，X_n	排列图、因果图、散布图、过程流程图、测量系统分析、过程能力指数、故障模式分析、PDCA 分析、直方图、趋势图、检查表
A 分析阶段	确定主要原因 确定 $Y=f(x)$	头脑风暴法、因果图、水平对比法、5S 法、劣质成本分析、试验设计、抽样检验、回归分析、方差分析、假设检验
I 改进阶段	消除主要原因 优化 $Y=f(x)$	试验设计、质量功能展开、正交试验、测量系统分析、过程改进
C 控制阶段	维持成果 更新 $Y=f(x)$	控制图、统计过程控制、防差错措施、过程能力指数分析、标准操作程序、过程文件控制

六西格玛改进过程

一家名叫卡姆科的加拿大家电公司，采用六西格玛管理方式。该公司花了一年的时间，运用传统的手段，想找到一种方法解决因炉灶面坚硬度差而导致的大量废品。据卡姆科公司的“黑带大师”克里斯·米切尔说：“在装配过程中，我们试过好几种方法，这些方法一开始似乎很有道理，但最后都经不起试验，还使我们蒙受了不少的经济损失”。接着“绿带”马丁花了八个月的时间运用“六西格玛”来解决这个问题。他和同事们采用“实验设计”试验了10种不同方式的组合，用14种方法进行了试验。待计算机得出结果后，马丁采用“主效图形分析”和“图形分析”确定了误差的根源：在搪瓷烧结的烤箱中，悬挂零件的方式有误，还有炉灶正反两面搪瓷比例不当。通过严密控制这些过程，这个公司每年节省了五十万美元，并大大地提高了产品质量。

第三节　卓越绩效管理

朱兰博士曾说：“将要过去的20世纪是生产率的世纪，将要到来的21世纪是质量的世纪。”我国也把提高产品质量问题看做兴国之道，看做提高经济效益和竞争力的根本之策。朱镕基曾说：“当前我国面临经济结构调整的关键时期，质量工作是主攻方向。没有质量就没有效益，放任假冒伪劣，国家就没有希望了。”PDCA循环作为不断提升、不断改进质量的方法，为企业做出了贡献，有人把PDCA比做是管理者施展才能、建功立业的“乾坤圈”，但管理一个组织必须具有一种系统的视野，仅仅通过不断的质量改进是远远不够的。质量内涵已经渗透到企业所有的组成部分，如果把组织的竞争力比做一个木桶的话，我们就必须清楚这只木桶是由哪些木板所构成的。卓越绩效管理模式就是我们所要构建的这只木桶。

一、卓越绩效管理模式的基本概念

1. 卓越绩效管理模式的产生

（1）时代的变化。随着知识经济社会的到来，经济呈献出无国界化，经济已形成全球化的趋势，产品的质量必须有国内与国际市场接轨统一的观点。中国加入WTO以后，企业面临全新的市场竞争环境，仅仅依靠质量认证并不能使企业脱颖而出，如何进一步提高企业质量管理水平，从而在激烈的市场竞争中取胜，是摆在广大企业面前的现实问题。

（2）质量概念的进化。无论在任何地区，任何国家，顾客都追求有优势的产品质量，现在的顾客更是强调产品差异化，追求具有独创性的、有魅力的产品质量。企业为确保市场上的竞争优势，在质量意识、质量保证上有了极大的提高，处处体现了“质量是顾客价值

的核心”的概念。

随着人们生活质量的提高，企业仅秉承“质量是顾客价值的核心”的理念是不够的，必须提升“通过质量创造顾客价值”的核心竞争力，才能保证产品在市场上经久不衰。例如：名牌产品“人头马”和“茅台”酒等就有这样的质量特性，当人们在享受其质量的同时，还享受了一种价值观。

所以，现代企业必须进入战略性的质量时代，将“通过质量创造顾客价值”作为企业的核心战略，以此决策企业的经营、机构重组以及资源投入等。

（3）卓越绩效管理模式的产生。应对现代社会质量的挑战，必须有相应的企业策略。一个国家，必须对企业质量的发展不断引导和激励，并创造一种竞争模式，建立一套客观、公正的质量评价标准。一个企业，要想提高质量不能仅仅依靠政府的命令和要求来实现，而是靠参与市场竞争自觉、积极地提高质量，而竞争才是促使企业提高质量的根本动力。

20 世纪 80 年代，日本产品因物美价廉而大举进军美国市场。面对日本产品质量的迅速提高，市场中残酷的竞争，美国企业很是恐慌。经过研究，美国政府制定了马克姆·波多里奇奖，它的核心是定点超越，分两步进行：第一步，分析本企业与历史同期相比，取得了多少进步，它是否能够激励本企业继续前进；第二步，企业要想获得巨大的进步，就要不断地把本企业的业绩与同行业最好企业的业绩比较，找出差距，然后迎头赶上，这就是定点超越。自从颁发马克姆·波多里奇奖以后，美国企业纷纷比照马克姆·波多里奇奖获得者寻找差距，然后定点超越，结果产品的质量大大提高。20 世纪 90 年代，美国企业重新树立了对日本企业的竞争优势，马克姆·波多里奇奖的定点超越成为美国企业质量成功的重要因素之一。

马克姆·波多里奇奖也是美国国家质量奖，在这个质量奖中提供了相应的质量评价标准，即卓越绩效管理模式标准，由此卓越绩效管理模式就产生了。

卓越绩效管理模式体现了以顾客为导向，追求卓越绩效管理的理念。它提供了一种评价方法、一种世界级企业成功的管理模式，其核心是强化组织的顾客满意意识和创新活动，追求卓越的经营绩效。

案 例

波多里奇奖的产生

在 20 世纪 80 年代，小到电子表、大到汽车的日本产品纷纷涌进美国，美国本土工业面临着强烈的冲击。面对这种情况，美国前商业部长马克姆·波多里奇先生召集了几十位经济专家、管理学家和企业家进行研究，以寻找出路。在充分研究的基础上，他们向美国国会提出了设立“美国国家质量奖”的建议，它每年只授予 2～3 家具有卓越成就、不同凡响的企业。该奖的核心主要是实现定点超越，在评定了部分企业后，美国企业纷纷以这些企业的成绩为目标，不断超越，终于实现了美国质量的飞跃。

马克姆·波多里奇 1981—1987 年出任美国商业部长，他在任期间极力倡导美国长期保持繁荣和辉煌的质量管理是关键。由于他长期致力于美国质量管理工作，在促进美国国家质量管理的改进和提高上做出了突出的贡献。为此，在他去世以后，美国通过了国家质量改进法案，建立了以他的名字命名的国家质量管理奖，即波多里奇奖。

（4）卓越绩效管理模式的发展。卓越绩效管理模式是当今世界众多国家和地区已经采用的、被证明行之有效的、前沿的组织绩效管理方式。卓越绩效管理模式得到了美国企业界和管理界的公认，并被世界各国许多企业和组织纷纷引入并实施，其中施乐公司、通用公司、微软公司、摩托罗拉公司等世界级企业都是运用卓越绩效管理模式取得出色经营成果的典范。

迄今，卓越绩效管理正日益成为一种世界性标准，并成为世界级成功企业公认的提升企业竞争力的有效方法，也是我国企业在新形势下经营管理的努力方向。全球已有 60 多个国家与地区，先后开展了卓越绩效管理的推广与普及。2004 年 8 月 30 日，中国国家质监总局和国家标准化管理委员会发布了 GB/T 19580《卓越绩效评价准则》国家标准和 GB/Z 19579《卓越绩效评价准则实施指南》标准化指导技术文件，并于 2005 年 1 月 1 日起在全国实施。国家质监总局目前正与有关部门会商，计划参照美国国家质量奖模式，于 2008 年在全国开展国家质量奖的评奖和表彰活动，评奖将采用《卓越绩效评价准则》国家标准。

卓越绩效评价内容（见表 7-3）

表 7-3　全国质量管理奖与美国波多里奇奖对比

序号	内　　容	美国波多里奇奖	全国质量管理奖
1	领导	120 分	120 分
2	战略	85 分	80 分
3	以顾客和市场为中心	85 分	80 分
4	测量、分析和知识管理	90 分	80 分
5	以人为本	85 分	80 分
6	过程管理	85 分	160 分
7	经营结果	450 分	400 分
总分		1 000 分	1 000 分

2003 年全国质量管理奖获奖企业名单

上海大众交通（集团）股份有限公司大众出租汽车分公司

宜宾五粮液股份有限公司

贵州茅台酒股份有限公司

武汉钢铁股份有限公司

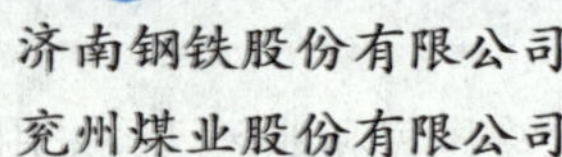

济南钢铁股份有限公司
兖州煤业股份有限公司

2. 卓越绩效管理模式的特点

卓越绩效管理模式反映了现代经营管理的先进理念和方法，是世界级企业成功经验的总结。

(1) 质量内涵的拓展。在卓越绩效管理模式中，强调大质量概念。质量不仅包括固有的特性，而且还包括人们赋予的特性（超越了 ISO 9000），并把产品、服务质量拓展到工作的质量、过程的质量、系统的质量以及最终经营的质量，并将质量渗透到组织的所有肌体，强调任何事物都有质量，强调过程决定结果，强调结果是目的。

卓越绩效管理指导思想是接纳先进，重视国情。

(2) 关注竞争力的提升。产品质量的提升必须有良好的战略策划、绩效评价，必须强调竞争力的提升。以前企业评价经营效果总是侧重于纵向的比较，而卓越绩效则是一个竞争性的评价模式，关注企业的战略策划和绩效评价。

(3) 聚焦于经营结果。卓越绩效追求以顾客为中心的结果，追求顾客满意，但是，强调用户满意只是企业经营的方法，而绝对不是最终的目标。企业的经营目标应该是追求最终的经营结果，包括产品和服务结果、财务和市场结果、人力资源结果、组织有效性结果、组织自律和社会责任结果，追求利益相关方的平衡。

(4) 成熟度标准。卓越绩效管理模式是一个成熟度标准，不同于 ISO 9000 这种符合型标准，卓越绩效是需要不断追求的标准，每个企业都可以按照标准不断地提升自己。对于企业而言，卓越绩效用于评奖的作用是有限的，美国一年中只有两家企业获奖，最多 7 家，但是每年有几十万家企业向卓越绩效的要求努力。获奖对于企业来说固然是一种价值的体现，但为之奋斗的过程对于企业来说更是弥足珍贵的。

卓越绩效管理模式不同于 ISO 9000 符合性标准，它可用于评奖，更多地用于组织自我评估，寻找改进机会，追求卓越。一个追求成功的企业，它可以从 ISO 管理体系的建立、运行中取得绩效，并持续改进其业绩，取得成功。但是一个成功的企业如何追求卓越，则“卓越绩效管理模式”为其提供了评价标准，企业可以采用这一标准集成的现代质量管理的理念和方法，不断评价自己的管理业绩走向卓越。

二、《卓越绩效评价准则》（GB/T 19580 标准）的组成

为了引导组织追求卓越绩效，提高产品、服务和经营质量，增强竞争优势，促进经济持续、快速、健康发展，中国国务院特制定《卓越绩效评价准则》GB/T 19580。《卓越绩效评价准则》（GB/T 19580 标准）源于世界著名的三大质量管理奖——美国的波多里奇国家质量奖、欧洲质量奖、日本的戴明奖，其中内容相同的部分占 90%，是由数十名专家、学者结合中国国情、历时数年、广泛调查、反复论证而制定的。该标准囊括了当今世界上最先进的管理理念及管理方法，对组织起到了教育培训、计划（设计）、监测、诊断的作用。据统计，推行卓越绩效管理模式的收入与投入成本的比率为 207 :1，而推行卓越绩效管理模式的企业，其三年后的各项指标均比一般企业高出 25% 左右。因此，卓越绩效管理模式的强大

的整合力及推动力，越来越受到众多企业的重视，换言之：谁达到了卓越，谁就会有更强劲的发展动力与潜力，也将会有更多的商机与市场，同时将会有更多的成为市场领导者的机会！

1.《卓越绩效评价准则》的内容

《卓越绩效评价准则》GB/T 19580 是参照国外质量奖的评价准则，结合中国质量管理的实际情况，从领导，战略，顾客与市场，资源，过程管理，测量、分析与改进以及经营结果七个方面规定了组织卓越绩效的评价要求，为组织追求卓越绩效提供了自我评价的准则，也可用于质量奖的评价。

（1）领导。组织高层领导应确定组织的价值观、发展方向和绩效目标，完善组织的治理以及评审组织的绩效。

（2）战略。组织应当制定战略目标和战略规划，进行战略部署，并对其进展情况进行跟踪。

（3）顾客与市场。组织应当确定顾客与市场的需求、期望和偏好，建立良好的顾客关系，确定影响赢得、保持顾客，并使顾客满意、忠诚的关键因素。

（4）资源。组织高层领导为确保战略规划和目标的实现、为价值创造过程和支持过程以及持续改进的创新提供所必需的资源，包括人力资源及财务、基础设施、相关方关系、技术、信息等其他资源。

（5）过程管理。过程管理涵盖了所有部门的主要过程，其目的在于确保组织战略目标和战略规划的落实。过程管理应具有内外环境和因素变化的敏捷性，即当组织战略和市场变化时能够快速反应，例如当一种产品转向另一种产品时，过程管理应当确保快速地适应这种变化。

组织应当基于 PDCA 对过程实施管理，从识别过程开始，确定对过程的要求，依据过程要求进行过程设计，有效和高效地实施管理，对过程进行持续改进和创新并共享成果。

组织的过程分为价值创造过程和支持过程。

（6）测量、分析与改进。组织应当确定选择、收集、分析和管理数据、信息和知识的方法，充分和灵活使用数据、信息和知识，改进组织绩效。

（7）经营结果。组织应当对主要经营方面的绩效进行评价和改进，包括顾客满意程度、产品和服务的绩效、市场绩效、财务绩效、人力资源绩效、运行绩效，以及组织的治理和社会责任绩效。

组织应当描述其至少近三年的主要绩效指标数据，以反映绩效的当前水平和趋势，并与竞争对手和标杆的数据进行对比，以反映组织在相关绩效方面的行业地位、竞争优势和存在的差距。

2.《卓越绩效评价准则》的结构组成

《卓越绩效评价准则》标准包含 7 个类目、22 个评分项、43 个着重方面、11 项核心价值观贯穿其中，每个评分项结合我国企业管理现状赋予不同的分值，总分为 1 000 分。评价报告中针对每个着重方面写出 6～10 条评语，实现了点、线、面、体的全面剖析，阐明了组织的优势及存在的改进机会，从而为组织从优秀到卓越指明了方向。每个组织经综合评价后打分，分值累加后达到 500 分方可入围，进入现场检查，进而获得“全国质

量管理奖”。

（1）卓越绩效评价准则框架图（如图 7-7 所示）。

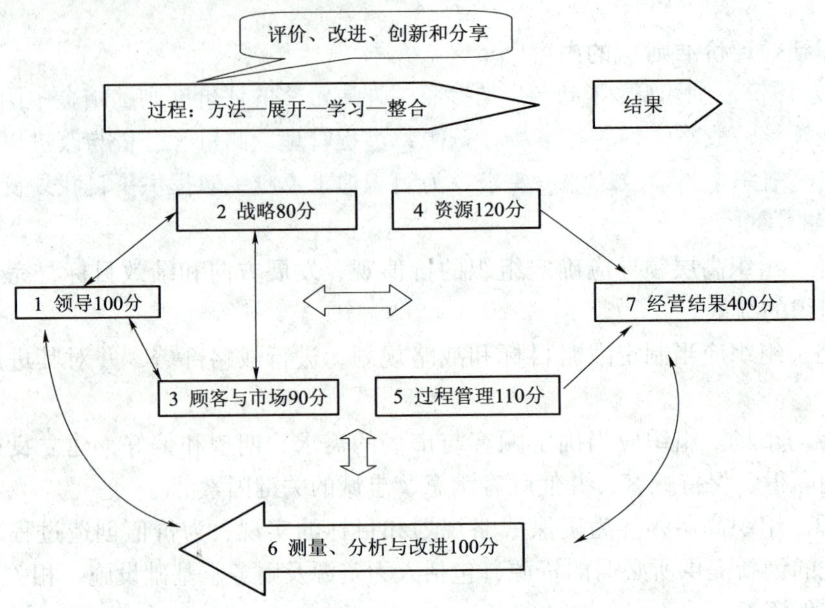

图 7-7　卓越绩效评价准则框架图

（2）卓越绩效评价准则主要项目及分值分布（见表 7-4）。

表 7-4　卓越绩效评价准则（GB/T 19580—2004）

领导（100）	组织的领导（60）
	社会责任（40）
战略（80）	战略制定（40）
	战略部署（40）
顾客与市场（90）	顾客和市场的了解（40）
	顾客关系与顾客满意（50）
资源（120）	人力资源（40）
	财务资源（10）
	基础设施（20）
	信息（20）
	技术（20）
	相关方关系（10）
过程管理（110）	创造价值的过程（70）
	支持过程（40）

续表

测量、分析与改进（100）	测量与分析（40）
	信息和知识的管理（30）
	改进（30）
经营结果（400）	顾客和市场的结果（120）
	财务结果（80）
	资源结果（80）
	过程有效性结果（70）
	组织的治理和社会责任结果（50）

案　例

“结果”评分项评分指南选读（见表 7-5）

表 7-5　“结果”评分项评分指南

分　数	结　　果
0% 或 5%	① 没有描述结果，或结果很差； ② 没有显示趋势的数据，或显示了总体不良的趋势； ③ 没有对比性信息； ④ 在对组织关键经营要求重要的任何方面，均没有描述结果
10%、15%、20% 或 25%	① 结果很少，在少数方面有一些改进和（或）处于初期的良好绩效水平； ② 没有或极少显示趋势的数据； ③ 没有或极少对比性信息； ④ 在少数对组织关键经营要求重要的方面，描述了结果
30%、35%、40% 或 45%	① 在该评分项要求的多数方面有改进和（或）良好绩效水平； ② 处于取得良好趋势的初期阶段； ③ 处于获得对比性信息的初期阶段； ④ 在多数对组织关键经营要求重要的方面，描述了结果
50%、55%、60% 或 65%	① 在该评分项要求的大多数方面有改进趋势和（或）良好绩效水平； ② 在对组织关键经营要求重要的方面，没有不良趋势和不良绩效水平； ③ 与有关竞争对手和（或）标杆进行对比评价，一些趋势和（或）当前绩效显示了良好或优秀的水平； ④ 经营结果达到了大多数关键顾客、市场、过程的要求

续表

分数	结果
70%、75%、80%或85%	① 在对该评分项要求重要的大多数方面，当前绩效达到良好的卓越水平； ② 大多数的改进趋势和（或）当前绩效水平可持续； ③ 与有关竞争对手和（或）标杆进行对比评价，多数到大多数的趋势和（或）当前绩效显示了领先和优秀的水平； ④ 经营结果达到了大多数关键顾客、市场、过程和战略规划的要求
90%、95%或100%	① 在对该评分项要求重要的大多数方面，当前绩效达到卓越水平； ② 在大多数方面，具有卓越的改进趋势和（或）可持续的卓越绩效水平； ③ 在多数方面被证实处于行业领导地位和标杆水准； ④ 经营结果充分地达到了关键顾客、市场、过程和战略规划的要求

说明："结果"评分项分数为50%，表示该评分项在对组织重要的经营方面，有清晰的改进趋势和（或）良好的绩效水平，并有相适宜的对比数据。更高的分数则反映更好的改进速度和（或）绩效水平、更好的对比绩效和更广泛的范围，并与经营要求相融合。

第四节　其他质量管理方法简介

回顾质量管理的发展历史，可以清楚地看到：人们在解决质量问题中所运用的方法和手段，是在不断发展和完善的，而这一过程又是与社会科学技术的进步和生产力水平的不断提高密切相关的。同样可以预料，随着新技术革命的兴起，人们解决质量问题的方法及手段必然会更为丰富和完善。

一、零缺陷管理方法

1. 零缺陷的定义

根据调查显示，有70%的人没有一次就把事情做对的好习惯。一次就把事情做对，这是"零缺陷"的核心思想。"零缺陷"强调预防系统控制和过程控制，一次把事情做对并符合承诺的顾客要求。

"零缺陷"又称无缺点管理，零缺陷管理就是主张企业发挥人的主观能动性来进行经营管理，生产者、工作者要努力使自己的产品、业务没有缺陷，并向着高质量标准的目标奋斗。它要求生产工作者从一开始就本着严肃、认真的态度把工作做得准确无误，在生产中从产品的质量、成本与消耗、交货期等方面合理安排，争取一次做对，而不是依靠事后的检验来纠正。开展零缺陷运动可以提高全体员工对产品质量和业务质量的责任感，从而保证产品质量和工作质量。

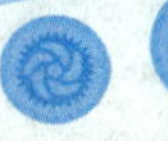

质量管理大师克劳士比，从 20 世纪 60 年代初提出“零缺陷”思想，并在美国推行零缺陷活动。克劳士比认为：质量提高的关键在于态度和认识，“零缺陷”工作态度是一种对工作态度和对预防的承诺，即对错误“不害怕、不接受、不放过”。因此，“零缺陷”并不意味着产品一定是完美无缺的，而是指组织中的每个人都要有决心第一次及每一次都要符合要求，而且不接受不符合要求的东西，要一次做对、做好，并成为一种习惯。“零缺陷”思想后传至日本，在日本制造业中得到了全面的推广，并大获成功，使日本的制造业产品质量迅速提高，达到了世界级水平。

2. 零缺陷管理的核心思想

零缺陷管理的核心思想是第一次把正确的事情做正确，它包含了三个层次：正确的事、正确的做事和第一次做正确。因此，第一次就把事情做对，控制系统、保证系统、执行力这三个因素缺一不可。质量管理就如同开车，首先控制系统必须是好的。要确保开车过程顺畅，还必须有良好的交通规则的支持，也就是保证体系必不可少。控制系统做得再好、质量手册编得再精美、通过的认证再多，但如果没有人来执行，那所做的一切都是徒劳的。因此，公司的高层管理者必须认识到执行的重要性，必须确保质量管理是在“开车”，而并不仅是编制的一些文件。

三洋公司的零缺陷管理

在三洋制冷的生产现场，根本看不到在其他企业内常见的手持检测仪器进行质量检查的检查员的身影，但是三洋制冷机的产品质量却遥遥领先于国内同行业厂家而高居榜首，这正是三洋制冷在全公司内推行“零缺陷”的质量管理的结果。

没有检查员，一旦加工出不合格品怎么办？绝大多数到三洋制冷参观访问的人都不无疑惑地问。这时，三洋制冷的每一位员工，都会充满自信地回答他们的问题。原来，三洋制冷在用最先进的检测仪器检测产品的最终质量的同时，采用了和绝大多数企业完全相反的质量管理方法，取消工序检查员，把“质量三确认原则”作为质量管理的最基本原则，即每一位员工都要“确认上道工序零部件的加工质量，确认本工序的加工技术质量要求，确认交付给下道工序的产品质量”，从而在上、下工序间创造出一种类似于“买卖”关系的三洋制冷特有的管理现象。“三确认”变单纯的事后控制为事前预防、事中控制、事后总结提高的管理模式，通过员工工作质量的提高使得产品质量得到有效保证和改善，使员工做到集生产者与检查者于一身。它能预防和控制不良品的发生和流转，强调第一次就要把事情做好，追求零缺陷，用自身的努力最大限度地降低损失。

二、精益生产法

精益生产是美国麻省理工学院数位国际汽车计划组织的专家对日本丰田准时化生产 JIT（Just In Time）方式的赞誉称呼。

精益生产就是及时制造，消灭故障，消除一切浪费，向零缺陷、零库存进军的生产管理

方式。精，即少而精，不投入多余的生产要素，只是在适当的时间生产必要数量的市场急需产品（或下道工序急需的产品）；益，即所有经营活动都要有益有效，具有经济效益，或者说使产品（服务）增值。精益生产体现了零库存和高柔性的生产目标形式。

精益生产方式是战后日本汽车工业遭到的“资源稀缺”和“多品种、少批量”的市场制约的产物。它是从丰田相佐诘开始，经丰田喜一郎及大野耐一等人的共同努力，直到20世纪60年代才逐步完善而形成的。

一个充满库存的生产系统，会掩盖系统中存在的各种问题。例如，设备故障造成停机，工作质量低造成废品或返修，横向扯皮造成工期延误，计划不周造成生产脱节等，都可能造成各种库存，使矛盾钝化、问题被淹没。从表面上看，生产仍在平衡的进行着，但实际上整个生产系统可能早已千疮百孔。更可怕的是，如果对生产系统存在的各种问题熟视无睹，麻木不仁，长此以往，紧迫感和进取心将丧失殆尽。因此，日本人称库存是“万恶之源”，是生产系统设计不合理、生产过程不协调、生产操作不良的证明，并提出“向零库存进军”的口号。所以，零库存就成为精益生产方式追求的主要目标之一。在生产过程中，实现零库存的方法就是根据订单生产，即“有订单才组织生产，有订单下道工序才生产”。

高柔性是指企业的生产组织形式灵活多变，能适应市场需求多样化的要求，及时组织多品种生产，以提高企业的竞争能力。面临市场多变这一新问题，精益生产方式以高柔性为目标，在组织、劳动力、设备三方面表现出较高的柔性，实现高柔性与高生产率的统一。

戴尔电脑公司的精益生产

戴尔公司的工厂几乎完全是由电脑网络进行管理的，这种方法在戴尔的供应商与客户中也在逐渐普及。电脑软件代替了人工处理订单、联系供应商、购买零部件、安排产品组装、最后组织成品运输。一批几百台的电脑订货从生产、定制到发货只需短短8个小时。在戴尔电脑公司最新式的电脑零部件生产工厂里，100台电脑服务器向传送带发出电子指令，加速把电脑部件传送到装配点。工人通过电脑屏幕来决定该安装什么样的个人电脑或服务器。接着，还是通过电脑指令把装配好的产品送到成品区，在那里按照客户的要求进行成品定制、装箱，最后被运上送货卡车。在生产工厂里，部件的库存时间仅2个小时，成品的库存几乎为零。这种精益生产方式保证企业运营全部自动化，将公司运营系统与客户和供应商整合在一起，增强了企业的核心竞争力。

三、QC小组活动

1. QC小组的概念

QC小组指企业员工围绕企业经营战略、方针目标和现场存在的问题，以改进质量、降低消耗、提高素质和经济效益为目的组织起来的，运用质量管理理论和方法开展活动的小组。

开展群众性的质量管理小组活动（简称QC小组活动），是具体运用全面质量管理的思

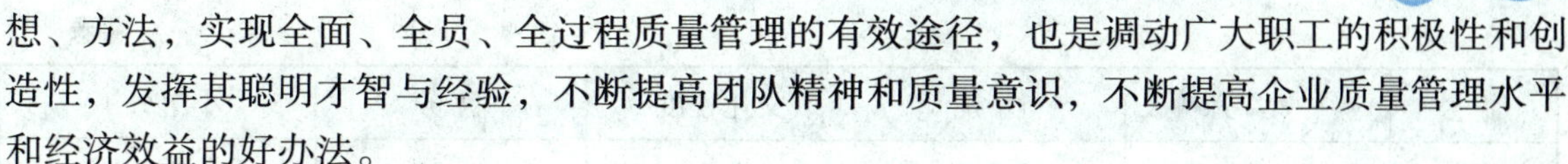

想、方法，实现全面、全员、全过程质量管理的有效途径，也是调动广大职工的积极性和创造性，发挥其聪明才智与经验，不断提高团队精神和质量意识，不断提高企业质量管理水平和经济效益的好办法。

2. QC 小组组建

由于企业的特点与情况不同，以及企业内部各部门的生产、工作性质不同，因此，质量管理小组的形式可以多种多样，不拘一格，目前我国主要有攻关型、现场型、管理型三种。

（1）确定 QC 小组成员。启发、动员与课题有关的人员参加 QC 小组时，尽量是同班工作的人组织起来，这样便于开展活动。如果需要其他部门派人参加，可向上级提出申请，邀请有关人员参加，或与其他有关部门成立联合 QC 小组。QC 小组成员一般在 10 人以下，5～6 人为宜，可视具体情况而定。

案　例

QC 小组的组建

为了提高 E 系列窗式空调机一次装机的合格率，以此为活动课题，成立了 QC 小组，小组相关情况见表 7-6、表 7-7。

表 7-6　QC 小组情况表

小组名称	××× QC 小组	成立时间	1997 年 10 月
格言	立足生产现场，解决实际问题		
课题名称	提高 E 系列窗式空调机一次装机合格率		
小组类型	现场型	组长	×××
活动日期	1998. 4. 30 至 9. 18	课题注册	1998. 05. 10
小组成员	9 人	注册编号	QC15-006
活动频次	2 次/月	活动时间	36 小时

表 7-7　QC 小组的组成人员表

序 号	姓 名	性 别	文化程度	职 务	小组分工
1	×××	男	本科	技术主管	QC 方案策划
2	×××	男	本科	工 艺 员	方案实施
3	×××	男	本科	检验主管	方案实施
4	×××	男	大专	检验组长	方案实施
5	×××	女	高中	检验组长	检 验
6	×××	男	高中	组 长	协作实施

续表

序 号	姓 名	性 别	文化程度	职 务	小组分工
7	×××	男	高中	班 长	协作实施
8	×××	男	高中	检 验 员	检 验
9	×××	女	高中	检 验 员	检 验

（2）确定 QC 小组长。QC 小组长的人选对 QC 小组活动开展的好坏有很大关系，在开始推广时，一般由受过质量培训的班组长或工段长担任，以后可推选已参加 QC 小组活动的成员担任。

3. QC 小组活动程序及内容

（1）选课题。在确定 QC 小组活动时，一般首先选择一些能见成效具有共同性的问题。课题太大，难以解决，会使 QC 小组成员失去信心，因此可将大课题分为几个易见成效的小课题，分阶段解决或同时成立若干互相有联系的 QC 小组来共同解决。刚开始推广时，选题的原则应是先易后难。

QC 小组选题示例

红光公司 1995 年方针目标是“三三二一零”，即完成玻壳 310 万只，创 3 000 万元利润，2 个优质产品，1 亿元以上的产值，事故为零。可是在实际生产中，玻壳炸裂废品多，造成了较大的经济损失（1 只玻壳厂内价为 47 元）。为此，玻壳 QC 小组选择了“降低玻壳炸裂率”这一活动课题。

（2）采用 PDCA 的方法开展 QC 小组活动。

① 调查现状。调查现状的目的是了解课题的当前状况，以便分析存在的问题。在进行现状调查时，采用不同的质量管理工具，进行数据的搜集与整理。

② 分析原因。从搜集的数据中，采用合适的质量管理工具分析问题，找出原因。

③ 找出主要原因。经过原因分析以后，将多种原因，根据关键、少数和次要多数的原理，进行排列，从中找出主要原因。在寻找主要原因时，可根据实际需要采用不同的质量管理工具进行分析。

④ 制定措施。主要原因确定后，按 PDCA 环节实施改进方案，制定相应的措施计划。

⑤ 实施措施。按制订的计划实施。小组长要组织成员，定期或不定期地研究实施情况，发现新问题要及时研究。

⑥ 检查效果。措施实施后，即时进行效果检查。看其实施后的效果，是否达到了预定的目标。如果达到了预定的目标值，说明该课题已经完成。对得到质量改进的部分，应即时纳入工作标准和质量文件中。

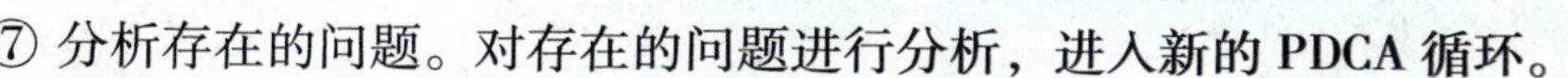

⑦ 分析存在的问题。对存在的问题进行分析，进入新的 PDCA 循环。

⑧ 总结成果资料。小组将活动的成果进行总结，是自我提高的重要环节，也是成果发表的必要准备，还是总结经验、找出问题、进行下一个循环的开始。

思考题与习题

1. 什么是顾客满意度指数？美国顾客满意度指数模型是如何构建的？
2. 质量可分为几个层次？什么是魅力质量？Kano 模型有什么实用意义？
3. 什么是六西格玛？六西格玛管理有什么特点？
4. 什么是六西格玛管理三步曲？六西格玛管理组织由哪些成员组成？
5. 什么是 DMAIC？DMAIC 有什么作用？
6. 什么是卓越绩效模式？卓越绩效模式有什么特点？
7. 卓越绩效评价准则的内容有哪些？
8. 质量管理有哪些新方法？什么是零缺陷管理？什么是精益生产？
9. 什么是 QC 小组？如何采用 PDCA 循环开展 QC 小组活动？

附录A 《质量控制技术人员》职业标准

一、职业概况

1.1 职业名称

质量控制技术人员

1.2 职业定义

从事质量管理的规划和策划、质量管理体系的建立、实施和保持、质量控制、质量验证、质量改进和质量评价的专业技术和管理人员。

1.3 职业等级

本职业共设四个等级，分别为：质量控制技术人员（国家职业资格四级），质量控制技术人员（国家职业资格三级），质量控制技术人员（国家职业资格二级），质量控制技术人员（国家职业资格一级）。

1.4 职业环境

室内、外，常温

1.5 职业能力特征

具有很强的学习能力、计算能力、解决问题能力，具有一定的沟通能力、协调与合作能力、信息处理能力。

1.6 基本文化程度

中等专科（含中等职业技术教育和同等学力）以上学历

1.7 鉴定要求

1.7.1 适用对象

从事或准备从事本职业的人员。

1.7.2 申报条件

参照《上海市职业技能鉴定申报条件》，具体如下：

——质量控制技术人员（国家职业资格四级）（具备以下条件之一者）

（1）具有中专/职校学历（含同等学力），连续从事本职业工作2年以上。

（2）具有大专学历（含同等学力），连续从事本职业工作1年以上。具有本专业或相关专业大专学历以上（含大专学力）的学员在毕业两年内可免考其理论知识部分。

——质量控制技术人员（国家职业资格三级）（具备以下条件之一者）

（1）取得本职业质量控制技术人员（国家职业资格四级）职业资格证书后，连续从事

本职业工作 2 年以上；

（2）具有大学本科学历（含同等学力），连续从事本职业工作 1 年以上；具有本专业或相关专业大学本科学历以上（含大学本科学历）的学员在毕业两年内可免考其理论知识部分。

（3）具有硕士学位（含同等学力）；

——质量控制技术人员（国家职业资格二级）（具备以下条件之一者）

（1）取得本职业质量控制技术人员（国家职业资格三级）职业资格证书后，连续从事本职业工作 3 年以上。

（2）具有大学本科学历，连续从事本职业工作 4 年以上。

（3）具有硕士学位（含同等学力），连续从事本职业工作 3 年以上。

（4）具有博士学位，连续从事本职业工作 1 年以上。

——质量控制技术人员（国家职业资格一级）（具备以下条件之一者）

（1）取得本职业质量控制技术人员（国家职业资格二级）职业资格证书后，连续从事本职业工作 3 年以上。

（2）具有硕士学位（同等学力），连续从事本职业工作 5 年以上。

（3）具有博士学位，连续从事本职业工作 3 年以上。

相关专业为：企业管理专业、工程管理专业。

1.7.3 鉴定方式

分为理论知识和操作技能鉴定。理论知识鉴定采用闭卷笔试考试方式，操作技能鉴定按照等级技能需要进行，其方式主要为笔试和口试。质量控制技术人员（国家职业资格四级）和质量控制技术人员（国家职业资格三级）鉴定实行非一体化鉴定模式（理论知识和操作技能鉴定分开实施）；质量控制技术人员和质量控制技术人员（国家职业资格一级）鉴定采用一体化鉴定模式（理论知识和操作技能鉴定融合实施）。鉴定合格标准均为百分制，满 60 分为合格。非一体化鉴定模式分为理论知识和操作技能鉴定，均达到 60 分为合格；一体化鉴定中每个模块鉴定 60 分为合格。以上合格的成绩在两年之内有效。

1.7.4 鉴定场所设备

理论知识和操作技能鉴定在标准教室进行。操作技能鉴定的考场要求有不小于 40 平方米的工作或会议室，配备有电脑、通信设备、文件筐、办公桌椅及必要的办公文具和良好的照明、通风条件。

二、工作要求

2.1 “职业功能”、“工作内容”一览表

职业功能	工作内容			
	四级	三级	二级	一级
一 质量管理	（一） 部门质量 数据处理	（一） 部门质量 数据处理	（一） 收集、处理 组织质量信息	（一） 指导收集、 处理组织 质量信息

续表

职业功能	工作内容			
	四级	三级	二级	一级
一 质量管理	（二） 参与部门质量目标设定，制定措施计划 （三） 实施部门质量管理体系文件	（二） 参与部门质量目标的设定，制定措施计划 （三） 部门质量管理体系文件的建立和实施	（二） 参与组织质量目标的设定、制定措施计划	（二） 指导组织质量规划和目标的制定
二 质量管理体系	无	无	（一） 参与编制组织质量管理体系文件并参与评审 （二） 实施质量管理体系内审	（一） 组织质量管理体系的策划 （二） 组织体系评审
三 质量控制	（一） 过程控制作业活动的实施 （二） 影响过程能力的数据收集和汇总分类	（一） 过程控制作业实施 （二） 过程能力分析	（一） 参与过程控制策划、实施和分析 （二） 过程能力的评价	（一） 质量控制方案策划 （二） 过程控制诊断

续表

职业功能	工作内容			
	四级	三级	二级	一级
四 质量验证	(一) 产品验证作业活动的实施 (二) 在制品验证数据的收集、汇总、分类	(一) 产品验证活动的实施 (二) 不合格控制与数据分类	(一) 参与产品验证策划,并组织实施 (二) 产品验证的分析、处置	(一) 产品质量验证的策划 (二) 产品质量验证的确认、评价 (三) 产品质量验证活动的改进
五 质量改进	(一) 收集信息、参与现场改进活动 (二) 收集信息、参与现场改进活动 (三) 收集信息、参与现场改进活动	(一) 参与策划质量改进活动 (二) 做好质量改进团队工作	(一) 组织所在部门策划质量改进活动 (二) 组织群众性质量管理活动	(一) 策划组织的质量改进活动 (二) 指导质量改进团队活动
六 质量评价	无	无	无	(一) 组织质量管理诊断 (二) 组织自我评定工作

2.2 各等级工作要求

(本标准对各等级的要求依次递进，高级别包括低级别的要求)

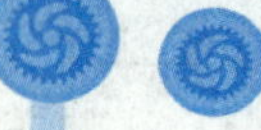

2.2.1 质量控制技术人员（国家职业资格四级）

职业功能	工作内容	技能要求	相关（基础、专业）知识	比重
质量管理	部门质量数据处理	1. 能够对部门质量信息进行收集、分类、计算和汇总 2. 能够参与部门质量现状分析	1. 质量信息基础知识 2. 统计技术（一） 3. 质量法规知识	20%
	参与部门质量目标设定，制定措施计划	1. 能够根据部门质量现状参与原因分析 2. 能够针对原因参与提出质量改进目标和改进建议	1. 统计技术（一） 2. 质量（方针）目标管理知识	
	实施部门质量管理体系文件	1. 能按部门质量管理体系文件实施 2. 能记录质量管理体系运行的相关数据和结果	1. ISO9000 族标准知识 2. 应用文写作基础知识	
质量控制	过程控制作业活动的实施	1. 能够进行过程控制中数据收集、汇总、分类技能，常规控制图的识别和绘制	1. 统计基础知识 2. 统计技术（三） ——常规控制图应用基础知识	30%
	影响过程能力的数据收集和汇总分类	1. 能够执行过程能力/能力指数和控制图的基本应用 2. 能够应用过程能力有关原因数据的分类方法	1. 统计技术（三）（过程能力调查基础知识） 2. 计算机应用操作（初级）知识	
质量验证	产品验证作业活动的实施	1. 能够应用实施产品验证	1. 质量检验基本知识 2. 计量基础知识	30%
	在制品验证数据的收集、汇总、分类	1. 采集有关验证的数据、汇总、分类 2. 收集提供验证的有关数据等信息	1. 统计技术（一）（调查表及样本统计量计算） 2. 计算机应用（初级）知识	

续表

职业功能	工作内容	技能要求	相关（基础、专业）知识	比重
质量改进	收集信息、参与现场改进活动	1. 能够对过程信息、数据进行收集 2. 能够提供对现场信息数据统计结果，参与改进活动	1. 统计技术（一） 2. 现场管理（5S）	20%
	参加群众性的质量管理活动	1. 能够提出活动课题 2. 改进团队活动中发挥作用	1. 质量改进基础知识 2. QC 小组活动基础知识 3. 统计技术（一）	

3.2 质量控制技术人员（国家职业资格三级）

职业功能	工作内容	技能要求	相关（基础、专业）知识	比重
质量管理	部门质量数据处理	1. 能够对部门质量信息进行收集、分类、计算和汇总 2. 能够运用基本统计手法对质量信息进行初步分析	1. 统计技术（一）（问卷设计等常用调查知识） 2. 统计技术（二） 3. 质量信息分析知识	24%
	参与部门质量目标的设定，制定措施计划	1. 运用信息分析方法进行原因分析 2. 参与提出质量目标和措施并组织实施	1. 质量（方针）目标管理基础知识	
	部门质量管理体系文件的建立和实施	1. 参与部门体系文件的建立并实施，能提出文件实施过程中的改进意见 2. 能记录质量体系运行的相关数据和结果	1. ISO 9000 族标准 2. 质量管理体系审核知识（文件评审方法知识） 3. 应用文写作知识 4. 质量法规知识	

续表

职业功能	工作内容	技能要求	相关（基础、专业）知识	比重
质量控制	过程控制作业实施	1. 能够应用 SPC 图	1. 统计技术（三）（统计过程控制（SPC）图应用知识） 2. 统计基础知识	32%
	过程能力分析	1. 策划作业控制的过程能力 2. 能够进行过程能力/过程指数调查	1. 统计技术（三）（过程能力分析基础知识）	
质量验证	产品验证活动的实施	1. 能够组织产品验证作业实施 2. 能够应用抽样检验标准	1. 质量检验基础知识 2. 统计技术（二）（统计抽样检验（一）	24%
	不合格控制与数据分类	1. 能够执行不合格数据分类分析 2. 能够进行质量问题分类分析	1. 计量基础知识 2. 统计技术（一）知识 3. 计算机数据操作（中级）知识	
质量改进	参与策划质量改进活动	1. 能够识别问题，改进问题	1. 质量改进基础知识 2. 统计技术（一）（二） 3. 现场管理（5S）	20%
	做好质量改进团队工作	1. 能够编制质量改进项目计划 2. 能够改进团队具体工作	1. 六西格玛管理知识（绿带） 2. 改进团队和 QC 小组活动知识	

3.3 质量控制技术人员（国家职业资格二级）（略）

3.4 质量控制技术人员（国家职业资格一级）（略）

附录B 中华人民共和国产品质量法（摘选）

第五章 罚 则

第四十九条 生产、销售不符合保障人体健康和人身、财产安全的国家标准、行业标准的产品的，责令停止生产、销售，没收违法生产、销售的产品，并处违法生产、销售产品（包括已售出和未售出的产品，下同）货值金额等值以上三倍以下的罚款；有违法所得的，并处没收违法所得；情节严重的，吊销营业执照；构成犯罪的，依法追究刑事责任。

第五十条 在产品中掺杂、掺假，以假充真，以次充好，或者以不合格产品冒充合格产品的，责令停止生产、销售，没收违法生产、销售的产品，并处违法生产、销售产品货值金额百分之五十以上三倍以下的罚款；有违法所得的，并处没收违法所得；情节严重的，吊销营业执照；构成犯罪的，依法追究刑事责任。

第五十一条 生产国家明令淘汰的产品的，销售国家明令淘汰并停止销售的产品的，责令停止生产、销售，没收违法生产、销售的产品，并处违法生产、销售产品货值金额等值以下的罚款；有违法所得的，并处没收违法所得；情节严重的，吊销营业执照。

第五十二条 销售失效、变质的产品的，责令停止销售，没收违法销售的产品，并处违法销售产品货值金额两倍以下的罚款；有违法所得的，并处没收违法所得；情节严重的，吊销营业执照；构成犯罪的，依法追究刑事责任。

第五十三条 伪造产品产地的，伪造或者冒用他人厂名、厂址的，伪造或者冒用认证标志等质量标志的，责令改正，没收违法生产、销售的产品，并处违法生产、销售产品货值金额等值以下的罚款；有违法所得的，并处没收违法所得；情节严重的，吊销营业执照。

第五十四条 产品标识不符合本法第二十七条规定的，责令改正；有包装的产品标识不符合本法第二十七条第（四）项、第（五）项规定，情节严重的，责令停止生产、销售，并处违法生产、销售产品货值金额百分之三十以下的罚款；有违法所得的，并处没收违法所得。

第五十五条 销售者销售本法第四十九条至第五十三条规定禁止销售的产品，有充分证据证明其不知道该产品为禁止销售的产品并如实说明其进货来源的，可以从轻或者减轻处罚。

第五十六条 拒绝接受依法进行的产品质量监督检查的，给予警告，责令改正；拒不改正的，责令停业整顿；情节特别严重的，吊销营业执照。

第五十七条 产品质量检验机构、认证机构伪造检验结果或者出具虚假证明的，责令改正，对单位处五万元以上十万元以下的罚款，对直接负责的主管人员和其他直接责任人员处

一万元以上五万元以下的罚款；有违法所得的，并处没收违法所得；情节严重的，取消其检验资格、认证资格；构成犯罪的，依法追究刑事责任。

产品质量检验机构、认证机构出具的检验结果或者证明不实，造成损失的，应当承担相应的赔偿责任；造成重大损失的，撤销其检验资格、认证资格。

产品质量认证机构违反本法第二十一条第二款的规定，对不符合认证标准而使用认证标志的产品，未依法要求其改正或者取消其使用认证标志资格的，对因产品不符合认证标准给消费者造成的损失，与产品的生产者、销售者承担连带责任；情节严重的，撤销其认证资格。

第五十八条 社会团体、社会中介机构对产品质量作出承诺、保证，而该产品又不符合其承诺、保证的质量要求，给消费者造成损失的，与产品的生产者、销售者承担连带责任。

第五十九条 在广告中对产品质量作虚假宣传，欺骗和误导消费者的，依照《中华人民共和国广告法》的规定追究法律责任。

第六十条 对生产者专门用于生产本法第四十九条、第五十一条所列的产品或者以假充真的产品的原辅材料、包装物、生产工具，应当予以没收。

第六十一条 知道或者应当知道属于本法规定禁止生产、销售的产品而为其提供运输、保管、仓储等便利条件的，或者为以假充真的产品提供制假生产技术的，没收全部运输、保管、仓储或者提供制假生产技术的收入，并处违法收入百分之五十以上三倍以下的罚款；构成犯罪的，依法追究刑事责任。

第六十二条 服务业的经营者将本法第四十九条至第五十二条规定禁止销售的产品用于经营性服务的，责令停止使用；对知道或者应当知道所使用的产品属于本法规定禁止销售的产品的，按照违法使用的产品（包括已使用和尚未使用的产品）的货值金额，依照本法对销售者的处罚规定处罚。

第六十三条 隐匿、转移、变卖、损毁被产品质量监督部门或者工商行政管理部门查封、扣押的物品的，处被隐匿、转移、变卖、损毁物品货值金额等值以上三倍以下的罚款；有违法所得的，并处没收违法所得。

第六十四条 违反本法规定，应当承担民事赔偿责任和缴纳罚款、罚金，其财产不足以同时支付时，先承担民事赔偿责任。

第六十五条 各级人民政府工作人员和其他国家机关工作人员有下列情形之一的，依法给予行政处分；构成犯罪的，依法追究刑事责任：

（一）包庇、放纵产品生产、销售中违反本法规定行为的；

（二）向从事违反本法规定的生产、销售活动的当事人通风报信，帮助其逃避查处的；

（三）阻挠、干预产品质量监督部门或者工商行政管理部门依法对产品生产、销售中违反本法规定的行为进行查处，造成严重后果的。

第六十六条 产品质量监督部门在产品质量监督抽查中超过规定的数量索取样品或者向被检查人收取检验费用的，由上级产品质量监督部门或者监察机关责令退还；情节严重的，对直接负责的主管人员和其他直接责任人员依法给予行政处分。

第六十七条 产品质量监督部门或者其他国家机关违反本法第二十五条的规定，向社会推荐生产者的产品或者以监制、监销等方式参与产品经营活动的，由其上级机关或者监察机

关责令改正，消除影响，有违法收入的予以没收；情节严重的，对直接负责的主管人员和其他直接责任人员依法给予行政处分。

产品质量检验机构有前款所列违法行为的，由产品质量监督部门责令改正，消除影响，有违法收入的予以没收，可以并处违法收入一倍以下的罚款；情节严重的，撤销其质量检验资格。

第六十八条　产品质量监督部门或者工商行政管理部门的工作人员滥用职权、玩忽职守、徇私舞弊，构成犯罪的，依法追究刑事责任；尚不构成犯罪的，依法给予行政处分。

第六十九条　以暴力、威胁方法阻碍产品质量监督部门或者工商行政管理部门的工作人员依法执行职务的，依法追究刑事责任；拒绝、阻碍未使用暴力、威胁方法的，由公安机关依照治安管理处罚法的规定处罚。

第七十条　本法规定的吊销营业执照的行政处罚由工商行政管理部门决定，本法第四十九条至第五十七条、第六十条至第六十三条规定的行政处罚由产品质量监督部门或者工商行政管理部门按照国务院规定的职权范围决定。法律、行政法规对行使行政处罚权的机关另有规定的，依照有关法律、行政法规的规定执行。

第七十一条　对依照本法规定没收的产品，依照国家有关规定进行销毁或者采取其他方式处理。

第七十二条　本法第四十九条至第五十四条、第六十二条、第六十三条所规定的货值金额以违法生产、销售产品的标价计算；没有标价的，按照同类产品的市场价格计算。

参考文献

[1] 机械工业出版社《质量管理入门》石川馨（日本）2016 年 07 月
[2] 中国人民大学出版社 质量管理与卓越绩效（第 9 版）詹姆斯·埃文斯 威廉·林赛（美国）2016 年 01 月
[3] 科学出版社有限责任公司《质量管理学》（第三版）尤建新主编 2016 年 12 月
[4] 中华工商联合出版社《ISO9001：2015 新版质量管理体系详解与案例文件汇编》谭洪华主编 2016 年 07 月
[5] 北京大学出版社《质量管理》（第 2 版）陈国华，贝金兰主编 2014 年 10 月
[6] 人民邮电出版社《质量管理部规范化管理工具箱》赵红梅主编 2013 年 01 月
[7] 北京交通大学出版社《质量管理》丁宁主 编要功能 2013 年 06 月
[8] 机械工业出版社《质量管理》（第 2 版）马风才主编 2013 年 02 月
[9] 机械工业出版社《质量管理与控制 》第 2 版 张凤荣主编 2011 年 3 月
[10] 中国人事出版社《质量专业基础知识与实务》国家质量监督检验检疫总局质量管理司主编 2010 年 3 月
[11] 2008-2010 国家教育部金牌课程《质量管理学》
[12] 中国人事出版社《质量专业综合知识（中级）》全国质量专业技术人员职业资格考试办公室主编 2009 年 2 月
[13] 中国人事出版社《2003 质量专业综合知识》质监局 2003 年 2 月
[14] 复旦大学出版社《质量管理教程》岑咏霆主编 2005 年 6 月
[15] 高等教育出版社《新编质量管理学（面向 21 世纪）（跨理工）（国家教学成果二等奖）》张公绪 主编 1998 年 6 月
[16] 清华大学出版社《现代质量管理学》龚益鸣 主编 2007 年 1 月
[17] 中国经济出版社《质量管理的 100 种方法》陈建华主编 2006 年 1 月
[18] 浙江大学出版社《现场定理 36 招》邱绍军主编 2006 年 10 月
[19] 机械工业出版社《企业管理》陈其林 冯伯明主编 2001 年 8 月
[20] 国防工业出版社《质量控制》刘桂珍主编 2004 年 7 月
[21] 海天出版社《品质管理实战指南》张智勇主编 2002 年 8 月
[22] 文汇出版社《图解全面质量管理》新将命（日本）译者 杨文瑜 邹波 2002 年 1 月
[23] MBA 智库百科 http：//wiki. mbalib. com